Inhaltsverzeichnis

	Vorwort	7
	Didaktische Vorüberlegungen zum Spielen	9
K	Kommunikationsspiele	17
	Einleitung	18
	Kategorisierung und inhaltliche Beschreibung	19
	Didaktisch-methodische Überlegungen	20
K 1	Kennenlernspiele	22
	Beobachtungshinweise	22
K 2	Improvisationsspiele	32
	Beobachtungshinweise	32
K 3	Pantomimenspiele	48
	Beobachtungshinweise	48
K 4	Konzentrationsspiele	61
	Beobachtungshinweise	61
K 5	Rollenspiele	87
	Beobachtungshinweise	87
	Lösung zu K 5.14	105
D	Denkspiele	106
	Einleitung	107
	Kategorisierung und inhaltliche Beschreibung	108
	Didaktisch-methodische Überlegungen	109
D 1	Versrätsel	111
	Lösungen zu D 1.1 - D 1.19	118
D 2	Mathematische Denkspiele	119
	Lösungen zu D 2.1 - D 2.17	127
D 3	Scherzrätsel	129
	Lösungen zu D 3.1 - D 3.31	140
D 4	Handlungsorientierte Denkspiele	142
	Lösungen zu D 4.27	159
D 5	Zungenbrecher, Zahlenspiele, Zauberkunststücke	160

B	**Bewegungsspiele**	173
	Einleitung	174
	Kategorisierung und inhaltliche Beschreibung	174
	Didaktisch-methodische Überlegungen	176
	Beobachtungshinweise	177
B 1	Laufspiele	179
	Beobachtungshinweise	179
B 2	Geschicklichkeitsspiele	199
	Beobachtungshinweise	199
B 3	Kraftspiele	227
	Beobachtungshinweise	227
B 4	Tanzspiele	238
	Beobachtungshinweise	238
B 5	Geländespiele	253
	Beobachtungshinweise	253
	Erste Versorgung von Sportverletzungen	263
	Schulwanderungen und Fahrten (Auszüge aus Bestimmungen)	266
	Übersicht zu Fächerbezug und Alterseignung	290

333 Spiele für Schule und Freizeit

Kommunikations-, Denk- und Bewegungsspiele

Das Buch wendet sich an Personen, die **beruflich** oder **privat** Spiele zu **gewinnbringender Anreicherung von Unterricht oder Freizeitaktivitäten** nutzen möchten.
Dazu können etwa **Lehrer aller Schulformen und für alle Altersstufen** gehören, welche die "undankbaren" Stunden vor den Ferien, in der Karnevalszeit oder auch Vertretungsstunden sinnvoll und motivierend nutzen wollen oder die verantwortlich Schullandheimaufenthalte, Wandertage oder Klassentreffen zu organisieren haben. Dazu gehören aber auch **Sozialarbeiter, Leiter von Jugendgruppen, Betreuer von** (rüstigen) **Seniorengruppen** oder, in eingeschränktem Maße, auch von **Behinderten**.

Das Buch enthält eine **Sammlung von 3 mal 111 Spielen**. Sie sind unterteilt in drei große Spielblöcke, nämlich **Kommunikationsspiele, Denk- und Rätselspiele** - angereichert mit einigen Zauberkunststücken - **und Bewegungsspiele**.
Es sind Spiele, die für Aufenthalte in geschlossenen Räumen und Betätigungen im Freien geeignet sind und sich in der Praxis mit verschiedenen Gruppen und unterschiedlicher Zielsetzung bewährt haben.

Wichtig bei der Auswahl schien den Verfassern, daß die Spiele einerseits **Spaß** machen sollen, andererseits **fachbezogene**, vor allem aber **pädagogisch wertvolle Hintergrundinformationen** über die einzelnen Teilnehmer, ganze Gruppen etc. liefern, die dann in der weiteren pädagogischen Arbeit gewinnbringend eingebracht werden können. Entsprechend wurden den Spielblöcken **methodisch-didaktische Kommentierungen** sowie **Beobachtungshinweise** zugeordnet.

Im organisationstechnischen Bereich wurde Wert darauf gelegt, daß die Spiele sowohl im Hinblick auf **Spielmaterial** als auch auf **Spielabläufe** nicht zu aufwendig sind. Kompliziertere Spiele wurden durch **Illustrationen** veranschaulicht.

Über jeder Spielbeschreibung steht eine **Informationsleiste**, die in Kurzform Auskunft über den denkbaren Fächerbezug, das Alter und die Anzahl der Spieler, die Spieldauer sowie das möglicherweise benötigte Material gibt. In Symbolform ist zudem markiert, ob sich das jeweilige Spiel für drinnen oder draußen eignet.
Dabei versteht sich von selbst, daß es sich hier lediglich um allgemein gehaltene Informationen handeln kann. Bei Bedarf wird der Benutzer dieses Buches die einzelnen Spiele situationsgerecht auf die einzelnen Gruppen abzustellen haben.

Ergänzt wird das Spielangebot durch **Hinweise zu einer ersten Versorgung von Sportverletzungen** sowie durch **Auszüge zu formalen Vorgaben** der (Kultus-)Behörde zu Wanderfahrten.

Die Verfasser möchten sich herzlich bei den Studienreferendaren des Einstellungsjahrganges 1993 im Jülicher Studienseminar bedanken, die viel zu der Kompilation von Spielideen beigetragen haben.
Besonderer Dank gilt Frau Ulrike Schauer und Herrn Dr. Rainer Wergen für die geleistete Korrekturarbeit, Frau Maria Krämer für die Illustrationen bei einigen Sportspielen sowie Herrn Gert Kipp für die Erstellung der auflockernden Zeichnungen.

Jülich, im Frühjahr 1995.

Die Verfasser

Didaktische Vorüberlegungen zum Spielen

1. Einleitung

Der Drang zum Spielen begleitet den Menschen wohl in allen Entwicklungsstufen. Zwar tritt er besonders intensiv in der Kindheit auf, doch beweisen Kartenspiel-Clubs von Erwachsenen - in Deutschland etwa Skatvereine, in Großbritannien Bridge-Clubs, Kegelvereine, Schachclubs - oder die Inbrunst, mit der vor allem Senioren in Frankreich sich dem Boulespiel widmen, daß die Freude am Spiel an keinen Lebensabschnitt und an keine Region gebunden ist.
Neben den sicherlich wichtigen **motivational** zu klassifizierenden Ebenen, die sich um Bereiche wie Entspannung oder die Herausforderung, sich mit anderen zu messen, zentrieren, bergen Spiele auch Komponenten in sich, die sich mit dem Begriff **Lernen** in Verbindung bringen lassen. In Abwandlung des bekannten *docendo discimus* läßt sich ein *ludendo discimus* bilden.
Die Forderung nach einer **Symbiose von Arbeiten und Lernen** durch das Medium Spiel - die Suche nach dem Nebeneinander eines *homo faber* und eines *homo ludens* - hat die Pädagogik in nahezu allen Phasen ihrer Entwicklung begleitet. Sie erlebte eine Blütezeit in der sog. "Reformpädagogik" und läßt sich auch an jüngeren didaktischen Bewegungen festmachen, die, etwas vergröbert ausgedrückt, Lernen in Verbindung mit Handlungsorientierung als besonders effektiv einstufen und daher eine Ausweitung derselben fordern.
Nicht zuletzt zeugen der nahezu hysterische Fanatismus, mit dem elektronische Spiele gekauft werden, oder auch die sich ausweitenden Marktchancen von Verlagen im Bereich Lernspiele, daß Spielen durchaus als Teil eines zeitgeistgemäßen Bildungsangebotes gewertet werden kann.
Es ist hier nicht der Ort, auf Begründungen für die sich in den letzten Jahren intensivierende Spielfreude einzugehen - als ein möglicher Begründungsansatz läßt sich wohl die Suche nach sozialen Kontakten, nach Kreativität oder schlicht nach Spaß in einer Zeit, die zunehmend von Rationalität, Technisierung und in der Folge von Isolierung geprägt wird, anführen - vielmehr soll es darum gehen, den didaktischen Stellenwert von verschiedenen Spielen für das Lernen aufzuzeigen.
Lernen kann sich auf zwei Ebenen vollziehen. Einmal durch die **aktive Teilnahme** an einem Spiel, zum anderen durch seine **Beobachtung.** Auf beiden Ebenen können **kognitive**, **motorische** oder **affektive Lernziele**

eine Rolle spielen. Lernen kann sich zudem auf die Förderung des Individuums wie auch eines Gruppengeistes beziehen.

Es gibt eine Fülle von Literatur, die sich mit der **Theorie des Spielens** - sei es aus **psychologischer, physiologischer, soziologischer** oder **pädagogischer** Sicht - auseinandersetzt. Dabei ist eine große Vielfalt von klang- und anspruchsvollen Termini und Zielsetzungen entwickelt worden, die aus Sicht der Autoren oftmals weit über das hinausgehen, was dann tatsächlich operationalisiert wird. Beispielhaft sei genannt, daß ein "Sich-an-den-Händen-Fassen" der Friedenserziehung dienen solle, oder der Verzicht auf Gewinnpunkte einen wertvollen Beitrag zur Auflösung der Leistungsorientierung in unserer Gesellschaft liefern könne. Nicht selten wird das zentrale Anliegen vieler Spielideen, spontan Freude zu wecken, in solchen Darstellungen durch einen übertriebenen Theorieanspruch bis zur Unkenntlichkeit überlagert.

Bei den hier vorgestellten Spielen sollen die **Freude am Mitmachen, der spontane Spaß, die Heiterkeit** etc. im Mittelpunkt stehen. Das Lernen ist als ein zusätzliches Angebot zu verstehen, das sich gleichsam als Begleiteffekt einstellen kann, aber nicht *conditio sine qua non* für den Erfolg eines Spieles sein muß.

Entsprechend werden Hinweise zur methodischen Umsetzung und zur Auswertbarkeit der einzelnen Spiele einleitend jedem Block in Form von Beobachtungshinweisen vorangestellt.[1] Aus dem oben dargelegten Selbstverständnis wird klar, daß diese Passagen lediglich als Anregungen zu verstehen sind.

2. Kategorisierung

Eine grundlegende Kategorisierung von Spielen ist nicht einfach, da sich die unterschiedlichsten Gesichtspunkte anbieten. Sie kann sich ausrichten auf die Nutzbarmachung in einem **Schulfach** - etwa Deutsch oder Fremdsprachenunterricht - , auf die **Spielperformanz** - etwa bewegungsorientiert- , nach dem verfolgten **Ziel** - etwa Kennenlernen - oder nach den **Örtlichkeiten**, etwa in einem Haus oder im Freien - u.v.m..

---

[1] Das verwendete Tempus ist trotz der Voranstellung das Perfekt/ Imperfekt, da alle gestellten Fragen prinzipiell erst nach einem (ersten Durchlauf eines) Spiel(s) beantwortet werden können.

Die hier verfolgte Kategorisierung versucht im Sinne einer schnellen Orientierung für die Funktionalität einzelner Spiele möglichst viele Ansätze aufzunehmen.
Zu diesem Zwecke steht über jeder Spielbeschreibung eine **Informationsleiste**.

Titel					K 1.1
Fach	innen/außen	Alterseignung	Anzahl Spieler	Dauer	Material
D	◊	ab 12	ab 8	c. 20'	ohne

In der oberen Zeile befindet sich links der **Titel** des jeweiligen Spieles; rechts, mit einem **Buchstaben** gekennzeichnet, die Grundkategorie sowie, mit **Ziffern** bezeichnet, die Binnendifferenzierung innerhalb dieser Grundkategorie. Die erste Ziffer bezeichnet dabei den thematischen Schwerpunkt, die letzte die numerische Abfolge innerhalb dieses Themenblockes.
Dabei bedeuten:

   B: Bewegungsspiele
   D: Denkspiele
   K: Kommunikationsspiele

In der sich darunter befindlichen, dunkel unterlegten Zeile sind die für die Auswahl, die Organisation sowie die Zielsetzung wichtigen Aspekte aufgenommen. Von links nach rechts sind diese:
Fach: Gemeint ist hier die Verwendbarkeit für einzelne Schulfächer. Dabei finden sich folgende Abkürzungen:
D: Deutsch
LI: Literaturunterricht.
Das Selbstverständnis dieses Faches definiert sich sehr häufig als Unterricht, dessen Ziel die Bühnendarstellung von literarischen Werken ist. Entsprechend steht die Auseinandersetzung mit Darstellungsmöglichkeiten literarischer Themenvorgaben durch Gestik, Mimik, Sprachgebung etc. im Mittelpunkt. Ein Teil der hier aufgenommenen Spiele, etwa solche mit pantomimischem Zuschnitt, fordert und fördert die schauspielerische Darstellung von Themenvorgaben.
SP: Sportunterricht

FU: Fremdsprachenunterricht
Dabei bezeichnet die angegebene Zahl das Lernjahr, in dem das Spiel eingesetzt werden kann. Meistens sind die deutschen Beispielgebungen problemlos auf den Fremdsprachenunterricht übertragbar. Andernfalls finden sich entsprechende Hinweise für den Spielleiter.
M: Mathematikunterricht
Hier sind v.a. Denksportaufgaben aufgenommen worden.
SW: Sozialwissenschaften
EK: Erdkundeunterricht
MU: Musikunterricht
FZ: Freizeit
"Freizeit" kann hier auch auf gewisse Bereiche des Schullebens ausgedehnt werden; so findet man Anregungen für die Gestaltung von Wandertagen, Landschulaufenthalten, Klassentreffen u.a.m..

Die **Kategorie Innen/Außen** wird durch Symbole für Haus bzw. Sonne markiert.
Es folgt eine Klassifizierung der **Alterseignung.** Diese kann ebenso wie die folgenden Kategorien - **Anzahl der Spieler** und **Dauer** - natürlich nur als Groborientierung verstanden werden. So hängt die Alterseignung von der Spielerfahrung, der Geschicklichkeit oder dem Wissensstand der Spielteilnehmer[2] ab; die hier angegebene Zahl stellt i.d.R. die untere Grenze dar. Viele Spiele lassen sich auch mit wesentlich mehr Teilnehmern durchführen, wobei oftmals eine Aufteilung in verschiedene Gruppen empfehlenswert erscheint. Die Dauer wird sich häufig nach der Wiederholung einzelner Spielelemente richten.
In der letzten Kategorie ganz rechts finden sich Hinweise auf die zu verwendenden **Materialien.** Auch hier bedeuten die Angaben keine strenge Festlegung. Ein phantasiebegabter Spielleiter wird je nach Anforderung oder Verfügbarkeit von Materialien problemlos Änderungen vornehmen können. Als Beispiel sei genannt, daß zur Unterscheidung von einzelnen Spielgruppen bei kurzzeitigen Bewegungsspielen ein Laufen mit einem gehobenen Arm denkbar ist. Besser ist natürlich, wenn Spielbänder zur Verfügung stehen; anstelle der etwa angegebenen Eicheln lassen sich selbstverständlich auch Nüsse, Streichhölzer oder sogar Münzen verwenden.

---

[2]Die Verfasser bitten um Verständnis, wenn in diesem Buch aus Gründen der besseren Lesbarkeit nur vom Mitspieler, Spielleiter etc. in der maskulinen Form die Rede ist.

3. Organisation

3.1. Die Rolle des Spielleiters
Die in diesem Buch vorgestellten Spiele können in aller Regel **ohne spezielle Vorkenntnisse** des einzelnen oder der Gruppe durchgeführt werden.
Die meisten Spiele erfordern einen **Spielleiter**, der die Vorbereitung, die Einweisung ins Spiel sowie seine Durchführung übernimmt, gegebenenfalls auch die Moderation bei der Nachbesprechung. Dieser Spielführer braucht nicht der Lehrer oder Gruppenleiter zu sein, vielmehr kann jeder in der Gruppe dieses Amt übernehmen. Dies würde einem wichtigen möglichen Ziel dienen: dem Erwerb und der Ausweitung von Organisationskompetenz. Die ersten Spiele sollten allerdings von Spielleitern organisiert werden, die auf Grund ihrer Erfahrungen oder ihrer Persönlichkeitsstruktur diese Aufgabe erfolgversprechend erfüllen können. Unerfahrene Spielleiter können zu einem späteren Zeitpunkt mit einer dann sichergestellten Imitationsgrundlage eingesetzt werden.

3.2. Orientierungshilfen
Zum Gelingen der Spiele seien im folgenden kurz einige **Orientierungshilfen** aufgelistet. Zweck dieser Strategievermittlung ist es, dem Spielleiter und der Gruppe mehr Handlungsfreiheit und auch die Bewußtmachung der Verantwortungsübernahme zu vermitteln:

3.2.1. Positionsanordnungen
Bei Spielen im Sitzen, etwa Kommunikationsspielen, empfiehlt sich meist eine kreisförmige Ordnung. Sie kann die Gruppendynamik günstig beeinflussen. Sie gibt jedem, einschließlich Spielleiter, den gleichen Status, und ermöglicht jedem Teilnehmer Sichtkontakt zu allen anderen.
Auch bei möglichen Besprechungen im Anschluß an die Spiele empfiehlt sich aus diesen Gründen eine kreisförmige Sitzordnung.

3.2.2. Vorbereitung aufs Spiel

- Machen Sie als Spielleiter der Gruppe klar, daß Sie nicht um Ruhe und Aufmerksamkeit buhlen, sondern daß Sie vielmehr eine (begrenzte) Zeit warten werden, bis jeder zum Zuhören bereit ist.
- Ihr Warten sollte mit einem nichtssagenden, neutralen Ausdruck verbunden sein; zeigen Sie auf keinen Fall gequälte Ruhe oder gar Resignation.
- Ignorieren Sie beim Warten alle gestellten Fragen oder Unterbrechungen.
- Ärgern Sie sich nicht über die scheinbar vergeudete Zeit. Wenn Sie am Anfang durchhalten, werden Sie später viel Energie sparen. Nach einigen Minuten werden sich die Gruppenmitglieder selbst zur Ruhe und Aufmerksamkeit bringen.

3.2.3. Durchführung des Spiels
- Versuchen Sie als Spielleiter, Ihre Ausführungen klar, d.h. mit entsprechender Lautstärke, sprachlich altersstufengemäß und in der gebotenen Systematik (etwa: Ziel des Spieles als Einleitung,

einzelne Phasen, Bewertung) vorzubringen. Grundsätzlich empfiehlt sich ein beispielhaftes Vormachen.
- Sollte das Spiel nicht anspruchskonform verlaufen, finden Sie eine geeignete Zäsur zum Eingreifen, notfalls am Ende einer Runde. Dabei kann es lernfördernd für die Gruppe sein, wenn diese selbst die Defizite erkennt sowie benennt und evtl. von sich aus praktikable Verbesserungsvorschläge einbringt. Fassen Sie vor Beginn einer neuen Runde die wesentlichen Verbesserungsansätze noch einmal schlagwortartig zusammen.
- Je nach gruppendynamischen Gegebenheiten kann es empfehlenswert sein, Bewertungsmodalitäten einzelner Spiele aufzuheben bzw. abzuschwächen. Denkbar ist, daß nicht nur die Schnelligkeit bei der Ausführung eines Spielauftrages, sondern auch die Qualität derselben bewertet wird. Dabei ist allerdings darauf zu achten, daß die Bewertungskriterien eindeutig - am besten vorher - festgelegt werden.

So kann der Spielleiter auch vermeiden, einen Sieger zu benennen. Er beschränkt sich auf die Bekanntgabe des Ergebnisses: etwa Mannschaft A: 30 Punkte, Team B: 29 Punkte etc.. Es können auch Regelveränderungen vorgenommen werden, die den Wettbewerbscharakter entschärfen.

3.2.4. Auseinandersetzung mit Problemen
- Wenn Sie glauben, mit einer Gruppe Schwierigkeiten zu haben, versuchen Sie zunächst einmal Abstand zu gewinnen und in Ruhe zu eruieren, woran diese Probleme liegen können. Denkbar ist, daß Ihre Erklärungen sprachlich zu anspruchsvoll, zu schnell gesprochen oder nicht systematisch genug waren.
- Machen Sie sich klar, daß Schwierigkeiten vielfach nicht von Ihnen ausgelöst werden, sondern Probleme der Gruppe sind. Sprechen Sie mit den Beteiligten darüber, wobei Sie versuchen sollten, einzelne Problemfelder systematisch vorzustellen, etwa:
  - mangelnde Zuhörbereitschaft bei den einleitenden Erklärungen,
  - zu chaotisches, aggressives, egoistisches, unangebracht lächerliches Verhalten während der Spieldurchführung,
  - Unpünktlichkeit einzelner, unter der die ganze Gruppe zu leiden hat.

Es ist hilfreich, diese oder andere Problemfelder zunächst allgemein anzusprechen; sollte dieses Vorgehen keine Wirkung zeigen, dann sollte man auch nicht vor Namensnennungen zurückschrecken.

- Sollten einzelne "Nonkonformisten" den Spielablauf behindern, suchen Sie das klärende Einzelgespräch. Evtl. übertragen Sie solchen Gruppenmitgliedern mit Blick auf den Solidaritätsgewinn verantwortungsvolle Aufgaben.
- Sollten alle bisher genannten Maßnahmen nichts fruchten, scheuen Sie sich nicht, einzelne Teilnehmer von den Spielen auszuschließen und die Gründe dafür zur Abschreckung *coram publico* vorzutragen. Dieser Ausschluß darf natürlich von den Betroffenen nicht als Belohnung gewertet werden. Zur Wahrung der Aufsichtspflicht und im Sinne der "konstruktiven" Bestrafung können Sie angemessene Sonderaufgaben verteilen. Die Pädagogik und die Soziologie liefern inhaltsträchtige Begründungen für Ihr Vorgehen, die Sie vom Verdacht des "Bestrafungspädagogen" befreien, etwa: Sicherstellung einer störungsfreien gruppendynamischen Atmosphäre, Anregung zur Selbstfindung, - besinnung, Einleitung eines Bewußtseinsprozesses für die Verantwortung des einzelnen in der Gemeinschaft etc.. Den euphemistischen Sprachschöpfungen sind hier keine Grenzen gesetzt.
- Sie sollten zu einer Maßnahme innerlich und äußerlich "stehen" und diese nicht beim ersten - möglicherweise vorgetäuschten - Versprechen einer Besserung wieder aufheben. Grundsätzlich empfiehlt sich allerdings die zeitliche Begrenzung eines Ausschlusses. Diese sollte bei Beginn der Maßnahme entsprechend bekannt gegeben werden.

Kommunikationsspiele

Einleitung

Von den drei in diesem Buch aufgenommenen Spielkategorien werden **Kommunikationsspiele** mit der breitesten Anspruchspalette in Verbindung gebracht. Diese bezieht sich auf pädagogische, psychologische oder soziologische Perspektiven.
Differenzierte Kommunikationsfähigkeit ist eines der wesentlichen Eigenschaften des *homo sapiens*. Klassische Beispiele wie das von Kaspar Hauser haben nachgewiesen, daß ohne die Praxis dieser Fähigkeit der Mensch in seinem Dasein verkümmert.
Der Erwerb der Kommunikationsfähigkeit ist z.B. oberstes Richtziel aller Fremdsprachendidaktiken, mit der Perspektive, ein umfassenderes Verständnis für die Menschen anderer Kulturräume zu entwickeln. Dieses Ziel wird vielfach mit der dann wachsenden Bereitschaft zu Toleranz, zum Abbau von Fremdenfeindlichkeit etc. in Verbindung gebracht.
Ähnlich wie für den im letzten Teil des Buches aufgenommenen Bereich **Bewegung** gilt auch für den der Kommunikation, daß sich der vom Zeitgeist westlicher Industriegesellschaften exogen geprägte Berufs- und Freizeitalltag vieler Menschen aller Altersstufen hier als eher hemmnisfördernd darstellt. Boshafte Kommentare legen nahe, daß der computerverliebte Ehemann oder Sohn mit dem technischen Gerät mehr "kommuniziert" als mit den Menschen seiner unmittelbaren Umwelt.
Spieltheoretiker behaupten, daß das Spiel eine ureigene Form der Kommunikation sei, da hier der Austausch von Handlungen stattfindet. Spielen, so wird weiter reklamiert, sei auch Meta-Kommunikation, d.h. Kommunikation über Kommunikationshintergründe und -bedingungen zugleich. Spiele können durchaus auf anschauliche Weise tiefe Empfindungs- und Ausdrucksmöglichkeiten mobilisieren. Kommunikation wird von diesen Theoretikern dabei über die verbale Ebene hinaus vor allem als Handlung definiert. Man spricht dann häufig vom kommunikativen Handeln.

Kategorisierung und inhaltliche Beschreibung

Bei den folgenden Spielen, die in der Gesamtnomenklatur des Buches mit dem Buchstaben **K** ausgewiesen sind, wurde besonderer Wert gelegt auf Anspruchsvielfalt, auf geringen Aufwand in bezug auf Materialien und Organisation sowie auf pädagogische oder psychologische Zielperspektiven.
Es versteht sich von selbst, daß nicht bei jedem Spiel alle Zielperspektiven verfolgt werden können.
Die für die folgenden 111 Kommunikationsspiele gewählte binnendifferenzierende Kategorisierung unterscheidet zwischen:

K 1 Kennenlernspiele (K 1.1 - K 1.12)
Hierbei bezieht sich Kennenlernen sowohl auf das Erfassen von Namen unbekannter Mitspieler als auch auf das Kennenlernen einzelner Persönlichkeitsmerkmale von Mitspielern.

K 2 Improvisationsspiele (K 2.1 - K 2.26)
Hier kommt es meist auf Phantasie und gedankliche Reaktionsschnelligkeit an. Die Mehrzahl dieser Spiele steht im Zusammenhang mit der Bildung von Wörtern, vereinzelt geht es um das Erfinden kleinerer Geschichten.

K 3 Pantomimenspiele (K 3.1 - K 3.21)
Bei diesem Block findet sich noch einmal eine Unterteilung in "reine" Pantomimenspiele (K 3.1 - K 3.16) und solche, die in Verbindung mit Tanzen und Musik gespielt werden sollten (K 3.17 - K 3.21).

K 4 Konzentrationsspiele (K 4.1 - K 4.36)
Im Mittelpunkt dieser Spiele stehen das Erkennen von einfachen, allerdings häufig schnell hintereinandergeschalteten logischen Zuordnungen, das Reagieren auf falsche Beispiele sowie die Memorierfähigkeit (Kurz- und Mittelzeitgedächtnis).

K 5 Rollenspiele (K 5.1 - K 5.16)
Hier wird von den Spielteilnehmern im Gegensatz zum Pantomimenspiel die verbalisierte Darstellung von Rollen verlangt, wobei es in einzelnen Spielen um die Darstellung und die angestrebte Lösung alltäglicher Konfliktsituationen geht.

Ähnlich wie bei anderen Spielblöcken, etwa den Bewegungsspielen, ist bei einigen Spielen eine monokategoriale Einstufung nicht möglich. Auch hier gilt, daß einzelne Spiele oder Teile davon ganz anderen Kategorien, etwa Bewegungsspielen, zugeordnet werden können. Beispiele bieten etwa Affinitäten zwischen Kennenlern- und Rollenspielen; einige Improvisationsspiele erfordern auch eine hohe Konzentration u.a.m.. In solchen Fällen wurde nach dem Dominanzprinzip vorgegangen.

Didaktisch-methodische Überlegungen

Da den in diesem Buch aufgenommenen Kommunikationsspielen in aller Regel ein klares didaktisches und methodisches Eigenprofil implizit ist, kann - anders etwa als bei Denkspielen - auf eine differenzierende Kommentierung unter diesen Aspekten zugunsten allgemeinerer Überlegungen verzichtet werden. Das oben genannte kommunikative Handeln in Verbindung mit Spielen beinhaltet stets eine Abhängigkeit in bezug auf die Erörterung bzw. vorherige Abklärung folgender Fragen:
Warum spielen wir (überhaupt)?
Was spielen wir?
Wo spielen wir?
Womit spielen wir?
Mit wem spielen wir?
Wie spielen wir?

Im Anschluß an das Spiel oder an einzelne Phasen lassen sich, v.a. aus der Sicht des pädagogisch geschulten Beobachters, die folgenden Fragen aufstellen:
Was wollte/n ich/wir mit dem Spiel erreichen?
Warum verhält sich ein Spieler so, vielleicht anders als es in den Regeln gefordert war?
Welche Rolle würde ein einzelner Spieler gerne in zukünftigen Spielen bzw. Phasen übernehmen?

Inwieweit solche Fragen überhaupt zum Ausdruck kommen oder interaktionell diskutierbar sind, hängt vom Reflexions- und Artikulationsvermögen einer Spielgruppe ab. Es kann schon hilfreich sein, wenn der Beobachter für sich und seinen weiteren pädagogischen Umgang mit der Gruppe oder dem einzelnen seine Schlüsse und entsprechende Konsequenzen zieht, etwa auf der Ebene der Auswahl oder der Organisation der Spiele.

Im Idealfall erfolgt ein wechselseitiger Austausch von Informationen oder ein verständnisvolles Eingehen der Spielergruppe oder einzelner Teilnehmer auf besondere Schwierigkeiten von Mitspielern, wodurch die Kommunikationsfähigkeit erhöht und eine sich im Anspruch steigernde handlungsorientierte Spielfähigkeit sichergestellt werden kann.

Zu diesem Zweck wurden zu Beginn einer jeden Kategorie konkrete Beobachtungshinweise für den pädagogisch interessierten Spielleiter aufgenommen.

Kennenlernspiele

Beobachtungshinweise

1. Gingen alle Spieler aus sich heraus, oder gab es Hemmungen in der Selbstdarstellung?
2. Gab es einzelne Bereiche (etwa: Äußerungen über Zukunftserwartungen), in denen besonders viele Spielteilnehmer zögerlich reagierten?
3. Stimmten die Äußerungen einzelner Spieler mit Ihrem - spontanen/ oberflächlichen - Eindruck überein, oder zeigten sich eklatante Diskrepanzen?
4. Führte das nähere Kennenlernen der einzelnen Spielteilnehmer untereinander zu Verhaltensänderungen? Wenn ja, zu welchen? Ging man fairer/ kumpaneihafter/ lustiger/ fordernder miteinander um?
5. Waren alle/ einzelne Spieler bereit, über ihre Selbsterfahrungen bei den einzelnen Spielen zu sprechen? Etwa: Erleichterung, sich *coram publico* geäußert zu haben, wobei das Spiel Ängste zu überbrücken half?
6. Kam es zur Entwicklung weiterer Spielideen, möglicherweise in Anreicherung der durchgeführten oder in Form von ganz neuen Spielansätzen?

Das Interview					K 1.1
Fach	innen/außen	Alters-eignung	Anzahl Spieler	Dauer	Material
D/LI FU2	←	ab 12	ab 8	c. 20'	ohne

Jeder in der Gruppe sucht sich einen Mitspieler als Partner - am besten einen, den er noch nicht kennt - und interviewt ihn, um ihn nachher der gesamten Gruppe vorzustellen. Abgefragt und aufgeschrieben werden jeweils bestimmte Daten: z.B. Vor- und Nachname, Alter, Beruf, Wohnort, Hobbys. Zur Kontrolle wiederholt anschließend der befragte Partner diese Angaben.
Dann werden die Rollen getauscht, d. h. der Interviewer wird jetzt befragt. Wenn die Interviews abgeschlossen sind, trifft man sich im großen Kreis wieder, und jeder stellt der Gruppe seinen Partner vor.

Variationen (bei großen Gruppen):
1. Jeder Teilnehmer wählt sich zwei (oder sogar noch mehr) Partner, und der Rollentausch wird ausgeschlossen.
2. Der Spielleiter hat gleichlange und gleichfarbene Fäden vorbereitet, halb so viele wie Teilnehmer, und hält diese Fäden so in der geschlossenen Hand, daß ihre Enden auf beiden Seiten herausragen. Jeder Spieler nimmt sich ein Fadenende und hat damit seinen Partner am anderen Ende gefunden.
3. Dem Partner werden über seinen Namen hinaus keine weiteren Daten abgefragt, sondern er stellt sich selber vor, indem er sagt, was er in bezug auf seine Person für wichtig hält.
4. Jeder Spieler muß zusätzlich zu seinem Namen (und den Interviewdaten) sagen, was er von dieser Runde (Gruppe, Kurs, Lehrgang etc.) erwartet, warum er gekommen ist, und welche Befürchtungen er hegt.
5. Nach dem Namenstausch erzählen die beiden Partner einander im Wechsel von ihren Problemen, Wünschen und Zukunftsplänen. Der Gruppe werden nachher nur die Wünsche und Zukunftspläne berichtet.

Who is who?					K 1.2
Fach	innen/außen	Alterseignung	Anzahl Spieler	Dauer	Material
FZ	♠	ab 10	ab 8	c. 20'	ohne

Ein Spielteilnehmer verläßt die Runde. Die anderen einigen sich auf einen Anwesenden, den der Zurückkommende erraten soll. Dieser fragt nun reihum die einzelnen Mitspieler über die verschiedenen Merkmale der zu erratenden Person aus: über ihre Eigenschaften, Fehler und "Steckenpferde". Dabei müssen die Fragen so gewählt sein, daß die Antwortenden lediglich mit "Ja" oder "Nein" reagieren können.

Namenballon					K 1.3
Fach	innen/ außen	Alters- eignung	Anzahl Spieler	Dauer	Material
FZ	▲ ☼	ab 8	ab 8	c. 15'	Luftballon/ Ball

Die Spieler stellen sich im Kreis auf. Ein Spieler geht in die Mitte, stößt einen Ballon oder wirft einen Ball möglichst senkrecht hoch und ruft den Namen eines Mitspielers auf. Der genannte Spieler läuft zum Luftballon oder Ball und verfährt anschließend wie sein Vorgänger.

Variationen:
1. Die Abstände zur Mitte können - je nach Spurtschnelligkeit der Gruppe - beliebig gewählt werden.
2. Die Ausgangsstellungen können wie folgt erschwert werden:
    - Gesicht abgewendet von der Mitte
    - Sitzen, etwa Schneidersitz
    - Hocken
    - Liegen auf dem Bauch oder Rücken
    - Stehen auf einem Bein
    - Hüpfen auf einem oder beiden Beinen.

Lügendetektor					K 1.4
Fach	innen/ außen	Alters- eignung	Anzahl Spieler	Dauer	Material
FZ FU2	▲	ab 10	ab 6	c. 12'	Schreibmaterial

Jeder Teilnehmer schreibt drei oder vier Behauptungen über sich selbst auf einen Zettel. Eine Behauptung davon ist falsch.
Die anderen müssen nun raten, welche Behauptung die falsche ist. Die Anzahl der Teilnehmer, die sich geirrt haben, ergibt die erhaltene Punktzahl für den, der die Behauptungen aufgestellt hat.

Steckbrief — K 1.5

Fach	innen/außen	Alters-eignung	Anzahl Spieler	Dauer	Material
FZ FU3	◆	ab 10	ab 8	c. 12'	Schreibmaterial

Die Spieler sitzen im Kreis. Jeder schreibt seinen Namen, Beruf und sein Hobby auf einen Bogen, und zwar so, daß der Nachbar das Geschriebene nicht sehen kann, und faltet dann das Papier zusammen.

Der Spielleiter sammelt die Zettel ein und legt sie in einen Hut, eine Mütze oder eine Schale. Nun zieht jeder Spieler eines der beschriebenen Blätter heraus. Hat er zufällig das eigene gezogen, tauscht er es um. Der Leiter gibt der Gruppe etwa zwei Minuten Zeit, den Zettel zu lesen und einander anzusehen. Dann bittet er einen Freiwilligen, auf einen Teilnehmer zuzugehen und etwa zu fragen: "Du bist doch sicherlich...?". Er nennt dabei den Namen, der auf dem von ihm gezogenen Zettel steht, den dazugehörigen Beruf und das Hobby. Stimmt es, so muß er begründen, wie er zu diesem Schluß kam. Dann steckt er der erratenen Person den Steckbrief an und setzt sich wieder auf seinen Platz. Der "Erratene" macht nun weiter. Ist jedoch nicht richtig geraten worden, nennt der Angesprochene seinen Namen. Derjenige, der den dazu passenden Steckbrief gezogen hat, meldet sich und muß zu beweisen versuchen, warum dieser Steckbrief gerade zu dieser Person paßt. Dann erhält diese den Steckbrief angeheftet und versucht nun ihrerseits, den von ihr gezogenen an den richtigen Teilnehmer zu bringen. Haben alle ihren richtigen Steckbrief erhalten, ist die Vorstellung beendet.

Die Zukunft hat begonnen					K 1.6
Fach	innen/außen	Alterseignung	Anzahl Spieler	Dauer	Material
D FU3	▲	ab 12	ab 6	c. 12'	Schreibmaterial

Jeder Mitspieler nimmt ein Blatt Papier zur Hand und stellt sich vor, wie seine Zukunft aussehen wird. Er darf sich darüber fünf Minuten Gedanken machen und schreibt dann auf:
- wo er leben will,
- welchen Beruf er ergreifen möchte,
- welchen Hobbys er nachgehen will,
- ob er verheiratet, ledig oder geschieden sein wird,
- mit welchen Eigenschaften er glaubt, diese Ziele zu erreichen,
- was, seiner Meinung nach, das größte Hindernis für ihn sein wird,
- was sein grundlegendes Hauptziel in der eigenen Lebensplanung ist.

Der Spielleiter sammelt die Zettel ein und liest sie einzeln der Gruppe vor. Die Mitspieler müssen jetzt raten und begründen, wer welche Zukunftspläne gemacht hat und woran sie den Schreiber zu erkennen glauben. Nach drei Fehlversuchen gibt sich der Schreiber zu erkennen und erläutert kurz seine Zukunftsvorstellungen und Pläne. Danach kommt der nächste Zettel an die Reihe etc..

Gefühlekarten					K 1.7
Fach	innen/außen	Alterseignung	Anzahl Spieler	Dauer	Material
D	▲	ab 14	ab 8	c. 20'	Karteikarten, Stift

Zuerst läßt sich der Spielleiter Adjektive nennen, die Gefühle bezeichnen (unruhig, ängstlich, überrascht, gleichgültig etc.) und schreibt sie auf einzelne Karten. Dann hält er nacheinander diese in die Höhe, und nun muß jeweils ein Spieler einen ganzen Satz mit dem Wort formulieren, das auf der Karte steht, etwa: "Ich fühle mich unruhig, wenn ich nachts allein bin."

Anschließend bilden die Spieler Dreiergruppen, um jeweils ein kurzes Stück über ihre drei Gefühlswörter zu improvisieren. Diese Stücke werden im Kreis vorgeführt.
Schließlich spricht jeder für seinen Nachbarn über dessen Gefühle und fragt ihn am Ende, ob das Vorgetragene wirklich stimmt.
Beispiel: "Ich bin Hans und ich fühle mich sehr unwohl, wenn ich daran denke, daß ich vor der ganzen Klasse sprechen muß. Stimmt das, Hans?"
Variationen:
1. Die Spieler schreiben die Gefühle, die sie im Moment haben, selbst auf (z.B. froh, entspannt, heiter, frei . . .).
2. Sie verwenden diese Gefühlskarten dazu, um Gedichte, Aufsätze oder Kurzszenen zu schreiben.

Ergänzungen					K 1.8
Fach	innen/ außen	Alterseignung	Anzahl Spieler	Dauer	Material
D FU3	◆	ab 12	ab 6	c. 20'	Schreibmaterial

Jeder Mitspieler nimmt ein Blatt Papier, schreibt oben seinen Namen hin und beantwortet dann die folgenden fünf Fragen, indem er die vom Spielleiter diktierten Satzfragmente schriftlich ergänzt:
- Ich bin ein Mensch, der gerne. . .
- Wenn ich eine Million gewänne, würde ich. . .
- Der von mir am meisten geschätzte Mensch ist. . .
- Das wichtigste Buch, das ich gelesen habe, war. . .
- Meine Freunde sollten folgende Eigenschaften aufweisen. . .

Der Spielleiter sammelt die Zettel ein und liest dann, ohne Namen zu nennen, einen nach dem anderen vor. Bei jedem Zettel muß die Gruppe versuchen, den Schreiber herauszufinden, und auch begründen, warum gerade dieser Spieler ihrer Meinung nach diesen Zettel geschrieben hat. Nach drei falschen Vermutungen muß sich der Schreiber zu erkennen geben und seine Antworten begründen. Der Spielleiter liest dann den nächsten Zettel vor. Das Spiel dauert so lange, bis alle Schreiber erkannt wurden oder sich zu erkennen gegeben haben.

Hinweis für den Spielleiter:
Im allgemeinen werden sehr viele falsche Vermutungen geäußert, vor allem, wenn die Gruppenmitglieder sich nicht allzu gut kennen. Jeder hat zwar die Möglichkeit, einen Mitspieler den gehörten Aussagen zuzuordnen, aber es ist höchst unwahrscheinlich, daß ein ihm nur wenig bekannter Mensch in sein Beurteilungsraster paßt. Dies ist auch das Lernziel dieses Spiels: die Relativierung von Urteilen, die nach einem ersten Eindruck vorschnell über Menschen gefällt werden.

Die Selbstanzeige					K 1.9
Fach	innen/ außen	Alterseignung	Anzahl Spieler	Dauer	Material
D FU3	◆	ab 12	ab 6	c. 20'	Schreibmaterial

Jeder Mitspieler soll in einer bestimmten Zeit (drei bis fünf Minuten) eine Anzeige schreiben, in der er sich selbst beschreibt, um sich als jemand darzustellen, der als Freund geeignet ist. Diese Anzeige sollte nicht mehr als 25 Wörter umfassen.
Wenn die Zeit abgelaufen ist, wirft jeder seine Annonce in einen Hut. Nun liest der Spielleiter einzeln die Anzeigen vor und die Mitspieler müssen raten, wer sie jeweils geschrieben hat, und begründen, warum sie auf diesen Spieler getippt haben.

Variationen:
1. Schreiben einer Selbst-Anzeige, in der sich ein Elternteil, Lehrer, Spieler, Sohn/ Tochter, Bruder/ Schwester, als Liebling oder Liebhaber anpreist.
2. Verfassen einer Annonce für jemand anderen, z. B. für den rechten Nachbarn oder für die nächste Person vom anderen Geschlecht.
3. Anfertigung einer Skizze oder Zeichnung aufgrund der Beschreibung in der Selbstanzeige.

Hinweis für den Spielleiter:
Dieses Spiel sollte nur in Gruppen gespielt werden, in der sich die einzelnen Spielteilnehmer untereinander gut kennen.

Die Heiratsannonce					K 1.10
Fach	innen/außen	Alters-eignung	Anzahl Spieler	Dauer	Material
D FU4	⬆	ab 12	ab 12	c. 30'	Schreibmaterial

Jeder Mitspieler schreibt seinen Namen auf ein Stück Papier und wirft ihn in einen Hut. Dann zieht jeder Mitspieler einen Namen. Wenn er seinen eigenen zieht, muß er tauschen!
Die Spieler schreiben nun eine Heiratsanzeige für diesen Mitspieler, in der er positiv beschrieben und als idealer Ehepartner angepriesen wird. Der Zeitrahmen beträgt 15 Minuten; die Anzeige sollte höchstens 50 Worte enthalten.
Danach werden die Anzeigen eingesammelt und einzeln vorgelesen. Die übrigen Spieler müssen raten, wem diese Heiratsanzeige gilt, und wer der Schreiber dieser Anzeige war.
Hinweis für den Spielleiter:
Wenn sich die Gruppe untereinander nicht gut kennt, sollte jeder über seiner Anzeige die gemeinte Person namentlich festhalten und unter seine Anzeige seinen Namen setzen. Wenn sich die Gruppe untereinander recht gut kennt, ist dies allerdings nicht nötig.

Vorstellung					K 1.11
Fach	innen/außen	Alters-eignung	Anzahl Spieler	Dauer	Material
FZ SP	⬆	ab 10	ab 6	c. 12'	Tonträger

Während kurzer Musikpausen finden sich jeweils zwei Partner zusammen und versuchen, durch gegenseitiges Befragen möglichst viele Informationen über den anderen herauszufinden. Nach einigen Minuten beginnt die Musik wieder zu spielen, und dann bewegen sich die Paare zusammen im Takt weiter. In der nächsten Musikpause lösen die Paare sich wieder auf, und jeder Spieler befragt einen neuen Partner.

Auktion					K 1.12
Fach	innen/ außen	Alters- eignung	Anzahl Spieler	Dauer	Material
FZ FU3	◆	ab 10	ab 10	c.15'	Schreibmaterial

Jeder Spieler erhält drei Zettel, auf die er jeweils den Namen eines Mitspielers vermerkt. Darunter schreibt er drei Eigenschaften, die charakteristisch für den vermerkten Spieler sind. Die Zettel werden eingesammelt. Der Spielleiter beginnt nun mit der Auktion, indem er lediglich die Eigenschaften vorliest. Nun soll der Name des Mitspielers anhand der Eigenschaften erraten werden. Der Spieler, der den richtigen Namen nennt, erhält den Zettel. Wer die meisten Zettel gesammelt hat, ist Sieger.

Hinweis für den Spielleiter:
Man sollte den Namen des Verfassers auf jeden Zettel notieren lassen. Der Betreffende darf dann bei seinem eigenen Zettel nicht mitraten.

Variation:
Dieses Spiel läßt sich auch mit zu erratenden Gegenständen oder Lebewesen durchführen.

Improvisationsspiele

Beobachtungshinweise

1. Waren die Spielanleitungen klar, oder mußten zusätzliche Hilfen bis hin zu einer "Proberunde" gegeben werden?
2. Welche Spieler entwickelten eine beeindruckende Phantasie oder mentale Reaktionsschnelligkeit?
3. Stimmten die gewonnenen Erkenntnisse mit vorangegangenen Beobachtungen - etwa im Fachunterricht, bei der Diskussion um Freizeitgestaltung etc. - überein oder zeigten sich eklatante Unterschiede?
4. Hielten die Spieler sich an vereinbarte Zeitvorgaben?
5. Kam es zu Diskussionen um Bewertungen, Verlierer, Gewinner?
6. Zeigten sich bestimmte Bevorzugungen oder Benachteiligungen beim Aktivieren von Spielteilnehmern?

Die Gerüchteküche					K 2.1
Fach	innen/außen	Alterseignung	Anzahl Spieler	Dauer	Material
D FU3	←	ab 12	ab 10	c.12'	ohne

Der Spielleiter setzt ein Gerücht in die Welt, entweder über einzelne Personen oder die ganze Gruppe oder auch über Prominente aus Politik, Sport, Musik etc..
(Fiktive) Beispiele: Heirat/ tragischer Tod eines Prominenten; Katastrophen. Er erzählt dieses Gerücht seinem linken Nachbarn, der es als Tatsache ansieht und seinerseits eine weitere Vermutung oder einen Verdacht hinzufügt. So meint jeder Mitspieler, das Erzählte sei eine Tatsache und ergänzt und erweitert das Gerücht sinngemäß, bis der Spielleiter wieder an der Reihe ist. Dann wird dieser die Endfassung wiederholen und mit dem Ausgangsgerücht vergleichen.
Beim nächsten Mal erfindet jeder zweite Spieler ein Gerücht und gibt es an seinen linken Nachbarn weiter. Nach der vierten oder fünften Station werden die Ergebnisse verglichen.

Wer bin ich?					K 2.2
Fach	innen/außen	Alters-eignung	Anzahl Spieler	Dauer	Material
D FU3	⬆	ab 12	ab 8	c.15'	Schreibmaterial, Tesafilm

Jedem Teilnehmer wird ein Zettel auf den Rücken geheftet, auf welcher der Name eines Prominenten, einer Pflanze etc. steht. Der Name ist dem Betreffenden nicht bekannt. Jeder Teilnehmer versucht durch Fragen herauszufinden, was auf seinem Rücken steht.
Dieses Spiel läßt sich mit Fragen in die gesamte Runde oder mit einzelnen Interviewpaaren spielen.
Variation:
In der Antwort dürfen nicht die Wörter "ja", "nein" oder andere vorher festzulegende Wörter (z.B. und, auch, ich etc.) auftauchen. Ist dies der Fall, muß der "Falschspieler" sich einen anderen Fragepartner aussuchen.

Das Phantasie-Spiel					K 2.3
Fach	innen/außen	Alters-eignung	Anzahl Spieler	Dauer	Material
D FU4	⬆	ab 10	ab 8	c.15'	Schreibmaterial

Der Spielleiter denkt sich witzig-kluge Fragen aus. Er liest die Fragen vor, und die Spielteilnehmer haben zwei Minuten Zeit, zu jeder Frage etwas möglichst Originelles dazuzuschreiben.
Beispiele: Was würden Sie tun,
- wenn Ihr Bett an einem Freiluftballon hängen würde?
- wenn Sie Kaiser von Honululu wären?
- wenn Sie Besuch vom Bundeskanzler bekämen?
- wenn Badehosentragen Pflicht wäre?

Variation:
Man kann auch noch ein Ratespiel anhängen. Dazu werden die Zettel eingesammelt und die schönsten Aussagen herausgeholt. Nach jeder vorgelesenen Aussage kann geraten werden, von wem sie stammt.

ABC-Spiel K 2.4

Fach	innen/außen	Alterseignung	Anzahl Spieler	Dauer	Material
D	←	ab 12	ab 8	c.15'	ohne

Bei diesem Spiel soll jeder Mitspieler einen Satz bilden, wobei die Anzahl der zu verwendeten Wörter festgelegt werden sollte. Der Sinn des Spieles besteht darin, jedes Wort mit einem aufeinanderfolgenden Buchstaben des Alphabetes beginnen zu lassen.
Beispiel: Am Bahnhof Charlottenplatz darf Emil für ganze Hähnchen immer jedes Kleingeld leihen.

Variationen:
1. Man läßt schwierige Buchstaben weg.
2. Man gibt den ersten Buchstaben vor.
3. Man verteilt Minuspunkte für "übersprungene" Buchstaben oder Pluspunkte für "erfüllte" Buchstaben.
4. Wenn ein Spieler zu lange zögert (Limit etwa: 15 Sekunden), muß der nächste Spieler fortfahren.
5. Man kann auch zwei Mannschaften bilden, die sich im Spiel abwechseln. Gewonnen hat die Mannschaft, die zuerst alle Spieler aktiviert hat.

Erzählspiel K 2.5

Fach	innen/außen	Alterseignung	Anzahl Spieler	Dauer	Material
D FU3	←	ab 12	ab 8	c.15'	ohne

Die Teilnehmer sitzen im Kreis und rufen einem Erzähler ein Wort zu, das dieser in eine Geschichte - möglicherweise in einer bestimmten Zeit, etwa: 15 Sekunden - einbauen muß. Das kann dann zum Beispiel so aussehen: Der erste Spieler nennt sein Wort: "Pudding". Der Erzähler beginnt: "Also, wißt ihr, ich esse für mein Leben gerne *Pudding*. Am liebsten ist mir der mit dem Himbeergeschmack, aber auch Schokoladenpudding mit Vanillesoße mag ich." Der zweite Spieler unterbricht und sagt: "Steckdose". "Als ich nun neulich meinen Pudding aß, da fiel mir in der Küche die *Steckdose* auf." Der nächste Spieler nennt sein Wort "Taschenkalender". Der Erzähler fährt fort: "Ich hatte nämlich gelesen, ich glaube, es stand in meinem *Taschenkalender,* daß sich in manchen älteren Wohnungen noch *Steckdosen* befänden, die ... "

Was bringt die Zeitung?					K 2.6
Fach	innen/außen	Alters-eignung	Anzahl Spieler	Dauer	Material
D	◆	ab 12	ab 8	c.15'	Ball

Die Spieler setzen sich im Kreis zusammen. Ein Mitspieler ruft: "Was bringt die Zeitung?" Gleichzeitig wirft er einem Spieler einen kleinen Ball zu. Dieser muß jetzt mit einem Satz antworten, der ein Wort mit der Nachsilbe "-ung" enthält. Etwa: "Eine Meldung über einen Verkehrsunfall." Er wirft dann den Ball einem weiteren Mitspieler zu, mit der Frage: "Was bringt die Zeitung?" Dieser muß wieder eine Meldung erfinden, in der das letzte Wort, d.h. "Verkehrsunfall", vorkommt. Wer keinen Satz bilden kann, erhält einen Minuspunkt. Der Spieler, der zum Schluß die wenigsten Minuspunkte hat, ist Sieger.

Der längste Satz					K 2.7
Fach	innen/außen	Alters-eignung	Anzahl Spieler	Dauer	Material
D FU4	◆	ab 12	ab 8	c.15'	ohne

Jeder Spieler muß einen möglichst langen Satz nennen. Das hört sich einfach an. Doch jedes Wort in dem Satz muß mit demselben Buchstaben beginnen. Diesen darf sich der Spieler selber aussuchen. Niemand darf sich Notizen machen. Nach einer vorher zu vereinbarenden Zeit, etwa drei Minuten, ist Schluß. Dann muß jeder Spieler seinen Satz aufsagen; wer den längsten hat, gewinnt.
Variation:
Notizen werden zugelassen.

Wortkette					K 2.8
Fach	innen/außen	Alters-eignung	Anzahl Spieler	Dauer	Material
D FU3	←	ab 12	ab 8	c.15'	ohne

Der erste Spieler nennt ein zusammengesetztes Substantiv, etwa "Tannenbaum!" Der nächste Spieler muß jetzt den zweiten Teil dieses Wortes für die Bildung eines neuen Begriffs benutzen: "Baumkrone". Wer nicht weiter weiß, muß eine Runde aussetzen oder erhält einen Minuspunkt.

Variation:
Anstatt mit zusammengesetzten Hauptwörtern eine Kette zu bilden, kann dies auch mit sinnverwandten Wörtern geschehen. Der erste Spieler sagt zum Beispiel: "Reifen". Der nächste muß etwas sagen, das mit "Reifen" zu tun hat, aber einer anderen Wortkategorie entstammt, z.B. "Reifen wechseln". Der nächste muß eine Kombination mit dem Wort wechseln finden, z.B. "Geld wechseln" etc..

Suchwort					K 2.9
Fach	innen/außen	Alters-eignung	Anzahl Spieler	Dauer	Material
D FU4	←	ab 12	ab 8	c.15'	Schreibmaterial

Alle Spieler, bis auf einen, erhalten einen Zettel. Auf diesen Zetteln stehen unterschiedliche Wörter, die jedoch demselben Themengebiet angehören. Beispiel: Theater, Rolle, Bühne, Schauspieler etc.. Der Spieler ohne Zettel soll eine Geschichte erzählen, die in dem vorgegebenen Bereich spielt; er muß dabei alle Wörter in beliebiger Reihenfolge verwenden.

Variationen:
1. Die Reihenfolge der Wörter muß eingehalten werden.
2. Man nimmt drei bis fünf gängige Wörter aus einem Bereich. Der betreffende Spieler muß eine Geschichte erzählen, in der diese Wörter gerade nicht vorkommen.
3. Man wählt sehr häufig vorkommende Wörter wie z.B. ein, der, die, das, und etc., die vermieden werden müssen. In

diesem Fall braucht das Erzählthema nicht angegeben zu werden.

Das schiefe Haus					K 2.10
Fach	innen/ außen	Alters- eignung	Anzahl Spieler	Dauer	Material
D FU3	◆	ab 12	ab 8	c.15'	ohne

Ein Spieler nennt den Teil eines Satzes, z. B. "Das Haus". Der nächste Spieler bringt eine sinnvolle Ergänzung ein, z.B. "Die Garage des Hauses", der nächste: "Die Garage des schiefen Hauses" etc.. Wer nicht mehr weiter weiß oder vorher Gesagtes vergißt, scheidet aus.

Endstation					K 2.11
Fach	innen/außen	Alters-eignung	Anzahl Spieler	Dauer	Material
D/EK FU3	←	ab 12	ab 8	c.15'	ohne

Ein Spieler beginnt mit einem Städtenamen. Der nächste Spieler muß nun innerhalb kurzer Zeit eine Stadt nennen, die mit dem Endbuchstaben der vorangegangenen anfängt (Hamburg - Göttingen).

Variationen:
1. Man kann vorher vereinbaren, daß ein sinnvoller, nach geographischen Gesichtspunkten ausgerichteter "Fahrplan" genannt werden muß, also nicht Kassel - Lübeck - Karlsruhe.
2. Anstatt Städtenamen sind auch Flußnamen, Personennamen, Tiernamen oder Lebensmittelbezeichnungen geeignet.

Hinweis für den Fremdsprachenunterricht:
Es empfiehlt sich, keine thematische Wortkategorie vorzugeben.
Beispiel: ruler, red, desk, knock

Spinnennetz					K 2.12
Fach	innen/außen	Alters-eignung	Anzahl Spieler	Dauer	Material
D FU4	←	ab 12	ab 8	c.15'	Wollknäuel

Die Spieler sitzen im Kreis. Einer von ihnen nennt ein zusammengesetztes Hauptwort, z.B. "Reifenpanne". Gleichzeitig wirft er einem Spieler in der Runde ein Wollknäuel zu, behält aber selber den Anfang des Knäuels in der Hand. Der Fänger wickelt den Faden um den Zeigefinger, sagt "Pannenhilfe" und wirft das Knäuel wiederum einem anderen Spieler zu. Dieser wickelt auch den Wollfaden um den Finger, wählt das Wort "Hilfestellung" und gibt das Knäuel weiter. Wer kein Wort weiß, scheidet aus, behält jedoch den Faden um den Finger. So entsteht innerhalb kurzer Zeit ein hübsches Spinnennetz, das es nach Halbzeit des Spiels (z.B. nach 10 Minuten) wieder zu entwirren gilt. Dann kann man sich den nächsten Knäuelfänger natürlich nicht mehr aussuchen, sondern muß sich genau nach der Struktur des Netzes richten, andernfalls gibt es Durcheinander!

Wie, wo, was?					K 2.13
Fach	innen/außen	Alters-eignung	Anzahl Spieler	Dauer	Material
D	◆	ab 12	ab 8	c.12'	Ball

Alle Teilnehmer sitzen im Kreis. Einer wirft einem Mitspieler einen Ball zu und ruft dabei: "A"! Dieser muß nun blitzschnell sagen: "Ich heiße August, wohne in Aachen und esse gerne Apfelmus." Danach nennt er einen neuen Buchstaben und wirft den Ball einem anderen Mitspieler zu. Derjenige, dem nichts einfällt, erhält einen Minuspunkt.

Der Flüsterkreis					K 2.14
Fach	innen/außen	Alters-eignung	Anzahl Spieler	Dauer	Material
D FU4	◆	ab 12	ab 8	c.10'	ohne

Die Gruppe sitzt im Kreis oder um einen Tisch. Der Spielleiter beginnt, indem er seinem Nachbarn einen Satz oder ein Wortungetüm ins Ohr flüstert. Dieser muß ohne Rückfragen seinem Nachbarn weitersagen, was er verstanden hat. So wandert der Satz durch den Kreis, bis er wieder beim Spielleiter ankommt. Der verkündet jetzt laut, was er verstanden hat, und dies hat zumeist nur noch wenig mit dem ursprünglichen Satz gemein.
Beispiele:
"Was Du heute kannst besorgen, das verschiebe nicht auf morgen"; "Mittelfingergelenkknochenbruchband"; "Grundnahrungsmittelverweigerungsstreik".

Die Nacherzählungsreihe					K 2.15
Fach	innen/außen	Alters-eignung	Anzahl Spieler	Dauer	Material
D FU3	◆	ab 12	ab 8	c.15'	ohne

Der Spielleiter benötigt zu diesem Spiel drei Mitspieler, von denen zwei den Raum verlassen. Dem dritten erzählt er eine Geschichte mit sehr vielen Details (zwei bis drei Minuten), die er sich merken sollte, damit er sie möglichst vollständig dem nächsten hereingerufenen Mitspieler nacherzählen kann. Dieser muß die gehörte Geschichte dem letzten Mitspieler wieder erzählen. Nachdem dieser seine Version wiederholt hat, wird die entstandene Geschichte mit der nochmals vorgelesenen Originalfassung verglichen.

Variation:
Anstelle der erfundenen Geschichte kann eine gedruckte Erzählung mit vielen Einzelheiten verlesen werden.

Der Wortzauberer					K 2.16
Fach	innen/außen	Alters-eignung	Anzahl Spieler	Dauer	Material
D/ LI FU5	◆	ab 12	ab 8	c.25'	Schreibmaterial

Der Spielleiter stellt sich als "Wortzauberer" vor, der den Mitspielern alle Wörter bis auf vier wegzaubern möchte. Die Spieler müssen die vier Wörter aufschreiben, welche sie unbedingt behalten wollen.
Nun müssen die einzelnen Spieler jeweils einen Partner suchen und sich mit diesem unterhalten, indem nur diese vier Wörter (und beliebig viele Zeichen und Gesten) benutzt werden. Nach drei Minuten dürfen die Wörter des Partners aufgeschrieben und künftig mitbenutzt werden. Danach muß ein neuer Partner gefunden werden, mit dem man sich unter Verwendung von acht Wörtern und spezifischer Mimik und Gestik unterhält.
In der nächsten Runde hat dann jeder 16 Wörter zur Verfügung. Nach nochmals zwei Wiederholungen, d.h. nach insgesamt vier

Gesprächen, sind schließlich, falls keine Überschneidungen vorgekommen sind, bei jedem Teilnehmer 64 Wörter im Spiel.
Danach erhält jeder der Spieler noch einmal zehn Minuten Zeit, um aus seinen Wörtern ein Gedicht zu fertigen. Zum Abschluß des Spieles setzt man sich wieder im Kreis zusammen und liest die Reimereien der Reihe nach vor.
Hinweis für den Spielleiter:
Alle Instruktionen müssen langsam erteilt, und ggfs. muß das Ganze wiederholt werden.
Ein Ziel des Spieles ist es, die Schwierigkeit zu erfassen, sich mit einem begrenzten Wortschatz auszudrücken. Das weckt Verständnis für Leute, die sich in einem fremden Land aufhalten und sich nicht so artikulieren können, wie sie gerne möchten (z.B. Gastarbeiter). So kann das Spiel zum Hinterfragen eigener Verhaltensweisen und zum Abbau von Vorurteilen beitragen.

Wer ist fix bei Suffixen?					K 2.17
Fach	innen/außen	Alterseignung	Anzahl Spieler	Dauer	Material
D/FZ FU3	◆	ab 12	ab 8	c.15'	Ball

Einer der im Kreis sitzenden Spieler wirft einem anderen Teilnehmer einen Ball oder ähnliches zu und ruft: "-keit, denk fix!" Der Angerufene muß nun sofort ein Wort mit der Endung "-keit" nennen und den Ball wieder einem Spieler zuwerfen, vielleicht mit dem Ruf: "-ung, denk fix!"
Wer kein Wort weiß, wenn bis fünf gezählt worden ist, scheidet aus.
Hinweis für den Fremdsprachenunterricht:
Als "Suffixe" bieten sich zum Beispiel im Englischen an:
a.   Substantivendungen auf -le, -sh, -ment, -ism.
b.   Adjektivendungen auf -y.
Als Präfixe: pre-, anti-, dis-, con- .

Buchstabenspiel					K 2.18
Fach	innen/außen	Alters-eignung	Anzahl Spieler	Dauer	Material
D	↑	ab 12	ab 8	c.15'	Ball

Der Spielleiter nennt ein beliebiges Wort, das allerdings nicht mehr als sechs Buchstaben umfassen sollte. Wer den Ball (oder einen anderen Gegenstand, etwa einen geknoteten Schal, eine Mütze) zugespielt erhält, soll innerhalb einer festgesetzten Zeit (z. B. 30 Sekunden) einen Satz bilden mit Wörtern, die mit den Buchstaben des vorgegebenen Wortes beginnen und zwar in der entsprechenden Reihenfolge. Unsinn ist erlaubt!
Beispiele:
Kerze: Kann ein Rindvieh Zauberkunststücke einsammeln?
Wand: Was alles nicht dazugehört!

Tot, "töter", Geist					K 2.19
Fach	innen/außen	Alters-eignung	Anzahl Spieler	Dauer	Material
D FU3	↑	ab 12	ab 8	c.15'	ohne

Die Spieler sitzen im Kreis. Ein Spieler beginnt und nennt einen Buchstaben, z.B. "E". Der nächste Spieler setzt einen Buchstaben dazu und zwar mit der Absicht, ein Wort entstehen zu lassen, z. B. "N". Der nächste sagt z. B. "G". Jetzt wird schon deutlich, daß es möglicherweise ein ENGEL werden sollte. Der vierte Spieler kann aber noch die Richtung wechseln, z.B. durch ein "L" zu ENGLAND hin.
Wer den letzten Buchstaben spricht (sprechen muß), ist "tot". Er darf aber mit einem neuen Wort beginnen.
So geht das Spiel immer wieder in eine neue Runde. Wer zum zweiten Mal "tot" wurde, ist nun "töter" und beim dritten Mal "Geist". Ein "Geist" kann nicht mehr mitmachen, muß also übersprungen werden. Er hat aber das Recht, andere zu stören. Spieler, die sich mit dem Geist abgeben oder ihm antworten, erhalten einen Minuspunkt oder werden um eine Stufe mehr "tot". So kann der "Geist" beispielsweise fragen: "Welchen Buchstaben hast du genannt?" oder sagen: "Stimmt nicht!" Er wird also

irritieren! Nicht erlaubt sind Fremdwörter, zusammengesetzte Wörter oder Pluralbildungen.

Zeitungsgeschichte					K 2.20
Fach	innen/außen	Alterseignung	Anzahl Spieler	Dauer	Material
D	←	ab 14	ab 6	c.20'	Zeitung, Stift

Innerhalb von drei Minuten (oder solange ein Mitspieler ein Streichholz brennen lassen kann), unterstreicht ein anderer Spieler beliebige Wörter auf einer Zeitungsseite. Es ist auch möglich, daß dies mehrere Anwesende tun. Nun beginnt das Geschichtenerzählen. Die Zeitung wird an die rechts sitzende Person weitergegeben, die nun eine Geschichte vortragen soll, in die alle unterstrichenen Wörter der Reihenfolge nach eingeflochten werden müssen.

Das andere Geschlecht					K 2.21
Fach	innen/außen	Alterseignung	Anzahl Spieler	Dauer	Material
D	←	ab 14	ab 8	c.12'	ohne

Der Spielleiter teilt die Anwesenden in zwei nach Geschlechtern getrennte Gruppen auf. In jeder Gruppe soll etwa 15 Minuten über typische Eigenschaften des anderen Geschlechts gesprochen werden: Was ist typisch männlich? Was ist typisch weiblich? Diese Eigenschaften werden von einem Mitglied der jeweiligen Gruppe notiert.
Jede Gruppe muß nun eine kurze Improvisation zusammenstellen, in der alle zuvor genannten Eigenschaften enthalten sind, und vor der anderen Gruppe aufführen.
Danach wird gemeinsam über die aufgeführten Stücke und die Frage diskutiert, woher Vorurteile über "typische Eigenschaften" kommen.
Variation:
Ein entsprechendes Spiel läßt sich auch auf fremde Nationalitäten oder Berufsgruppen (Politiker, Journalisten, Lehrer) beziehen.

Hinweis für den Spielleiter:
Die Lernziele dieses Improvisationsspieles sind, Vorurteile über das andere Geschlecht abzubauen und ihre Entstehung und Funktion transparent zu machen.

Kopflos					K 2.22
Fach	innen/ außen	Alters- eignung	Anzahl Spieler	Dauer	Material
D FU3	←	ab 10	ab 4	c.15'	ohne

Es geht um Worte, die ohne "Kopf", also ohne den ersten Buchstaben eine andere Bedeutung haben. Zwei Spieler denken sich vor der Tür ein "kopfloses" Wort aus und versuchen dann im Zimmer, vor den Mitspielern ihre Worte mit Umschreibungen zu erklären.
Einige Beispiele: Kreis-Reis, Bruder-Ruder, Krampe-Rampe, Platte-Latte, Klumpen-Lumpen etc..
Variation:
Diese Form der "Wortneuschöpfung" läßt sich auch in den Fremdsprachen anwenden, z.B. für das Fach Englisch: wheel (Rad), heel (Absatz), eel (Aal).

Namenjagd					K 2.23
Fach	innen/ außen	Alters- eignung	Anzahl Spieler	Dauer	Material
D/FZ FU3	←	ab 10	ab 6	c.12'	Schreibmaterial

Nach einem Startzeichen schreibt jeder Spieler seinen Namen auf ein Blatt, anschließend einen anderen Namen, der mit dem Endbuchstaben des eigenen beginnt, etc., z.B. Herbert, Theodor, Ronald etc.. Wer zuerst eine Kette von 15 Namen erstellt hat, ist Sieger.

Aller Anfang ist schwer					K 2.24
Fach	innen/außen	Alters-eignung	Anzahl Spieler	Dauer	Material
D/FZ FU3	◆	ab 10	ab 6	c.15'	Schreibmaterial

Gesucht werden Wörter mit demselben Anfangsbuchstaben, der vom Spielleiter vorgegeben wird. Aus diesen Wörtern soll ein ganzer Satz zusammengestellt werden, der in irgendeiner Form einen Sinn ergeben muß. Wer zuerst den Satz gefunden hat, ruft "Halt" und liest ihn vor.

Variationen:
1. Die Länge des Satzes kann durch die Anzahl der Wörter bestimmt werden.
2. Jeder Teilnehmer hat einen Satz mit Wörtern zu bilden, die mit dem Anfangsbuchstaben seines Vornamens beginnen.
3. Gewonnen hat der Spieler, der einen sinnvollen Satz mit den meisten Wörtern erstellt hat.

Kettenmalerei					K 2.25
Fach	innen/außen	Alters-eignung	Anzahl Spieler	Dauer	Material
FZ	☼◆	ab 6	ab 8	c.10'	vorb. Skizzen Schreibmaterial

Die Mitspieler sitzen in mehreren Reihen hintereinander auf dem Boden oder verkehrt herum auf Stühlen. (Eine Reihe sollte nicht mehr als fünf Spieler umfassen.) Der Spielleiter zeigt dem letzten Mitspieler in der Reihe eine einfache Skizze (Eis, Blume, Haus, Tasse, Gabel, Stuhl). Dieser malt ("telefoniert") das Gesehene mit dem Finger auf den Rücken seines Vordermannes. Auch dieser gibt nun das Zeichen nach vorne weiter etc.. Wenn der vorderste Spieler das Zeichen erhalten hat, malt er das Wahrgenommene auf ein Blatt Papier. Dann wird verglichen, wie genau das Telefon gearbeitet hat.

Zum Lachen					K 2.26
Fach	innen/außen	Alters-eignung	Anzahl Spieler	Dauer	Material
FZ	♠	ab 8	ab 8	c.12'	ohne

Im Kreis sitzend, flüstern alle dem linken Nachbarn ein schönes Geschenk ins Ohr, anschließend dem rechten Nachbarn eine Verwendungsmöglichkeit eines Geschenkes. Nacheinander sagen nun alle, was sie geschenkt erhalten haben und was sie damit tun sollen, z.B.: "Ich habe einen süßen Blick geschenkt erhalten und soll diesen einrahmen lassen."

Pantomimenspiele

Beobachtungshinweise

1. Welche Spieler zeigten besonderes schauspielerisches Talent?
2. Stimmten diese Fähigkeiten mit vorangegangenen Beobachtungen überein?
3. Welche Rollen wurden besonders überzeugend gespielt?
4. Wurden bewußt oder unbewußt ironisierende Anreicherungen eingebracht?
5. Wurde mehr Gestik oder mehr Mimik in die Darstellung eingebracht?
6. Gab es Spieler, die sich verkrampft darstellten?

Körpersprache					K 3.1
Fach	innen/außen	Alterseignung	Anzahl Spieler	Dauer	Material
FZ/LI FU4	◆	ab 10	ab 8	c.12'	ohne

Die Spieler teilen sich in zwei Gruppen auf. Jede Gruppe überlegt sich fünf Tiernamen, die mit verschiedenen Eigenschaftsbegriffen versehen werden: wie lahme Ente, frecher Spatz, alberne Gans, scheues Reh, wilder Löwe, schlauer Fuchs etc.. Jede Gruppe führt nacheinander ihre Begriffe pantomimisch vor. Die andere Gruppe soll die Begriffe herausfinden und benennen.

Variation:
Man kann auch zusammengesetzte Hauptwörter spielen: z.B. Blindflug, Eierkopf, Holzbein, Hammelsprung, Gummimensch, Froschkönig, Tischtennis etc..

Zwillinge					K 3.2
Fach	innen/außen	Alterseignung	Anzahl Spieler	Dauer	Material
FZ/LI FU4	◆	ab 12	ab 8	c.12'	Schreibmaterial

Jeder Spieler erhält einen Zettel, auf dem ein Tiername geschrieben oder ein Tier abgebildet ist. Es gibt immer zwei gleiche Tiere. Alle Spieler gehen oder laufen nach Erhalt ihres Zettels über die Spielfläche. Auf ein verabredetes Zeichen hin fangen alle an, ihr Tier pantomimisch darzustellen. Aufgabe eines jeden Spielers ist es, seinen Partner mit demselben Tier zu finden. Tiere können sein: Hühner, Gorillas, Schildkröten, Katzen, Bären, Fledermäuse, Stachelschweine, Papageien etc..

Variationen:
Darstellung von Berufen, Hobbys.
Hinweis für den Fremdsprachenunterricht:
Es empfiehlt sich, vorher das entsprechende Wortfeld, etwa "Tierwelt", besprochen zu haben.

Partnersuche					K 3.3
Fach	innen/ außen	Alters- eignung	Anzahl Spieler	Dauer	Material
FZ/LI	◄	ab 12	ab 8	c. 15'	ohne

Die Spieler bilden zwei Gruppen. Jeder Spieler der Gruppe A erhält eine darzustellende Tätigkeit zugewiesen (zum Beispiel Tisch decken, Holz hacken etc.). Die Mitglieder der Gruppe B erhalten einzeln dieselben Handlungen genannt. Die Spieler wissen aber nicht, wer welche Tätigkeit vorführt. Sie stellen sich nebeneinander auf. Sobald ein Mitglied von Gruppe B die Tätigkeit eines Spielers von Gruppe A erkannt hat, stellt er sich hinter diesen und beide führen sie gemeinsam durch. Das Spiel dauert so lange, bis sich alle Paare gefunden haben.

Kulissenspiel					K 3.4
Fach	innen/ außen	Alters- eignung	Anzahl Spieler	Dauer	Material
FZ/LI	◄	ab 12	ab 8	c. 15'	ohne

Der Spielleiter gibt der ganzen Gruppe als Spielaufgabe eine Situation, zum Beispiel: Zahnarzt und Patient. Ein Mitspieler beginnt, indem er sich als Patient auf einen Stuhl setzt. Ein weiterer stellt sich daneben und spielt den Bohrer etc.. Das Ganze dauert so lange, bis alle Spieler als Kulisse eingesetzt sind. Im Mittelpunkt dieses Spiels steht also weniger die Handlung, sondern mehr die angemessene Gestaltung einer Umgebung.

Kartontheater					K 3.5
Fach	innen/ außen	Alters- eignung	Anzahl Spieler	Dauer	Material
FZ/LI	◄	ab 12	ab 8	c. 15'	Karton, Papier, Stift

Die Spieler verteilen sich in verschiedene Gruppen zu je drei bis fünf Personen. Jede Gruppe legt in einen eigenen Karton drei Gegenstände und einen Zettel mit einem Stichwort darauf. Anschließend werden alle Kartons gemischt, und jede Gruppe wählt einen aus. Mit Hilfe des Kartons, der drei Gegenstände und des Stichworts soll dann jede Gruppe eine passende Situation pantomimisch darstellen.

Das Konzert					K 3.6
Fach	innen/außen	Alterseignung	Anzahl Spieler	Dauer	Material
FZ/LI	◆	ab 10	ab 8	c.12'	ohne

Ein Spieler geht vor die Tür. In der Zwischenzeit wählen die übrigen Mitspieler einen "Vorspieler". Der hinausgeschickte Spieler wird hereingerufen, und das "Orchester" beginnt (pantomimisch) zu spielen. Die "Orchestermitglieder" müssen genau auf ihren "Vorspieler" achten, denn dieser bestimmt, welches Instrument gespielt wird. Wenn er plötzlich sein Instrument wechselt, also z.B. von der Geige auf die Trompete übergeht, machen die anderen Spieler dieses nach. Der Wechsel muß möglichst unauffällig geschehen. Der nach draußen geschickte Spieler muß herausfinden, wer der Vorspieler ist.

Pantomimenkette					K 3.7
Fach	innen/außen	Alterseignung	Anzahl Spieler	Dauer	Material
FZ/LI	◆	ab 12	ab 8	c.15'	ohne

Der Spielleiter sucht sich vier Mitspieler für eine Pantomime. Drei müssen vor die Tür gehen, einer im Raum bleiben. Dieser erhält die Aufgabe, einen Beruf oder eine Tätigkeit pantomimisch darzustellen. Um ihm den Einstieg zu erleichtern, stellt der Spielleiter den Beruf zunächst selber dar. Der im Raum gebliebene Mitspieler muß sich das Verhalten oder die Tätigkeit gut einprägen und sie dann dem nächsten Mitspieler, der dazu hereingerufen wird, vorspielen. Dieser muß ebenfalls das, was er sich merken konnte, dem nächsten Kandidaten vorspielen. Wenn der letzte Mitspieler seine Imitation abgeschlossen hat, fragt ihn der Spielleiter: "Was glaubst du wohl, welchen Beruf/ welche Tätigkeit du uns eben vorgespielt hast?"

Geeignete Berufe/ Tätigkeiten für dieses Spiel: Tankwart, Babysitter, Zahnarzt, Lehrer, Hausfrau, Schaffner, Tennistrainer.

Begriffspantomime					K 3.8	
Fach	innen/ außen	Alters- eignung	Anzahl Spieler	Dauer	Material	
LI FU3	◆	ab 12	ab 8	c.15'	ohne	

Günstigerweise bildet man zwei Mannschaften mit je etwa vier Mitspielern. Der Spielleiter gibt vor, daß jede Mannschaft sich auf drei bis fünf Begriffe einigt (davon höchstens zwei bis drei Begriffe, die aus drei Wörtern zusammengesetzt sind, ansonsten aus zwei Wörtern zusammengesetzte Begriffe (etwa: Holzkopf/ Schiffschaukel/ Stirnbandverkäufer etc.). Jeweils ein Mitspieler muß den vorgegebenen Begriff vorspielen. Er darf dabei die Teilbegriffe als Nr. 1, 2 oder 3 anzeigen. Entweder müssen die Mitspieler oder die Zuschauergruppe die Begriffe erkennen.

Lügenpantomime					K 3.9	
Fach	innen/ außen	Alters- eignung	Anzahl Spieler	Dauer	Material	
FZ/LI	◆	ab 12	ab 8	c.15'	ohne	

Ein Mitspieler spielt eine eindeutige Handlung oder eine berufliche Tätigkeit vor. Sein linker Nachbar fragt ihn: "Was machst du da?" Daraufhin bricht dieser seine Tätigkeit ab und antwortet mit einer Lüge, d.h. er sagt etwas ganz anderes. Der Nachbar muß nun diese Lüge (Tätigkeit) spielen und ausführen, bis ihn sein linker Nachbar ebenfalls fragt: "Was machst du da?" und er die Tätigkeit nennt, die sein Nachbar nun ausführen soll.
Beispiel:
Josef geht im Kreis spazieren - Friedhelm erkundigt sich: "Was machst Du da?" - Josef: "Ich wasche mein Auto".
Friedhelm spielt "Autowaschen" - Gero: "Was machst Du da?" - Friedhelm: "Trampolinspringen".

Angebot					K 3.10
Fach	innen/außen	Alterseignung	Anzahl Spieler	Dauer	Material
FZ/LI	◆	ab 10	ab 8	c.15'	ohne

Es wird eine Kreispantomime gespielt. Sie beginnt damit, daß ein Spieler vorführt wie er einen Gebrauchsgegenstand benutzt. Er illustriert z. B. mit seinen Händen die Form eines Hammers und gibt vor, einen Nagel einzuschlagen. Dann reicht er den "Hammer" an seinen rechten Nachbarn weiter, der dieses Angebot akzeptiert, indem er den Hammer ebenfalls zum Nageleinschlagen verwendet. Dann jedoch verformt oder verändert er ihn, erstellt einen neuen Gegenstand und benutzt ihn, z. B. eine Schreibmaschine. Anschließend gibt er die "Schreibmaschine" seinem Nachbarn weiter etc..

Stegreifspiele					K 3.11
Fach	innen/außen	Alterseignung	Anzahl Spieler	Dauer	Material
FZ/LI FU3	◆	ab 12	ab 8	c.10'	ohne

Eine eventuelle Vorbereitungszeit soll möglichst kurz gehalten werden. In der Regel werden die Szenen ohne Worte dargestellt (Pantomime). Je nach Situation wird eine Aufgabe von einer bis zu fünf Personen gespielt.
Beispiele:
- Lokalitäten, z. B. Kaufhaus, Bahnhof, Fußballstadion.
- Situationen, z.B. Liebesfilmaufnahme, Siegerehrung, Wilderer, Banküberfall, Zeugnisverteilung.
- Berufe, z. B. Schreiner, Zahnarzthelferin, Gärtner.
- Vereine, z.B. Gesangverein, Altenclub, Schützenverein.
- Sportarten, z.B. Tischtennis, Fechten, Bergsteigen, Schach, Darts.
- Redensarten, z.B. jemandem die Zähne zeigen, jemanden übers Ohr hauen, etwas an den Haaren herbeiziehen.
- Monate.

- Buchtitel, Schlagertitel etc.. Beispiel: "Lederstrumpf": Eine Person zieht einen Strumpf an, eine zweite kaut auf einem (gedachten) Stück Leder.
- Jede Gruppe erhält je fünf Gegenstände. Diese müssen in die Kurzszene eingebaut werden. Die Spielsituation kann vorgegeben sein, z. B. "Wirtshausstreit".
- Scharade (frz. = Silbenrätsel, das durch darstellendes Spiel aufgegeben wird): Eine Gruppe spielt hintereinander kleine Szenen. Die Zuschauer müssen die einzelnen Silben oder Wortteile, die durch jede Spielszene dargestellt werden, zu einem ganzen Wort (oder auch Satz) zusammensetzen. Nach dem Spielen der Einzelszenen wird nach Möglichkeit noch das Gesamtgebilde gespielt, z.B.: Fahr - stuhl/ Hosen - träger/ Lek - türe/ Auto - innen - beleuchtung/ Ober - in - spek - tor.

Variationen:
1. Jede Gruppe erhält ein Wort mitgeteilt, das jeweils nach einer kurzen Vorbereitungszeit spielerisch dargestellt werden soll. Die Anfangsbuchstaben aller Wörter ergeben wiederum ein Gesamtwort.
2. Jede Gruppe sitzt vor einem fiktiven Fernsehgerät. Zunächst kann man in der Gruppe vereinbaren, welches Programm "eingeschaltet" ist. Bei der Vorführung verhalten sich alle Spieler der Gruppe so, daß die anderen erkennen können, um welche Art von Sendung es sich handelt, z.B. Krimi, Fußball oder Show-Sendung.
3. Einkaufspantomimen
   Zwei Spieler überlegen miteinander eine Einkaufssituation und üben diese ein. Weniger das Raten um das "was" wird die Zuschauer interessieren, als vielmehr das "wie".
   Beispiele: Autokauf, Parfümkauf mit entsprechenden Riechproben, Weinkauf mit Geschmacksproben, Filmdiva kauft Nerzmantel.
4. Stummer Redner
   Ein Spieler erhält die Aufgabe, für einen Fremden verantwortlich zu sein. Er wird dem Fremden vielerlei mitteilen und ihn manches fragen müssen, ohne jedoch zu sprechen. Diese Mitteilungen stehen für ihn der Reihe nach auf einem Zettel. Nur der Spieler darf diesen lesen. Eine andere Person spielt den Fremden. Dieser Fremde darf zurückfragen und natürlich raten alle Zuschauer mit.

Beispiele: Wir ruhen uns ein wenig im Café aus. Möchten Sie ein Eis? Haben Sie auch einen Koffer bei sich? Wollen Sie auf den Aussichtsturm? Sind Sie verheiratet?
Variation:
Die Spieler teilen sich in zwei Gruppen. Die einen sind stumm, die anderen taub. Die tauben Spieler stellen nun Fragen, welche die Stummen wohl hören, aber nur pantomimisch (ohne Worte) erklären können.

5. Die Mimen sollen jeweils Redensarten pantomimisch darstellen.
Etwa: Einen Bären aufbinden - Einem die Butter vom Brot nehmen - Sein Licht unter den Scheffel stellen - Morgenstund hat Gold im Mund - Nachts sind alle Katzen grau - Reden ist Silber, und Schweigen ist Gold - Sich etwas hinter die Ohren schreiben - Nicht auf Rosen gebettet sein - Sich nicht in die Karten gucken lassen - Vorbeugen ist besser als heilen - Auf das richtige Pferd setzen.

Eins, Zwei, Drei - raus!					K 3.12
Fach	innen/ außen	Alters- eignung	Anzahl Spieler	Dauer	Material
D	♠	ab 12	ab 8	c.15'	ohne

Alle Spieler werden in zwei etwa gleich große Gruppen aufgeteilt. Die eine Mannschaft wird aus dem Raum geschickt. Während sie draußen außer Hörweite wartet, einigt sich die zurückgebliebene Partei auf ein Verb, das die anderen mimisch darstellen sollen, z.B. "singen". Dies wird ihnen nun aber nicht etwa einfach mitgeteilt, sondern ein Bote wird zu ihnen geschickt, der ihnen nur sagt: "Es reimt sich auf "ingen" ". Die Partei muß sich nun Verben einfallen lassen, die sich auf "ingen" reimen, und sie nacheinander vor den anderen im Raum mimen - so lange, bis sie das richtige erraten haben. Dabei ist es sehr wichtig, daß die Zuschauer warten, bis auch der letzte Spieler der anderen Gruppe im Raum ist und agiert, und dann erst durch ein kräftiges "eins, zwei, drei - raus!" kundtun, daß das richtige Wort noch nicht erraten ist. Wird dagegen das richtige Wort dargestellt, so werden die Akteure durch Beifallklatschen belohnt.

Nun wird der Spieß umgedreht. Die Zuschauer werden zu Darstellern und umgekehrt, und man kann sich nun rächen, indem man versucht, ein Verb zu finden, auf das sich möglichst viele andere reimen, damit die Gruppe recht lange raten und mimen kann.
Z.B.: "-ingen": singen, springen, ringen
"-eiten": reiten, streiten, ausbreiten, leiten
"-eben": geben, streben, beben, heben, leben
"-aufen": laufen, taufen, saufen, raufen
Variationen:
Es können auch Substantive ("-aus": Laus, Haus, Maus; "-eben": Leben, Streben, Reben; "-atte": Ratte, Matte, Latte etc.) oder Adjektive ("-ell": grell, schnell, speziell; "-att": matt, satt, glatt etc.) gewählt werden.

Handwerkerspiel					K 3.13
Fach	innen/außen	Alterseignung	Anzahl Spieler	Dauer	Material
LI FU2	←	ab 12	ab 8	c.12'	ohne

Ein Mitspieler geht hinaus, während sich alle anderen jeweils ein Handwerk wählen. Ist der Mitspieler wieder ins Zimmer zurückgekehrt, müssen alle der Reihe nach ihre "berufliche Tätigkeit" emsig, doch stumm ausführen. Kann der Hereingekommene das dargestellte Handwerk eines Mitspielers nicht erraten, muß der "Handwerker" ausscheiden. Sieger wird zum Schluß jener, dessen deutliches Spiel immer sofort das Handwerk erkennen ließ.
Beispiele: Maurer, Schuster, Bäcker, Friseuse, Tennistrainer, Lehrer etc..

Der Stumme					K 3.14
Fach	innen/außen	Alters-eignung	Anzahl Spieler	Dauer	Material
LI/FZ FU2	▲	ab 10	ab 6	c.20'	Schreibmaterial

Es werden zwei gleich große Gruppen gebildet. Sie stehen in gleicher Entfernung vom Spielleiter. Dieser hat für jede Gruppe eine identische Anzahl von Zetteln vorbereitet, etwa 10 für jede Gruppe. Auf den Zetteln sind Tätigkeiten vermerkt. Aus jeder Gruppe kommt ein Spieler zum Spielleiter und erhält dort einen Zettel gezeigt. Der Spieler eilt zurück und versucht vor seinen Mannschaftskollegen möglichst schnell und gut, die betreffende Tätigkeit pantomimisch darzustellen. Es darf dabei auf keinen Fall gesprochen werden. Das Team, welches am schnellsten die dargestellte Tätigkeit erraten hat, erhält einen Punkt.
Hinweis für den Spielleiter:
Das Spiel läßt sich bei großen Gruppen auch mit mehr als zwei Teams durchführen. Dabei ist es allerdings ratsam, für jedes Team einen Schiedsrichter abzustellen.
Variation:
Anstelle der Punktvergabe kann auch die zum Raten aufgewendete Zeit für jedes Team aufaddiert werden.

Tierschwindel					K 3.15
Fach	innen/außen	Alters-eignung	Anzahl Spieler	Dauer	Material
LI/FZ FU3	▲	ab 10	ab 8	c.5'	ohne

Ein Spieler, dem der Spielleiter einen Tiernamen zugeflüstert hat, verläßt kurz den Raum. Er muß nach seiner Rückkehr, das ihm genannte Tier mimisch spielen. Die Mitspieler sollen das dargestellte Tier erraten. Der Clou dieses Spiels ist allerdings, daß die Mitspieler über das zu spielende Tier informiert wurden und nun alle möglichen Tiere, nur nicht das dargestellte, nennen. Das Spiel, das daher leider nur einmal gespielt werden kann, endet, wenn der Darsteller den Schwindel bemerkt.

Variation:
Es können auch Prominente, gängige Handlungen (Autoputzen, Sich waschen, Einkaufen gehen, etc.) mimisch dargestellt werden.

Kontrastpantomime					K 3.16
Fach	innen/außen	Alterseignung	Anzahl Spieler	Dauer	Material
FZ	◆	ab 8	ab 8	c.12'	ohne

Die im Kreis sitzenden Spieler stellen jeweils einen möglichen Kontrast von dem dar, was der Spieler in der Mitte zeigt. Spielt er Fußball, so spielen die anderen Handball. Sägt er, klopfen die anderen einen Nagel in die Wand. Der Spieler in der Mitte wird schnell wechseln, um die anderen zu verwirren. Er wird schnell im Kreis rundgehen, bei einem Spieler stehenbleiben, um gleich wieder bei einem anderen sein Glück zu versuchen, bis er jemanden gefunden hat, der das Gegenteil nicht schafft oder als letzter reagiert und als "Strafe" den Vorspieler ablösen muß.

Körperteilunterhaltung					K 3.17
Fach	innen/außen	Alterseignung	Anzahl Spieler	Dauer	Material
FZ LI	◆	ab 10	ab 6	c.12'	Tonträger

Zwei Partner sitzen oder stehen sich gegenüber und unterhalten sich mit Hilfe eines Körperteils, zum Beispiel mit Hand, Kopf, Knien, Schulter, Füßen oder durch Mimik und Gestik. Durch die Begleitmusik oder durch ein vorher gestelltes Thema (Gespräch auf einer Parkbank, Angst, Streitgespräch o.ä.) wird der Inhalt des Gesprächs zunächst weitgehend vorgegeben. Die Unterhaltung, die in einer späteren Phase auch vollkommen frei improvisiert werden kann, sollte zunächst nur mit einem einzelnen Körperteil durchgeführt werden. Später können auch andere Körperteile hinzugenommen werden.

Alltagskontakte					K 3.18
Fach	innen/außen	Alters-eignung	Anzahl Spieler	Dauer	Material
FZ LI	◆	ab 10	ab 6	c.10'	Tonträger

Verschiedene Situationen des Alltags, bei denen sich Personen begegnen und Kontakt aufnehmen, werden herausgegriffen und zur Musik gespielt. Geeignete Beispielszenen können etwa die Begrüßung in der Familie und im Freundeskreis, auf der überfüllten Straße, bei einer Tanzveranstaltung oder auch die Anonymität von Begegnungen in einem öffentlichen Verkehrsmittel sein. Eingespielte Gruppen können versuchen, Begegnungen nachzustellen, die stark formalisiert oder ritualisiert sind, z.B. Begegnungen in Vereinen, in der Kirche, beim Militär, in der Diplomatie, in Diskotheken, in Rockergruppen oder zwischen Autoritäten und Abhängigen. Die Gruppen stellen sich später ihre Spielszenen gegenseitig vor.

Affentanz					K 3.19
Fach	innen/außen	Alters-eignung	Anzahl Spieler	Dauer	Material
FZ LI	◆	ab 10	ab 6	c.12'	Tonträger

Die Gruppenmitglieder bewegen sich in einem Kreis zur schnellen, rhythmischen Musik und versuchen dabei, die Bewegungen des Leiters oder eines Spielers, der nicht in der Mitte, sondern mit im Kreis steht, möglichst genau nachzumachen. Wenn der Vortänzer nach einigen Bewegungen, die dann jeweils von allen für eine kurze Zeit im Rhythmus der Musik nachvollzogen werden, seine Rolle an einen anderen Tänzer weitergeben möchte, zeigt er mit der Hand auf seinen Nachfolger. Auch wenn einigen Spielern dann nicht sofort geeignete Bewegungen einfallen und sie deshalb nachdenklich verharren oder unruhig hin- und herschwanken, kann dieses Verhalten sofort von allen anderen imitiert werden.

Hinweis für den Spielleiter:
Zu Beginn des Spieles sollten die Bewegungen einfach sein und vorwiegend am Platz ausgeführt werden, später können dann auch Bewegungen zur Seite, nach vorn und hinten oder im Kreis einbezogen werden.

Spiegeltanz					K 3.20
Fach	innen/außen	Alterseignung	Anzahl Spieler	Dauer	Material
FZ LI	◆	ab 10	ab 8	c.12'	Tonträger

Das Spiel setzt langsame, rhythmische Musik voraus. Die Personen der Spielgruppe stehen sich paarweise gegenüber. Eine von beiden übernimmt die Rolle eines Spiegels, der alle Bewegungen des Partners seitenverkehrt nachahmt. Bei einer bestimmten vorher vereinbarten Bewegung oder nach Absprache werden die Rollen gewechselt. Eingespielte Teams können versuchen, Themen aus dem Alltag wie das Anziehen, Kämmen oder Stolzieren vor dem Spiegel zur Musik zu gestalten. Beide Spieler sollten sich bei diesem Spiel ständig ansehen und die Bewegungen möglichst langsam ausführen.

Berufstanz					K 3.21
Fach	innen/außen	Alters-eignung	Anzahl Spieler	Dauer	Material
FZ LI	←	ab 8	ab 6	c.15'	Tonträger, Zettel mit Aufschrift

Ein männlicher Teilnehmer erhält einen Zettel mit der Aufschrift "Trompeter", ebenso die Dame. Die anderen erhalten andere Berufe oder Aktionsaufgaben. Nach dem Startzeichen agieren alle typisch entsprechend ihrem Beruf oder ihrer Aufgabe, natürlich pantomimisch bei völligem Schweigen, da man sich nur aufgrund der gleichen Bewegungen finden soll.

Variation:
Tiere mit typischen Lauten. Nach dem Start finden sich die Paare durch das Rufen der Tierlaute; z. B Schaf, Gockel, Ente, Esel (evtl. wird das Licht ausgemacht.).

Konzentrationsspiele

Beobachtungshinweise

1. War die Organisation, etwa in bezug auf die Zeitvorgaben oder den Umfang der zu memorierenden Dinge, angemessen?
2. Wurden die Erklärungen sofort anspruchsadäquat umgesetzt, oder waren Einhilfen notwendig?
3. Welche Spieler waren in der Lage, sich besonders zu konzentrieren?
4. Stimmten diese Beobachtungen mit vorangegangenen Eindrücken überein, etwa bezogen auf die nachgewiesene Konzentrationsfähigkeit im Fachunterricht?
5. Bezog sich diese Fähigkeit auf einen kurzen oder längeren Zeitraum?
6. Hielten sich alle Spieler an die Spielregeln?
7. Zeigten die Spieler Fairneß beim Verlieren, Begeisterung beim Gewinnen?
8. Gab es anreichernde Spielideen?
9. Wurden einzelne Mitspieler besonders bevorzugt aktiviert oder gezielt ignoriert?

Persönlichkeitsraten					K 4.1
Fach	innen/außen	Alters-eignung	Anzahl Spieler	Dauer	Material
FZ	◆	ab 10	ab 6	c.10'	Klebekreppband

Die Spieler sitzen im Kreis, und einer größeren Anzahl von Freiwilligen wird selbstklebendes Kreppband, auf das jeweils der Name einer bekannten Persönlichkeit geschrieben ist, auf die Stirn geklebt, ohne daß sie wissen, um wen es sich handelt. Die Freiwilligen müssen dann die von ihnen dargestellte Persönlichkeit erraten. Die Fragen müssen so gestellt werden, daß sie möglichst mit "ja" von der Gruppe beantwortet werden können. Wird eine Frage mit "nein" beantwortet, so geht die Berechtigung zum Fragen an die nächste "Persönlichkeit" über.

Zipp-Zapp					K 4.2
Fach	innen/außen	Alters-eignung	Anzahl Spieler	Dauer	Material
FZ	◆☼	ab 10	ab 8	c.12'	Stühle

Alle Spieler sitzen im Kreis, nur ein Spieler steht in der Mitte. Für ihn ist kein Stuhl frei. Er geht auf einen der im Kreis sitzenden Teilnehmer zu und sagt "Zipp" bzw. "Zapp" und zählt anschließend laut von eins bis zehn. Bei "Zipp" muß der Angesprochene den Namen seines linken Nachbarn, bei "Zapp" den des rechten Nachbarn nennen, ehe der Spieler im Kreis bis zehn gezählt hat. Gelingt ihm das nicht, muß er in den Kreis gehen und die Rolle des Fragenden übernehmen. Bei "Zipp-Zapp" suchen sich alle neue Plätze und Nachbarn. Dabei kann sich auch der in der Mitte stehende Spieler einen Platz sichern.
Der Reiz des Spieles besteht auch darin, daß man in sehr origineller Weise fragen kann, z. B. nach "Zipp" dieselbe Person auch noch "Zapp", oder man kommt ganz schnell nach einem weiteren Befragten zur ersten Person zurück. Nach einer gewissen Spielzeit kann die Aufgabe wechseln. Statt nach dem Vornamen fragt man dann nach Hobby, Schuhgröße, Lieblingsfarbe etc..

Variation:
Variieren kann man dieses Spiel, indem bei "Zipp-Zapp" bzw. "Zapp-Zipp" beide Nachbarn in vorgegebener Reihenfolge genannt werden müssen und auf einen Platzwechsel verzichtet wird.

Was nehme ich mit?					K 4.3
Fach	innen/außen	Alters-eignung	Anzahl Spieler	Dauer	Material
FZ	◆	ab 10	ab 8	c.12'	ohne

Ein Spieler verläßt den Raum. Für diese Person müssen zehn Dinge (Kleidung, Gegenstände) gesammelt werden, die sie - nach Meinung des Spielerkreises - mit auf eine Reise nehmen würde. Nach der Rückkehr muß der betreffende Spieler die Gegenstände benennen, die er angeblich am liebsten mitgenommen hätte.

Variationen:
1. Anstelle von konkreten Gegenständen können auch (sogar in Kombination mit Gegenständen) besonders häufig von der betreffenden Person gebrauchte Redewendungen, Charaktereigenschaften, Sprichwörter, die ihn am besten charakterisieren, vereinbart werden.
2. Die Gruppe einigt sich auf fünf Gegenstände, die diese Person auf eine Insel mitnehmen würde.

Das Sherlock-Holmes-Spiel					K 4.4
Fach	innen/außen	Alters-eignung	Anzahl Spieler	Dauer	Material
FZ	◆	ab 12	ab 8	c.15'	Schreibmaterial

Für jeden Spieler muß ein Zettel vorbereitet werden. Auf einem Zettel steht "Mörder", auf einem zweiten "Detektiv"; die übrigen bleiben leer. Diese Zettel werden verteilt. Man sollte sich dabei nicht in die Karten schauen lassen, denn der Spielreiz liegt in der Tatsache, daß keiner vom anderen weiß, ob er vielleicht der Mörder oder der Detektiv ist.

Nachdem alle Mitspieler einen Zettel erhalten haben, wird das Licht gelöscht (Vorhänge sollten heruntergezogen sein). Der durch die Karte bestimmte Mörder sucht sich jetzt vorsichtig sein Opfer; unterdessen hat der Detektiv auf leisen Sohlen das Zimmer verlassen (dies wird vereinfacht, wenn die Tür des Zimmers offensteht und sich der Detektiv in ihrer Nähe aufhält). Der Mörder legt seinem Opfer die Hände um den Hals, der Betroffene schreit kurz auf, und jetzt kommt die große Stunde des Detektivs. Nachdem er den Schrei gehört hat, läuft er zum Lichtschalter und knipst das Licht an. Der Mörder hat sich während dieser Zeit natürlich vom Tatort verzogen, steht jetzt irgendwo im Zimmer und schaut wie das berühmte Unschuldslamm. Die Aufgabe des Detektivs besteht nun darin, die Anwesenden nach ihren Beobachtungen auszufragen. Das Opfer, es liegt am Boden, ist nicht vernehmungsfähig, und der Mörder selbst wird, wenn er ins Verhör kommt, leugnen. So müssen die übrigen Mitspieler dem Detektiv bei seinen Ermittlungen helfen. Vielleicht hat jemand etwas Verdächtiges gehört oder den schnellen Standortwechsel des Mörders beobachten können. Erst wenn einwandfreie Indizien gegen den Mörder vorliegen, muß dieser seine Identität zu erkennen geben. Ist dies nicht der Fall, muß der Detektiv sein Amt abgeben.

Welches Wort ?					K 4.5
Fach	innen/außen	Alterseignung	Anzahl Spieler	Dauer	Material
FZ FU3	▲	ab 12	ab 8	c.10'	ohne

Ein Freiwilliger wird vor die Tür geschickt. Die übrigen Spielteilnehmer einigen sich auf ein Wort, das er erraten soll. Er wird wieder hereingeholt und stellt der Reihe nach jedem Spieler eine Frage. Dieser muß in der Antwort nun das vereinbarte Wort verwenden. Ein Beispiel: Die Spielrunde hatte sich auf das Wort "jetzt" geeinigt. "Wie geht es dir heute?" - "Ach, heute morgen war mir gar nicht gut, doch jetzt geht es mir schon sehr viel besser." - "Was hast du gestern abend gemacht?" - "Eigentlich wollte ich ins Kino gehen, aber dann habe ich mir gesagt, es reicht jetzt langsam mit diesem späten 'Ins-Bett-Gehen'." - "Wie

spät ist es eigentlich?" - "Oh, es ist jetzt schon Viertel nach neun!"
Der Spieler, der durch seine Antwort den Frager auf die Lösung gebracht hat, geht als nächster aus dem Zimmer.
Hinweis für den Fremdsprachenunterricht:
Dieses Spiel eignet sich besonders zum Einüben von Fragekonstruktionen.

Falschmeldung K 4.6

Fach	innen/außen	Alterseignung	Anzahl Spieler	Dauer	Material
FZ FU3	←	ab 12	ab 8	c.15'	ohne

Ein Spieler hat die Aufgabe, den anderen einen Sachverhalt zu schildern und dabei einige Unrichtigkeiten einzubauen. Die Zuhörer müssen versuchen, diese "Enten" zu entdecken und dann laut "Lüge" zu rufen. Derjenige, welcher die Unrichtigkeit entdeckt hat, setzt die Geschichte fort. Für jede aufgedeckte Falschmeldung gibt es einen Pluspunkt. Wer jedoch einen Sachverhalt anzweifelt, welcher der Wahrheit entspricht, erhält einen Minuspunkt. Eine solche Erzählung könnte zum Beispiel mit dem ersten Spieler wie folgt verlaufen: "Gestern abend bin ich zu Haus geblieben, weil ich mir die Live-Übertragung des Fußballspiels im Fernsehen anschauen wollte." - "Lüge", ruft ein Spieler, "gestern gab es gar keine Fußballübertragung im Fernsehen." Er setzt die Geschichte fort. "Vielmehr wurde nur die zweite Halbzeit im Radio übertragen. Das habe ich mir angehört. Im Anschluß daran ging ich ins Kino und guckte mir einen Film mit Charlie Chaplin und Louis de Funes an." -"Lüge" etc..

Variationen:
1. Man kann etwas über Lieder erzählen und dabei falsche Interpreten angeben.
2. Man berichtet über historische Begebenheiten und läßt dabei Personen auftreten, die zu dieser Zeit gar nicht gelebt haben.

Erbsenkönig					K 4.7
Fach	innen/außen	Alters-eignung	Anzahl Spieler	Dauer	Material
FZ FU2	←	ab 12	ab 8	c.12'	Erbsen, Pfennige, Streichhölzer

Zu Beginn erhält jeder Spieler fünf Erbsen (Streichhölzer, Pfennigstücke etc.). Die Aufgabe für jeden besteht nun darin, den Gegner durch gezieltes Fragen zu einem "ja" oder "nein" zu veranlassen, denn wer mit diesen beiden Wörtern antwortet, muß eine Erbse abgeben. Der Spieler (oder die Gruppe), der (die) am Ende die meisten Erbsen vorweisen kann, ist Erbsenkönig.

Variante:
Schwerer wird das Spiel, wenn außer "ja" und "nein" andere häufige Wörter wie "ein" oder "und" nicht benutzt werden dürfen.

Hinweis für den Fremdsprachenunterricht:
Dieses Spiel eignet sich besonders zum Einüben von Frage-konstruktionen.

Botschafteraustausch					K 4.8
Fach	innen/außen	Alters-eignung	Anzahl Spieler	Dauer	Material
FZ FU2	←	ab 12	ab 10	c.15'	ohne

Zwei Gruppen sitzen ein paar Meter voneinander entfernt. Aus jeder Gruppe wird ein "Abgesandter" zur gegnerischen Mannschaft geschickt. Diese sagt ihm einen Begriff. Wenn er wieder bei der eigenen Gruppe angelangt ist, muß diese nun versuchen, den Begriff zu erraten, wobei der "Abgesandte" nur mit "ja" oder "nein" antworten darf. Die Gruppe, welche die meisten Begriffe erraten hat, ist Sieger.

Der eingeschmuggelte Satz					K 4.9
Fach	innen/außen	Alters-eignung	Anzahl Spieler	Dauer	Material
D FU4	←	ab 12	ab 8	c.20'	Buch, Zeitung

Zwei Mitspieler suchen sich aus einem Buch oder einer Zeitung zwei möglichst originelle Sätze heraus und schreiben diese so, daß sie niemand außer ihnen sieht, auf ein Blatt Papier. Die beiden Spieler sollen diese Sätze nun so in eine kurze Geschichte einbauen, daß es für die übrigen Spieler nicht allzu offensichtlich ist, wo sich die "eingeschmuggelten" Sätze befinden. Die Spielrunde hat nämlich die Aufgabe, diese Sätze in der Geschichte zu entdecken. Wer einen eingeschmuggelten Satz errät, erhält einen Pluspunkt. Sind die beiden Erzähler jedoch geschickt, so werden sie versuchen, mehrere "kühn" konstruierte Sätze in ihre Erzählung einzubauen, um die anderen Spieler zu täuschen. Fällt jemand darauf herein und bezeichnet einen solchen Satz als den eingeschmuggelten, so erhält er einen Minuspunkt. Kann niemand die beiden Sätze identifizieren, geht der Pluspunkt an die Erzähler. Oder es erhält auch jeder Erzähler einen Pluspunkt, denn es war ja eine Gemeinschaftsleistung, bei der keiner ihnen auf die Schliche gekommen ist!

Variation:
Jedem der beiden Erzähler wird ein Satz genannt, den er während einer Unterhaltung mit dem zweiten Spieler unterbringen soll. Keiner der beiden Spieler kennt jedoch den Satz des anderen. Die übrigen Spielteilnehmer kennen die eingeschmuggelten Sätze. Es ist jetzt für die Zuhörer sehr amüsant zu beobachten, wie beide Spieler versuchen, das Thema des Gesprächs in eine Richtung zu lenken, die es ihnen ermöglicht, ihren Satz anzubringen. Wer es zuerst schafft, ist Sieger dieser Partie.

Der Kaufmann von Paris					K 4.10
Fach	innen/außen	Alters-eignung	Anzahl Spieler	Dauer	Material
D/LI FU3	◆	ab 12	ab 8	c.12'	ohne

"Ich bin der Kaufmann von Paris, hab wunderschöne Sachen, verbitte mir das "ja" und "nein" und das verflixte Lachen. Kaufen Sie was?" Mit diesen Worten stellt sich ein vorher ausgeloster Spieler seinen Mitspielern vor. Er hat die Aufgabe, sie von seinen wunderschönen, äußerst preisgünstigen Angeboten zu überzeugen. Das Problem: Niemand darf lachen, jeder, der angesprochen wird, muß antworten, doch darf in seiner Antwort weder das Wort "ja" noch das Wort "nein" vorkommen. Wer sich verspricht oder gar zu lachen anfängt, muß den Kaufmann ablösen!

Dideldum					K 4.11
Fach	innen/außen	Alters-eignung	Anzahl Spieler	Dauer	Material
FZ	◆	ab 10	ab 10	c.10'	2 bel. Gegenstände

Der Spielleiter erklärt: Ich habe einen Gegenstand in meiner Hand, gebe ihn meinem linken Nachbarn und sage: "Das ist ein Dideldum!" Er muß nun zurückfragen: "Was ist das?" Der Spielleiter wiederholt: "Ein Dideldum!" Nun muß er das Dideldum seinem linken Nachbarn geben und dasselbe sagen: "Das ist ein Dideldum!" Dieser fragt nun zurück: "Was ist das?" Der zweite antwortet: "Ein Dideldum!" und gibt es weiter: "Ein Dideldum". Nachdem die Fragekette an einige Mitspieler weitergegeben worden ist, gibt der Spielleiter zur rechten Seite einen zweiten Gegenstand - "ein Dudeldei" - aus. Die Gruppe muß nun versuchen, beide Objekte ohne Unterbrechung zum Spielleiter weiterzureichen.

Variation für kleinere Gruppen:
Gleicher Spielverlauf mit folgender Abänderung: Jede Frage muß bis zum Spielleiter zurückgefragt werden und die Antwort stets von diesem eingeholt und bis zum momentanen Frager weitergereicht werden.

Das Mörderspiel K 4.12

Fach	innen/außen	Alters-eignung	Anzahl Spieler	Dauer	Material
FZ	♠	ab 10	ab 10	c.10'	Spielkarten

Die Spieler sitzen im Kreis. Der Spielleiter teilt an jeden eine Spielkarte aus und nennt dann eine Karte, die den Inhaber dieser Karte zum "Mörder" bestimmt. Er erklärt z. B.: "Derjenige Spieler, der Kreuz-As gezogen hat, ist der "Mörder". Er muß versuchen, die anderen Spieler durch Zublinzeln zu "töten"." Wenn er einem Mitspieler zublinzelt, muß dieser fünf Sekunden später sagen, daß er "tot" ist (oder sich langsam in die Kreismitte hinfallen lassen). Natürlich darf sich der "Mörder" dabei nicht erwischen lassen. Wenn ihn zwei noch "lebende" Mitspieler verdächtigen, so schreiben sie nach dem "Tod" eines Mitspielers den Namen des "Mörders" auf einen Zettel (oder heben die Hand).

Variation:
Der Spielleiter kontrolliert die Verdachtsmeldungen. Stimmen sie überein, so ist der Mörder entlarvt. Nennen die beiden zwei verschiedene Mitspieler oder beide einen falschen, gelten sie selbst als "tot".

Telegramm K 4.13

Fach	innen/außen	Alters-eignung	Anzahl Spieler	Dauer	Material
FZ	♠	ab 10	ab 8	c.10'	Stühle

Alle Spieler sitzen im Kreis und fassen sich an den Händen. Ein Spieler schickt ein Telegramm ab mit den Worten: "Ich schicke ein Telegramm an (Name des Mitspielers)". Das Weitergeben geschieht durch einen kräftigen, sichtbaren Händedruck.
Ein in der Mitte stehender Spieler soll dieses Telegramm aufspüren. Dazu muß er auf denjenigen zeigen, der dieses gerade weitergibt. Um ihm dies nicht zu leicht zu machen, muß er dem "absendenden Spieler" den Rücken zuwenden und darf sich erst dann umdrehen, wenn dieser das Wort "abgeschickt" sagt. Da das Telegramm sowohl nach rechts als auch nach links abgeschickt werden kann, ist es nicht so leicht aufzuspüren. Hat das Telegramm seinen "Bestimmungsort" erreicht, so wird dies durch

ein "angekommen" verkündet; anschließend wird ein neues verschickt.

Klopf, klopf					K 4.14
Fach	innen/ außen	Alters- eignung	Anzahl Spieler	Dauer	Material
FZ	←	ab 6	ab 6	c.10'	Tisch, Stühle

Alle Mitspieler sitzen an einem großen Tisch und legen die Hände so auf den Tisch, daß sie sich mit der Hand eines jeden Nachbarn überkreuzen. Der Spielleiter erklärt das Spiel: "Wenn ich einmal auf den Tisch klopfe, muß jeder mit seinen Händen in der Reihenfolge, wie sie auf dem Tisch liegen (im Uhrzeigersinn), einmal klopfen." In der Regel wird dies schnell funktionieren. "Doch bevor wir richtig anfangen, gebe ich noch eine neue Regel ein! Wenn jemand an der Reihe ist und zweimal klopft, kehrt sich die Richtung um! Wer dann unberechtigterweise klopft oder das unmittelbare Klopfen vergißt, scheidet aus."

Silbensalat					K 4.15
Fach	innen/ außen	Alters- eignung	Anzahl Spieler	Dauer	Material
D FU2	←	ab 10	ab 8	c. 5'	ohne

Der Spielleiter schickt drei Spieler, nachdem er ihnen ihre Aufgabe erklärt hat, vor die Tür. Die Spieler im Saal vereinbaren ein mehrsilbiges Wort (z. B. Weihnachtsbaumschmuck), das die Hinausgeschickten zu erraten haben. Die einzelnen Silben dieses Wortes werden auf die Mitspieler oder Mitspielergruppen verteilt, z.B. Weih-nachts-baum-schmuck. Dann holt man den ersten Kandidaten herein. Auf das Kommando des Spielleiters beginnen die verschiedenen Spieler(-gruppen), die ihnen zugewiesenen Silben gleichzeitig zu brüllen, bis der Spielleiter das Kommando zum Aufhören gibt.
Aus diesem Silbensalat muß der Kandidat herausfinden, welches Wort gemeint ist. Dazu hat er maximal drei Versuche.

Grimassen-Memory					K 4.16
Fach	innen/ außen	Alters- eignung	Anzahl Spieler	Dauer	Material
FZ/LI	◆	ab 10	ab 10	c.15'	ohne

Zwei oder drei Spieler, die gegeneinander Memory spielen sollen, verlassen den Raum. Die übrigen Spieler überlegen sich paarweise gleiche Grimassen, die sie einnehmen, wenn mit dem Finger auf sie gezeigt wird. Die Memory-Spieler versuchen dann der Reihe nach, möglichst viele gleiche Paarungen zu finden, indem sie je zwei Mitspieler zu den Grimassen veranlassen. Nach erfolgreichem Versuch darf der Spieler weitermachen. Schon "entwertete" Spielerpaare bleiben im Kreis sitzen und zeigen durch verschränkte Arme an, daß sie nicht mehr entdeckt werden können. Es gewinnt der Spieler, der die meisten Paarungen gefunden hat.

Hinweis für den Spielleiter:
Bei diesem Spiel ist darauf zu achten, daß die abgesprochenen Grimassen möglichst eindeutig sind. Vor Spielbeginn sollte daher das Grimassenschneiden noch einmal kontrolliert werden.

Elefant, Palme, Affe, Esel					K 4.17
Fach	innen/ außen	Alters- eignung	Anzahl Spieler	Dauer	Material
FZ	◆	ab 8	ab 8	c.12'	ohne

Alle Spieler sitzen im Kreis. Einer befindet sich in der Mitte und gibt die Spielanweisungen. Möglich sind drei oder auch mehr Anweisungen, an deren Ausführung jeweils drei Spieler beteiligt sind.

1. Ein Spieler, der in der Mitte steht, zeigt auf einen Spieler und ruft "Elefant". Der Angesprochene streckt dabei beide Hände nach vorn (das ist der Rüssel), die links und rechts von ihm stehenden Mitspieler versuchen, durch entsprechende Mimik und Gestik die Ohren darzustellen.
2. Beim Ruf "Palme" streckt der Angesprochene die Hände in die Höhe, seine beiden Nachbarn versuchen, mit den Händen ebenfalls Palmwedel darzustellen.

3. Wird "Affe" gesagt, nehmen der Mitspieler und seine Nachbarn die klassische Affenposition ein (nichts hören, nichts sehen, nichts sagen) und bedecken dementsprechend die Augen und den Mund oder halten sich die Ohren zu.

Wer bei dem Kommando "Esel" zuckt oder sich bei den anderen irrt, muß in die Mitte gehen.

Es fliegt, es fliegt!					K 4.18
Fach	innen/außen	Alterseignung	Anzahl Spieler	Dauer	Material
FZ FU2	←	ab 10	ab 6	c.10'	Tisch, Stühle

Die Spieler sitzen um einen Tisch und haben beide Zeigefinger auf die Tischkante gelegt. Der Spielleiter ruft: "Es fliegt, es fliegt - ein Storch!" Bei diesem Ausruf müssen alle die Arme in die Höhe werfen. Der Spielleiter ruft weiter: "Es fliegt, es fliegt - ein Habicht!" oder "eine Gans", "ein Flugzeug" etc., also alles, was sich irgendwie in der Luft halten kann. Jedesmal müssen die Arme hochgerissen werden. Jetzt behauptet aber der Spielführer sogar: "Es fliegt, es fliegt - ein Schiff" oder "ein Mauerstein", "ein Haus" etc.. Wer bei diesen Gegenständen auch seine Arme emporwirft, muß ausscheiden. Je schneller gespielt wird, desto mehr Verstöße kommen vor, und um so lustiger wird das Spiel.

Die Siebenerreihe					K 4.19
Fach	innen/außen	Alterseignung	Anzahl Spieler	Dauer	Material
M/FZ FU2	←	ab 8	ab 6	c.10'	ohne

Im Kreis wird, von 1 beginnend, laufend weitergezählt. Jeder Mitspieler hat eine Zahl zu nennen. Alle Zahlen jedoch, die durch 7 zu teilen sind (also 7, 14, 21 etc.), und alle Zahlen, die mit 7 geschrieben werden (also 7, 17, 27 etc.), dürfen nicht mit dem richtigen Zahlwort genannt werden, sondern mit einem vorher gewählten Ausdruck, vielleicht "Wauwau" oder "Kikeriki". Wer einen Fehler macht, scheidet aus.

Variationen:
1. Gleiches Spiel mit anderer Zahl.
2. Einbezug der Quersumme.
3. Ab einer bestimmten Zahl rückwärts.
4. Die Reihe von 1 bis zu einer bestimmten Zahl wird nicht einzeln im Kreis herum gesprochen, sondern von allen Spielern im Sprechchor. Alle zählen: 1, 2, etc.. Wer nicht aufpaßt und eine verbotene Zahl nennt, scheidet aus. Der Spielleiter achtet auf ein recht schnelles Tempo, um dadurch die Freude am Spiel noch zu vergrößern.

Der reisende Koffer					K 4.20
Fach	innen/außen	Alterseignung	Anzahl Spieler	Dauer	Material
FZ FU2	←	ab 8	ab 6	c. 10'	ohne

Der Spielleiter nimmt eine Tasche oder irgendeinen symbolischen Gegenstand und sagt z.B.: "Ich lege ein Handtuch in den Koffer" und gibt diesen nach links weiter. Der linke Nachbar sagt: "Ich gebe dazu Seife, und jetzt liegen im Koffer ein Handtuch, eine Seife." Der nächste: "Ich lege Zahnpasta dazu..." Mal sehen, ob man nach einer oder sogar zwei Runden noch weiß, was jeder in den Koffer gelegt hat?

Variationen:
1. Der jeweilige Spieler sagt zuerst seinen Namen und dann einen Gegenstand, der mit demselben Buchstaben beginnen muß wie sein Name. Beispiel: "Ich bin der Norbert und nehme eine Nagelfeile mit." Anja macht weiter und sagt: "Ich heiße Anja und lege eine Armbanduhr dazu. Drin ist nun von Norbert eine Nagelfeile, von Anja eine Armbanduhr." Und der nächste Mitspieler . . .
2. "Ich fahre nach Paris." Der Nächste sagt: "Ich fahre nach Paris und besteige den Eiffelturm." Der dritte: "Ich fahre nach Paris, besteige den Eiffelturm und schicke eine Postkarte nach Hause" etc..
3. "Ich heiße Claudia und behaupte, daß dies eine Blume ist!" (Sie gibt eine "Blume" weiter.) Der nächste: "Ich bin Elvira, und nun behaupten Claudia und Elvira, daß dies eine Blume

ist!" etc.. Es geht auch ohne einen Gegenstand, der weitergereicht wird: Claudia nennt den Schrank, Elvira das Bild etc.. Man muß zu den Dingen, die von einer Person genannt werden, weitere hinzufügen.

Erde, Wasser, Luft					K 4.21
Fach	innen/außen	Alters-eignung	Anzahl Spieler	Dauer	Material
BI FU2	♠	ab 10	ab 8	c.10'	Ball

Ein Spieler wirft einen Ball zu einem Mitspieler und sagt: "Wasser". Dieser Mitspieler muß dann ein Tier nennen, das im Wasser lebt, z. B. Wal. Jetzt kann dieser den Ball weiterwerfen. Ruft er "Erde", so muß der neu Angesprochene ein Tier nennen, das nicht im Wasser lebt und auch nicht fliegen kann. Bei "Luft" dürfen nur Tiere genannt werden, die fliegen können.

Variation:
1. Jahreszeiten werden genannt. Der Angerufene nennt eine Blume, die in dieser Jahreszeit blüht.
2. Länder werden genannt. Der Angerufene nennt Sehenswürdigkeiten, die für dieses Land typisch sind.

Hinweis für den Fremdsprachenunterricht:
Es sollten im Vorfeld entsprechende Wortfelder (etwa: Tiere) geübt worden sein.

Zupfer-Tupfer					K 4.22
Fach	innen/ außen	Alterseignung	Anzahl Spieler	Dauer	Material
FZ	♠	ab 8	ab 8	c.10'	angebrannter Korken

Jeder Spieler erhält eine Nummer, angefangen bei eins. Der Spieler mit der Nr.1 beginnt und sagt: "Ich bin der Zupfer-Tupfer Nummer eins mit keinem Tupfer! Zupfer-Tupfer Nummer acht, wieviel hast du Tupfer?" Der Spieler Nummer acht sagt nun dasselbe, nur muß er natürlich seine eigene Nummer und seine möglichen Tupfer richtig sagen und einen weiteren fragen. Das Spiel wird erst interessant, wenn sich jemand verspricht. Dieser Spieler erhält einen Tupfer auf die Stirn (mit verkohltem Korken). Dieser Tatsache muß dann Rechnung getragen werden. Der jeweils Sprechende muß also beispielsweise sagen: "Ich bin der Zupfer-Tupfer Nummer eins mit drei Tupfern; Zupfer-Tupfer Nummer drei, wieviel hast du Tupfer?"

Die letzte Frage					K 4.23
Fach	innen/ außen	Alterseignung	Anzahl Spieler	Dauer	Material
FZ	♠	ab 10	ab 6	c.10'	ohne

Alle sitzen im Kreis. Ein nach draußen Gebetener wird hereingerufen. Er soll nun jedem Spieler der Reihe nach eine Frage stellen. Nur eine! Nachfragen ist also nicht gestattet. Er soll herausfinden, welches System den Antworten zugrundeliegt. Man kann ihm sagen, daß jeweils wahrheitsgemäß geantwortet wird und daß er umso eher dahinterkommt, je vielfältiger seine Fragen gestellt sind.

Er beginnt z.B. so: "Karl, warum trägst Du so lange Haare?" Antwort: "Ja, wenn ich das wüßte!" Frage an den Nächsten: "Was liest Du am liebsten?« Antwort: "Weil mich immer so am Kopf friert!"

Der zweite Befragte gibt also die Antwort, die der erste hätte geben müssen etc..

Variationen:

Ein Schiff soll beladen werden. Jeder nennt zwei Waren, die er auf das Schiff gibt.

Beispiel: Siegfried Lebmann könnte beispielsweise nennen: Sauerkraut und Linsen (jeweils Waren, die mit den Anfangsbuchstaben seiner beiden Namen beginnen). Oder: die letzten Buchstaben.

Natürlich sind auch andere Dinge möglich: Einkaufen, Hobby u.ä..

Grenzgänger					K 4.24
Fach	innen/außen	Alterseignung	Anzahl Spieler	Dauer	Material
FZ	♠	ab 10	ab 8	c.12'	ohne

Alle Mitspieler sind Reisende, die über die Landesgrenze gehen wollen. Der Spielleiter steht in der Mitte und spielt den Grenzbeamten. Nach der Reihe fragt nun jeder "Reisende" den "Grenzbeamten", ob er dies und jenes mit über die Grenze nehmen darf. Der "Grenzbeamte" bejaht oder verneint.

Lösung: Der Reisende darf einen Gegenstand dann mitnehmen, wenn der vorhergehende Spieler diesen bei sich hat.

Schere, Stein, Papier					K 4.25
Fach	innen/außen	Alterseignung	Anzahl Spieler	Dauer	Material
FZ	♠	ab 10	ab 8	c.10'	ohne

Die Spieler bilden zwei Gruppen. In der Mitte der Spielfläche stellen sich beide Gruppen gegenüber in zwei bis drei Meter

Entfernung voneinander auf. Beide rufen im gemeinsamen Takt: "Schere - Stein - Papier" und zeigen jedes Mal dazu mit vorgestrecktem Arm das passende Symbol: Zwei gespreizte Finger = Schere, eine geschlossene Faust = Stein, eine geöffnete Handfläche = Papier. Beim vierten Takt zeigt jede Gruppe für sich ihr vorher vereinbartes Symbol, das sie aus den dreien ausgewählt hat. Stein ist stärker als Schere, Schere stärker als Papier, Papier stärker als Stein, wie beim traditionsreichen Spiel "Tsching, tschang, tschung". Die Gruppe, die das "stärkere Symbol" zeigt, versucht, möglichst viele der davonlaufenden Gegenspieler vor Erreichen einer bestimmten Linie zu fangen. Wer gefangen worden ist, spielt anschließend bei der anderen Gruppe mit.

Stadtbummel					K 4.26
Fach	innen/außen	Alterseignung	Anzahl Spieler	Dauer	Material
D/EK FU3 FZ	←	ab 10	ab 8	c.15'	ohne

Die Spieler werden eingeladen zu einem (verbalen) Stadtbummel durch ihre Heimatstadt. Begonnen wird an einem markanten Punkt. Der Reiseleiter führt jetzt die Gruppe, indem er z.B. sagt: "Wir wenden uns jetzt nach links und gelangen nach etwa hundert Metern zum Luisenbrunnen".
Der Reiz des Spiels besteht darin, daß der Reiseleiter bewußt Fehler einbaut: etwa eine falsche Meterzahl, das falsche Alter eines Gebäudes, eine falsche Richtung etc.. Die Schwere der Fehler sollte sich nach dem Alter der Mitspieler richten. Die Teilnehmer müssen den Fehler nennen. Derjenige, der meint, einen Fehler entdeckt zu haben, der keiner ist, erhält einen Minuspunkt (oder scheidet aus). Bleibt ein Fehler unentdeckt, so erhalten alle einen Minuspunkt.
Hinweis für den Fremdsprachenunterricht:
Das Spiel eignet sich in Verbindung mit der Durchnahme von Wegbeschreibungen. Es ist zudem gut verwendbar im Anschluß an die Durchnahme der jeweiligen Hauptstädte (London, Paris, etc.).

Variationen:
1. Das Spiel kann auch mit verschiedenen Mannschaften gespielt werden.
2. Es läßt sich auch in der Konstellation "Einer, nämlich der Spielleiter, gegen alle, d.h. die Restgruppe" spielen. Dabei erhält bei einem entdeckten Fehler die Gruppe, bei einem unentdeckten oder einer falschen Korrektur ("Verschlimmbesserung") der Spielleiter einen Punkt.
3. Die Reise läßt sich auch auf den Kreis, das Bundesland, auf Deutschland, Europa oder sogar die ganze Welt ausdehnen. Hier wären dann allgemein bekannte Sehenswürdigkeiten, Flüsse, Gebirge etc. (fälschlicherweise) zu nennen.
4. Bei Aufenthalten in Landschulheimen läßt sich dieses Spiel im Anschluß an eine Orts- oder Landschaftserkundung auch auf diese Räume beziehen.

Das Reisespiel					K 4.27
Fach	innen/außen	Alterseignung	Anzahl Spieler	Dauer	Material
D/EK FZ	◆	ab 10	ab 6	c. 10'	Schreibmaterial

Alle Spieler sitzen auf Stühlen im Kreis. Sie unternehmen zusammen eine Reise. Jeder Spieler hat dem Spielleiter vorher eine Sehenswürdigkeit genannt, die sich dieser auf einem Blatt Papier notiert hat. Der Spielleiter schildert nun aus dem Stegreif einen Reiseverlauf. Sobald er in dieser Geschichte eine Sehenswürdigkeit erwähnt, die ein Spieler vorher genannt hat, muß der Spielleiter aufstehen. Kommt in der Geschichte das Wort "Reise" vor - oder ein anderes vorher vereinbartes Wort - so müssen alle Spieler aufstehen. Wer einen Fehler macht, scheidet aus oder gibt ein Pfand.

Städteraten					K 4.28
Fach	innen/außen	Alters-eignung	Anzahl Spieler	Dauer	Material
FZ	⬆	ab 10	ab 6	c. 10'	ohne

Jemand, der unauffällig vom Spielleiter eingeweiht wurde, verläßt kurz den Raum. Die Mitspieler vereinbaren eine Stadt, die geraten werden soll. Der Spieler wird hereingerufen und vom Spielleiter gefragt, z.B. "Ist es Dortmund?" - "Nein" - "Ist es München?" - "Nein". Das Fragen wird fortgesetzt, bis der Befragte plötzlich zur Verblüffung (fast) aller bei der richtigen Stadt mit "Ja" antwortet.

Das Geheimnis besteht darin, daß die richtige Stadt auf eine vorher vereinbarte Nachsilbe folgt. Ist diese z.B. "-burg", dann ist die Nennung korrekt, welche z.B. auf Hamburg folgt.

Variation:
1. Anstelle der Nachsilbe lassen sich auch ein oder zwei auslautende Buchstaben vereinbaren.
2. Das Spiel läßt sich auch auf Länder, Flüsse oder Gegenstände etc. beziehen.

Ortsnamen					K 4.29
Fach	innen/außen	Alters-eignung	Anzahl Spieler	Dauer	Material
EK FU2 FZ	⬆	ab 10	ab 6	c. 15'	ohne

Zwei gleichgroße Mannschaften sitzen sich gegenüber. Die Aufgaben der Mannschaften ist es, Ortsnamen mit einem bestimmten Anfangsbuchstaben zu finden. Zu diesem Zweck zählt ein Spieler einer Mannschaft langsam und laut von 1 bis maximal 25. Ein Spieler der anderen Mannschaft ruft bei einer Zahl "Stop". Anstelle der Zahlen wird jetzt das Alphabet bis zu der genannten Zahl aufgesagt. Wäre beispielsweise bei "4" Halt gewesen, wäre der Buchstabe "D" ausgewählt. Die Mannschaft, deren Spieler "Stop" gerufen hat, muß jetzt drei Orte mit dem betreffenden Anfangsbuchstaben nennen. Das Team, das keine Ortschaften weiß, erhält einen Minuspunkt.

Hinweis für den Spielleiter:
Erfahrene Mannschaften können Ziffern und Buchstaben miteinander in Verbindung bringen. Sollte dies der Fall sein, empfiehlt sich ein leises Zählen.
Hinweise für den Fremdsprachenunterricht:
Das Spiel eignet sich in Verbindung mit der Durchnahme des Alphabets. Es empfiehlt sich jedoch, nicht Ortsnamen, sondern einzelne Wortkategorien, etwa Substantive oder Verben, die mit dem betreffenden Buchstaben beginnen, einzufordern.
Variationen:
1. Dieses Spiel kann auch mit Ländern, Flüssen, Tieren, Pflanzen durchgeführt werden.
2. Je nach Alter und Größe der Mannschaften läßt sich die Anzahl der geforderten Begriffe verändern.
3. Man kann auch anstelle von drei Begriffen aus einem Themenbereich, drei aus verschiedenen Bereichen fordern.
4. Man kann das Spiel auch so organisieren, daß alle Spieler einer Mannschaft nacheinander jeweils einen Begriff in einer bestimmten Zeit (etwa alle 5 oder 10 Sekunden) nennen müssen. Bei Nichtnennung erhält die jeweilige Mannschaft einen Minuspunkt.

Tierfütterung					K 4.30
Fach	innen/außen	Alterseignung	Anzahl Spieler	Dauer	Material
D/FZ FU2	◆	ab 6	ab 8	c.15'	Stühle, Bonbons, Zettel

Alle Spieler sitzen im Kreis. Der Spielleiter flüstert jedem Spieler einen Tiernamen ins Ohr oder zeigt ihm einen Zettel mit einem Tiernamen. Dabei müssen alle Namen mindestens zweimal vergeben werden. Dann legt er ein Bonbon in die Mitte des Raumes und erzählt eine Stegreifgeschichte, etwa mit dem Titel: "Ein Besuch im Zoo". Dabei erwähnt er verschiedene Tiere. Die entsprechenden "Tiere" stürzen sich auf das Bonbon, sobald ihr Name genannt wird. Wer ein Bonbon erbeutet, darf es behalten.
Variation:
Das Spiel läßt sich auch mit Prominentennamen oder Städtenamen etc. durchführen.

Das Meier-Spiel — K 4.31

Fach	innen/außen	Alters-eignung	Anzahl Spieler	Dauer	Material
FZ	▲	ab 10	ab 10	c. 8'	Stühle

Der Spielleiter gibt jedem Mitspieler ein Kärtchen, auf dem ein Familienname steht. Eine Familie hat einen Vater, eine Mutter, einen Sohn, eine Tochter und eine Oma. Um welche Person es sich handelt, steht neben dem Familiennamen zusätzlich auf dem Zettel. So kann z.B. jemand ein Kärtchen haben, auf dem "Meier-Vater" steht. Auf ein Startzeichen hin müssen alle zu ihrer Familie "finden". Dabei darf man den Familiennamen rufen, der auf dem Zettel steht. Die "Konkurrenzfamilien" sollten ähnlich klingende Namen haben, etwa: Dreier, Reier etc..

Wenn sich eine Familie gefunden hat, setzt sich zuerst der Vater auf den Stuhl, dann die Mutter, dann der Sohn, dann die Tochter und zum Schluß die Oma. Wer am schnellsten sitzt, ist Sieger.

Hinweis für den Spielleiter:
Für Kindergruppen eignen sich auch gut Namen aus Fernsehsendungen oder Kinderbüchern, z.B. Old Shatterhand- Vater etc..

Geisterklopfen — K 4.32

Fach	innen/außen	Alters-eignung	Anzahl Spieler	Dauer	Material
FZ	▲	ab 8	ab 6	c. 8'	Augenbinden, Glas, Löffel, Stühle

Ein oder zwei Spieler sitzen in der Mitte. Ihnen werden die Augen verbunden. Ein weiterer Spieler geht ohne Schuhe im Kreis und klopft nach eigener Wahl mit einem Löffel an ein Glas, das er bei sich trägt. Die Aufgabe eines blinden Spielers ist es, in die Richtung zu zeigen, aus der das Klopfen kommt. Wer richtig deutet, darf nun den Geisterklopfer spielen.

Hinweis für den Spielleiter:
Voraussetzung für dieses Spiel ist absolute Ruhe. Dieses Spiel eignet sich besonders in der Abschlußphase einer Spielrunde.
Variation:
Hinter dem blinden Spieler liegt ein "Knochen" (z.B. Schlüssel). Jemand aus dem Kreis muß bei absoluter Ruhe versuchen, dem

"Wachhund" diesen "Knochen" zu stehlen. Der "Wachhund" ruft "Wau" und deutet in die Richtung, aus der er das Herannahen des Diebes zu hören glaubt.

Funkkontakt					K 4.33
Fach	innen/außen	Alterseignung	Anzahl Spieler	Dauer	Material
FZ	♠	ab 8	ab 6	c.10'	ohne

Die Spieler sitzen im Kreis und zählen durch. Jeder muß sich seine Nummer merken. Der Spielleiter beginnt: Er erhebt beide Hände und "funkt" mit seine Fingern. Zugleich machen die beiden Nachbarn auch mit, der linke Nachbar nur mit der rechten Hand und der rechte Nachbar nur mit der linken Hand; also jeweils mit der dem Spielleiter zugewandten Hand. Der Spielleiter sagt: "Ich bin der Hauptfunker Nr. 1 und funke zu Hauptfunker Nr. (z.B.) 7." Sofort erhält der Spieler mit der Nr. 7 Funkkontakt, erhebt die Hände und seine beiden Nachbarn machen in der eben geschilderten Weise mit. Die Nr. 7 beginnt dann wieder: "Ich bin der Hauptfunker Nr. 7 und funke zu ...." Wer das Funken oder Mitfunken vergißt oder wer versehentlich funkt, muß aufstehen, beim zweiten Mal hinknien etc..

Variationen:
1. Jeder Spieler legt sich ein Tiernamen zu. Rosina ist ein Uhu, sie ruft "Ochse". Wer "Ochse" ist, antwortet nun mit Ochsengebrüll und ruft "Hahn". Der "Hahn" kräht und ruft ... .
2. Jeder Spieler legt sich den Namen einer Nutzpflanze (oder Blume) zu. Ralf beginnt: "Meine Tauben fliegen zum Mais." Der "Mais" muß sofort reagieren: "Meine Tauben fliegen (z.B.) zu den Kartoffeln" etc..

Die Klappermühle					K 4.34
Fach	innen/außen	Alterseignung	Anzahl Spieler	Dauer	Material
FZ	♠	ab 8	ab 6	c.10'	ohne

Die Spieler sitzen im Kreis und zählen durch. Alle schlagen gleichzeitig mit den beiden Händen auf die (eigenen) Schenkel, dann klatschen sie in die Hände, schnalzen alle zuerst mit der rechten Hand und dann mit der linken. Dann beginnt der "Viererrhythmus" wieder von vorne. Wenn der Spielleiter, ebenso wie die anderen, mit der rechten Hand schnalzt, nennt er seine eigene Nummer; wenn er mit der linken schnalzt, ruft er eine beliebige Nummer aus dem Kreis. Ohne den Rhythmus anzuhalten, muß nun der Spieler mit der angesprochenen Nummer ebenso seine eigene Nummer sagen, wenn mit der rechten Hand geschnalzt wird, und wieder eine andere Nummer, wenn die linke Hand schnalzt. Wer nicht oder außerhalb des Rhythmus spricht, muß ein Pfand hergeben und das Spiel wieder in Bewegung bringen.

Variation:
Noch nervenaufreibender wird es, wenn man den Rhythmus beschleunigt oder auf einen Dreierrhythmus übergeht: Auf die Schenkel schlagen ("Eins"), in die eigenen Hände klatschen ("ruft"), mit beiden Händen schnalzen (beliebige Nummer sagen).

Die Nordseewelle					K 4.35
Fach	innen/außen	Alterseignung	Anzahl Spieler	Dauer	Material
FZ	◆	ab 6	ab 6	c. 10'	Stühle

Alle Spieler sitzen im Kreis auf Stühlen. Ein Stuhl bleibt frei. Der Spielleiter fungiert als Kapitän, will aber abgelöst werden. Nun kommen Wellen und aus Gründen der Balance dirigiert der Kapitän die Fahrgäste. Ruft er "links", so beginnt der vom leeren Stuhl aus gesehen rechte Spieler. Er setzt sich auf den freien Stuhl, der nächste auf den jetzt freigewordenen etc. - möglichst schnell, damit der Kapitän keinen Platz einnehmen kann. Ruft der Kapitän "rechts", werden die Plätze in die andere Richtung aufgefüllt. Ruft er "Sturm", müssen alle gleichzeitig den Platz wechseln. Hat der Kapitän einen Platz ergattert, so muß der Geprellte in die Mitte.

Konzentrationsspiele					K 4.36
Fach	innen/außen	Alters-eignung	Anzahl Spieler	Dauer	Material
FZ	▲	ab 10	beliebig	2-5'	siehe unten

1. Aus einem Katalog zwanzig Gegenstände vorlesen, dann von der Gruppe aufschreiben lassen.
2. Gegenstände im Zimmer verändern, während andere draußen warten.
3. Ein **Bild** eine Minute lang betrachten lassen, dann zudecken. Aus dem Gedächtnis das auf dem Bild Gesehene "rekonstruieren" lassen.
4. Zehn **verschiedene Gegenstände**, die unter einer Decke liegen, betasten lassen.

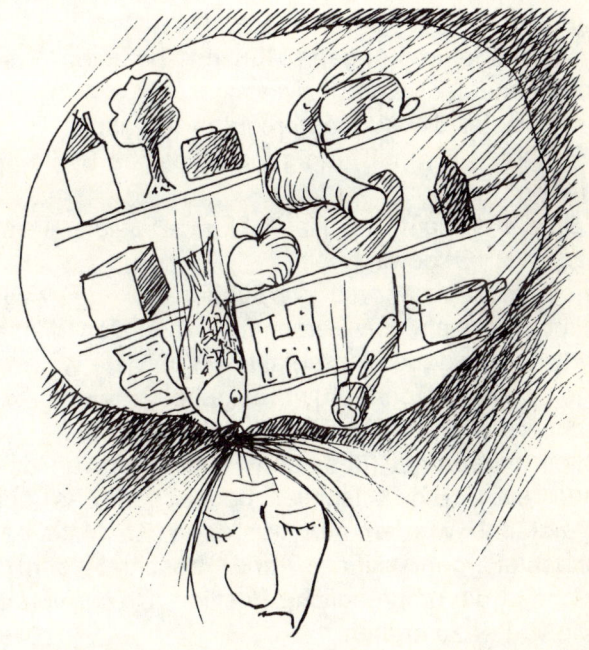

5. Zehn verschiedene Bewegungen nacheinander machen (z.B. Kreis, geballte Faust etc.), dann aufschreiben lassen.
6. Die Augen sind verbunden. Durch Riechen erraten lassen, um was es sich handelt (z. B. **Schuh, Zitrone, Holz** etc.).

7. Zehn beliebige Wörter oder (in unterschiedlicher Reihenfolge) Zahlen vorsagen.
8. Eine Person wird eine Minute lang betrachtet und dann hinausgeschickt. Sie verändert draußen ihr Aussehen (zehn Merkmale). Die Zurückgebliebenen müssen nacheinander die Veränderungen nennen. Wer keine (mehr) weiß, scheidet aus.
9. Zehn sehr bekannte Lieder von einer **Kassette** vorspielen. Diese müssen dann in beliebiger (oder der vorgespielten) Reihenfolge genannt werden.
10. Hinter einem Vorhang oder einer geöffneten Tür, wobei aber jeweils der Blick versperrt ist, werden verschiedene **Gegenstände** fallen gelassen. Um welche Gegenstände handelt es sich?
11. Zeit schätzen lassen (von Signalwort zu Signalwort, etwa: los, jetzt etc.).
12. Mit verbundenen Augen **Münzen** betasten lassen. Um welche handelt es sich?
13. Einem Spieler die Augen verbinden und ihn z. B. am Unterarm betupfen. Er muß nun genau dieselbe Stelle mit seinem Finger berühren.
14. Ein Spieler verläßt den Raum. Einige Spieler wechseln die Plätze. Wer hat gewechselt?
15. An einem Spieler mit verbundenen Augen geht eine bestimmte Anzahl von Personen vorbei. Der "blinde" Spieler darf die Vorbeigehenden betasten. Wie viele waren es, wenn einige zweimal (mehrfach) vorbeigehen?
16. Ein Spieler verläßt den Raum, **zehn Gegenstände** werden speziell angeordnet (über den Stuhl legen, an das Fenster lehnen etc.). Ein Mitspieler beobachtet das genau. Die Gegenstände werden nun wieder in die Mitte gelegt. Der Beobachter geht hinaus und berichtet dem draußen Wartenden die ursprüngliche Position. Dieser versucht, alles so wie vorher zu ordnen.
17. Es werden zehn Fußballvereine und berühmte Spieler aus den Vereinen genannt. Eine Zuordnung stimmt nicht.

Rollenspiele

Beobachtungshinweise

1. Welche Spieler zeigten besonderes schauspielerisches Talent?
2. Gab es bevorzugte Rollen oder Rollen, die häufig abgelehnt wurden?
3. Weigerte sich ein Teilnehmer, eine bestimmte Rolle anzunehmen?
4. Zeigten sich einzelne Teilnehmer in bestimmten Rollen besonders einfühlsam/ aggressiv?
5. Waren die Spieler in einer anschließenden Besprechung bereit und in der Lage, über ihre Gefühle beim Spielen einer Rolle zu sprechen?
6. Wenn ja, welche Gefühle wurden bei welcher Rolle empfunden?
7. Gab es "Racheakte" nach Umkehrung der Rollen?
8. Waren die Spielteilnehmer in der Lage, in einer Besprechung die Realitätsnähe einzelner Rollen zu bestimmen? Bezog sich diese Fähigkeit bis hin zur Identifikation mit einer Rolle, einer Situation (Beispiel: geschlechtsspezifische Rollenerwartung)?
9. Kam es bei der Auswertung zu fächerspezifisch nutzbaren Erkenntnissen/ Ergebnissen? Denkbar wären Bezüge zum Religions-, Deutsch-, Politikunterricht in bezug auf Themenbereiche wie Toleranz, Mitverantwortung, Eigenverantwortlichkeit etc..
10. Akzeptierten die Mitspieler, wenn andere wenig schauspielerisches Talent entwickelten, oder trug dies zu einer Diskriminierung des Betreffenden bei ?
11. Wie wurden in Rollenspielen, in denen Konflikte thematisiert wurden, diese angegangen/ gelöst: behutsam, ungeduldig, aggressiv?
12. Wie wurden Argumente vorgetragen? Vorsichtig, abwägend oder apodiktisch?
13. Wie wurden Gesprächsstrategien entwickelt? Konnten einzelne Spielteilnehmer sich argumentativ mit den Einlassungen der Mitspieler auseinandersetzen, oder kam es zur atomisierten Addition verschiedener Argumente?
14. Wurden die Diskussionen sachlich oder emotional geführt? Welcher Spielteilnehmer neigte besonders zu einer Haltung?

15. Erkannten einzelne Spielteilnehmer die argumentative Überlegenheit anderer an?
16. Wurden Kompromißlösungen angesprochen?

Prominenten-Telefon — K 5.1

Fach	innen/außen	Alters-eignung	Anzahl Spieler	Dauer	Material
D/FZ	⬆	ab 10	ab 6	c.10'	ohne

Jeweils zwei Spielteilnehmer "telefonieren" miteinander. Dabei sollen alle Paare die Möglichkeit haben, sich auf das Spiel vorzubereiten. Dies sollte mit entsprechendem räumlichen Abstand geschehen, so daß sie nicht "belauscht" werden können. Die ersten zwei telefonieren und imitieren dabei jeweils bekannte Persönlichkeiten. Die anderen müssen raten, um welche Telefonteilnehmer es sich handelt.

Variationen:
1. Jeder der zwei Spieler denkt sich selbst eine Persönlichkeit aus. Nun soll durch Fragen, die lediglich mit "ja" oder "nein" zu beantworten sind, gegenseitig herausgefunden werden, wer der andere ist.
2. Der Spielleiter sagt dem Spieler A, wen der Spieler B darstellt und umgekehrt. Jeder weiß nun wohl, wer der Partner ist, aber nicht, wen er selbst darstellen soll. Durch Fragen soll das nun herausgefunden werden.

Der Telefonvermittler — K 5.2

Fach	innen/außen	Alters-eignung	Anzahl Spieler	Dauer	Material
FZ/D FU3	⬆	ab 12	ab 6	c.10'	ohne

Die Spieler sammeln zuerst einmal Themen und Ideen aus dem Alltag, die sich der Spielleiter aufschreibt. Solche Themen wären z.B. Ausgehen, eine Verabredung treffen, zum Geburtstag gratulieren etc..
Alle Teilnehmer schließen die Augen. Der Spielleiter spielt den Telefonvermittler, tippt einen Mitspieler an und sagt ihm, wen er spielen soll ("Du bist Herr Meier aus Aachen"). Durch ein weiteres Antippen stellt er den Kontakt zu einem Gesprächspartner her und teilt diesem ebenfalls mit, wen er darstellen soll. Er sagt den beiden Gesprächspartnern, worüber sie sprechen sollen.

Beispiele:
- Herr Kurz aus Heilbronn und Frau Hansen aus Dortmund sprechen über gegenseitige Besuche.
- Zwei Politiker aus verschiedenen Städten sprechen über den bevorstehenden Wahlkampf.
- Herr Franken aus Berlin ruft bei seinen Eltern in Leverkusen an, um ihnen zur Goldenen Hochzeit zu gratulieren.

Am Ende des Gesprächs bricht der Spielleiter die Verbindung wieder ab.

Hinweise für den Spielleiter:
Dieses Spiel eignet sich sehr dazu, auch zurückhaltende Spielteilnehmer miteinander ins Gespräch zu bringen.
Der Spielverlauf steht und fällt mit den Einfällen des Spielleiters und hängt entscheidend von seinem Einfühlungsvermögen ab.

Variationen:
1. Bei Spielteilnehmern, die in der Lage sind, deutsche Dialekte oder eine fremdsprachlich eingefärbte Sprache zu imitieren, kann der Herkunftsraum (Ort, Land) weggelassen werden. Er ist dann von den anderen Teilnehmern zu erraten.
2. Neben der dialektorientierten Einfärbung können auch einzelne regional oder national typische Wörter einbezogen werden:
   Beispiele: Bestätigungsfragen am Ende (ne, wa, woll, gell), (alors, well, isn`t it etc.), Sehenswürdigkeiten, Kölsch, Alt (als typische Biersorten), Nordsee, etc..
   Besonders geeignet: Rheinischer Dialekt, Ruhrgebietsslang, Berlinerisch, Sächsisch, Norddeutsch, Französisch, Chinesisch, Amerikanisch.

Was man immer schon sagen wollte					K 5.3
Fach	innen/ außen	Alterseignung	Anzahl Spieler	Dauer	Material
D FU4	▲	ab 12	ab 6	c.10'	ohne

Die Spieler sitzen einander paarweise mit geschlossenen Augen gegenüber. Jeder Spieler denkt an seine Schulzeit und besonders an den Lehrer, den er am wenigsten leiden konnte. Er versucht, sich im Detail an das ihn Störende zu erinnern, das

dieser Lehrer an den Tag legte. Die Spieler öffnen die Augen und stellen sich vor, mit diesem Lehrer zu sprechen, wobei sie den Partner als "Zielscheibe" der Vorwürfe betrachten und ihm all das sagen, was sie als Schüler nie zu sagen wagten.
Variationen:
1. Die Partner spielen nun das gleiche Spiel mit dem besten Lehrer, den sie je hatten.
2. Es werden andere Zielpersonen gewählt, etwa: Arzt, Pfarrer, Verkäufer etc..

Das Prominentenspiel					K 5.4
Fach	innen/außen	Alterseignung	Anzahl Spieler	Dauer	Material
FZ FU3	←	ab 12	ab 10	c.10'	Zettel, Tesafilm

Den Spielern werden Zettel mit Namen von Prominenten auf den Rücken geheftet. Die Namen sind dem "Träger" unbekannt. Die Teilnehmer müssen nun durch Befragen der Mitspieler erraten, welcher prominente Name auf dem eigenen Rücken steht. Der Spieler geht nun auf einen Mitspieler zu und liest auf dessen Rückenschild, mit welcher Persönlichkeit er es zu tun hat. Nachdem man sich gegenseitig mit seinem richtigen Namen vorgestellt hat, darf man seinem Gegenüber Fragen zu der Persönlichkeit stellen, die man selbst darstellt. Die Fragen müssen so gestellt werden, daß sie mit "ja" oder "nein" zu beantworten sind. Sobald eine Frage verneint wird, wechseln die Rollen: Jetzt stellt der andere Spieler Fragen, so lange, bis auch er eine verneinende Antwort erhält. Dann bricht man ab, verabschiedet sich und nennt dabei noch einmal den Namen des anderen, um sich dann einen neuen Gesprächs- und Ratepartner zu suchen.
Ziel des Spieles ist es, die Persönlichkeit zu erraten, die auf dem Rückenschild genannt ist. Wer es schafft, darf sich den Zettel an die Brust heften.
Variationen:
1. Um Spielpaare zu bilden, werden jeweils Zettel mit zwei zusammengehörigen Namen auf die Rücken der Mitspieler geheftet.

Beispiele:
Donald und Daisy Duck, Romeo und Julia, Rotkäppchen und der Wolf, Dick und Doof, Charles und Di, Boris Becker und Steffi Graf, Oma und Opa, Robinson und Freitag, Captain Kirk und Mr. Spock, Tünnes und Schäl, Bonnie und Clyde, Frosch und Prinzessin, Helmut und Hannelore (Kohl), Cäsar und Kleopatra, Asterix und Obelix.

2. Es können auch Zettel verwendet werden, nach denen sich zwei Personen unter anderen Kriterien finden müssen.
Beispiel: "So begrüßt man sich im Ausland".
Jeder sucht durch Vormachen der Begrüßungsart seinen Partner.
Eskimo: Nasen aneinanderreiben
Rußland: Bruderkuß
Japan: Verbeugung machen
Deutschland: Hände drücken
etc..

Hinweis für den Spielleiter:
Es sollte nun ein Spiel angesetzt werden, das als Organisationsform die Paarbildung voraussetzt.

Brenzlige Situationen					K 5.5
Fach	innen/außen	Alters-eignung	Anzahl Spieler	Dauer	Material
D/LI FU3	←	ab 12	ab 6	c. 10'	einzelne Requisiten siehe unten

Die Umgebung für das Spiel wird provisorisch vorbereitet. Beim ersten Spielvorschlag würden beispielsweise einige **Blumen** reichen, die auf einem **Tisch** stehen. Dahinter die Blumenverkäuferin und ein **Plakat** mit der Aufschrift: "Blumenladen".
Spielbeispiele:
- Blumen umtauschen, weil . . .
- Zu Silvester den gebrauchten **Weihnachtsbaum** an den Händler zurückverkaufen wollen.
- Sich in der Eierhandlung beschweren, weil die **Eier** nach zwanzig Minuten Kochzeit nicht weich geworden sind.
- Die neueste Kaffeesorte einkaufen. ("In der Fernsehwerbung wurde für einen Kaffee geworben, bei dem die Kaffeebohnen

gefiltert werden können, ohne daß sie vorher gemahlen sein müssen.")
- Die junge Ehefrau (den Ehemann) wieder beim Eheanbahnungsinstitut "zurückgeben".
- Vor der Kaufhauskasse stehen; das Geld reicht nicht aus.

Chef und Sekretärin					K 5.6
Fach	innen/außen	Alters-eignung	Anzahl Spieler	Dauer	Material
D SW FU3	♠	ab 12	ab 6	c.10'	Schreibmaterial

In jede Ecke des Raumes stellt sich eine Person, welche die Rolle eines Chefs mit lauter Stimme spielen soll. Jeder Chef darf sich nun eine Sekretärin suchen. Diese werden jetzt aber ausgetauscht, und zwar diagonal. Jeder Chef muß nach dem Startzeichen seiner Sekretärin - die also in der schräg gegenüberliegenden Ecke steht - einen Brief diktieren. Man kann sich vorstellen, daß es da ziemlich laut und chaotisch zugehen wird. Stenogramm ist nicht erlaubt! Sieger wird, wer ohne Fehler eine bestimmte Wortzahl richtig aufgeschrieben hat.

Variation:
Statt frei diktierter Briefe kann man auch "herzzerreißende" Heiratsannoncen aus der Klatschpresse nehmen. Man muß aber darauf achten, daß die Beiträge etwa gleich lang sind.

Graf und Butler					K 5.7
Fach	innen/außen	Alters-eignung	Anzahl Spieler	Dauer	Material
SW D FU3	♠	ab 12	ab 8	c.12'	ohne

Der Spielleiter erklärt: Wir gehen paarweise zusammen und verteilen uns im Raum. Ein Partner spielt den Grafen, der andere seinen Butler. Der Graf gibt dem Butler Anweisungen, die dieser ausführen muß. Diese Befehle sollten sich der Schwierigkeit nach langsam steigern, so daß der Butler immer mehr zu unliebsamen Handlungen gezwungen wird. Er muß aber unbedingt gehorchen! Nach fünf bis zehn Minuten wechseln die beiden Spieler ihre Rollen: der Graf wird zum Butler und der Butler zum Grafen.

Hinweis für den Spielleiter:
Es dürfen auf keinen Fall ethische oder gesundheitliche Grenzen überschritten werden.

Rollenträger					K 5.8
Fach	innen/außen	Alters-eignung	Anzahl Spieler	Dauer	Material
SW FZ	◆	ab 12	ab 6	c.10'	ohne

Die Spieler besprechen, welche Autoritätsperson sie am meisten fürchten oder gefürchtet haben. Dieser "Rollenträger" (Polizist, Hausmeister, Lehrer etc.) wird als Fänger gewählt. Er ahmt beim anschließenden Fangspiel Verhalten und Äußerungen dieser Autoritätsperson nach.

Konfliktlösung-Improvisationen					K 5.9
Fach	innen/außen	Alters-eignung	Anzahl Spieler	Dauer	Material
D/LI SW FU4	←	ab 12	ab 6	c.12'	ohne

Der Spielleiter teilt Gruppen von je drei Spielern ein. Jede Gruppe erhält die Aufgabe, eine Spielszene von zwei oder drei Minuten Länge zum Themenbereich "Konfliktlösungen" zu improvisieren. Zeitvorgabe zum Üben: fünf bis zehn Minuten. Danach werden die Szenen vorgeführt.
Szenenanregungen:
1. Ein Passant wird von einem Behinderten um Hilfe gebeten.
2. Ein Familienvater bittet den Chef um Gehaltserhöhung.
3. Zwei Sektenmitglieder wollen einen unsicheren Menschen zu ihrer Versammlung einladen.
4. Eine Tochter gesteht ihrer Mutter, daß sie einen Ausländer heiraten möchte.
5. Zwei Jugendliche werden beim Diebstahl vom Ladenbesitzer gestellt.
6. Drei Familienmitglieder streiten sich, weil jeder ein anderes Fernsehprogramm anschauen will.
7. Eine Minderjährige wird von ihren Eltern mit Rauschgift erwischt.
8. Ein Schüler beklagt sich über eine gegebene mündliche/schriftliche Note.
9. Ein Schüler beklagt sich, daß ein anderer während einer Klassenarbeit von ihm abschreibt.

Ein echtes Problem					K 5.10
Fach	innen/außen	Alters-eignung	Anzahl Spieler	Dauer	Material
D/LI SW FU4	←	ab 14	ab 6	c.20'	Schreibmaterial

Der Spielleiter teilt Gruppen zu je drei Spielern ein. Jede Gruppe besteht aus einer Mutter, dem Sozialhelfer und einem Beobachter. Diese drei Akteure spielen anhand von Informationen, die sie vom Spielleiter erhalten werden, eine bestimmte Geschichte durch.

Die Geschichte stellt sich wie folgt dar:

Eine Mutter, deren 16jährige Tochter von der Polizei wegen Einbruchdiebstahls verhaftet worden ist, kommt zum Sozialhelfer, weil die Tochter in ein Erziehungsheim eingewiesen werden soll. Da die Mutter geschieden ist, muß sie arbeiten und kann sich tagsüber nicht um ihre Tochter kümmern. Sie ist verzweifelt und weiß nicht, wie sie ihre Tochter vor dem Erziehungsheim bewahren kann. Der wahre Grund für ihr Kommen ist jedoch: Sie hat herausgefunden, daß der Mann, mit dem sie zusammenlebt, ein ehemaliger Krimineller ist und ihre Tochter zu immer neuen Diebestouren gezwungen hat. Dies ist ihr sehr unangenehm, und sie wird deshalb nur darüber reden, wenn es dem Sozialhelfer gelingt, ihr Vertrauen zu gewinnen.

Informationen für die Mutter (auf getrenntem Blatt):
1. Die Geschichte.
2. Versetzen Sie sich in die Lage der Mutter. Sprechen Sie daher über ihr wahres Problem erst dann, wenn der Sozialhelfer ihr Vertrauen gewonnen hat.

Informationen für den Sozialhelfer (auf getrenntem Blatt):
1. Der erste Teil der Geschichte bis zum Wort "kümmern".
2. Sie sind der Sozialhelfer und müssen sich in Ihre Rolle gut einfühlen. Fremde Leute kommen zu Ihnen, denen Sie mehr durch Rat als durch Tat helfen. Sie können aber nur beraten, wenn man Ihnen die Probleme darlegt. Beachten Sie, daß viele Leute ihre Probleme nur indirekt ansprechen.

Ein Job auf Erden oder im Himmel					K 5.11
Fach	innen/außen	Alterseignung	Anzahl Spieler	Dauer	Material
D/LI SW FU4	▲	ab 14	ab 4	c.15'	ohne

Der Spielleiter erklärt folgendes Entscheidungsspiel, nachdem er eine oder mehrere Gruppen zu je mindestens vier Spielern hat bilden lassen:
Ein wichtiger Posten ist frei geworden, und zwei Bewerber (Mitspieler) möchten diesen Posten um jeden Preis haben. Sie machen eine Art Vorstellungsgespräch oder halten eine Wahlrede vor den nicht direkt beteiligten Mitspielern, in der sie ihre eigenen Vorzüge anpreisen und gegebenenfalls die Qualitäten des Konkurrenten abwerten. Danach entscheidet die Gruppe durch Abstimmung, wer den Job erhalten soll.

Variation:
Im Himmel ist ein Job frei geworden. Zwei Mitglieder der Gruppe sind die Bewerber. Da im Himmel alles genau umgekehrt ist wie auf der Erde, müssen die Kandidaten bei ihrer Vorstellungsrede die Vorzüge des Gegners anpreisen. Wer am überzeugendsten darlegen kann, daß sein Konkurrent der richtige Mann ist, wird den Job erhalten. Die restlichen Mitglieder der Gruppe entscheiden nach diesem Kriterium über die Job-Vergabe (durch Abstimmung).

Die Entlassung					K 5.12
Fach	innen/außen	Alterseignung	Anzahl Spieler	Dauer	Material
D/LI SW FU4	▲	ab 14	ab 5	c.15'	ohne

Der Spielleiter benötigt für ein realistisches Entscheidungsspiel fünf Mitspieler: den Chef, den Betriebsleiter, den Abteilungsleiter und zwei Betriebsratsmitglieder. Diese setzen sich in die Mitte des Kreises und führen eine Diskussion darüber, welcher von drei Betriebsangehörigen aus Rationalisierungsgründen entlas-

sen werden soll. Dabei spricht der Abteilungsleiter für den zweiten und dritten, der erste Betriebsratsvertreter für den ersten und dritten und das zweite Betriebsratmitglied für den ersten und zweiten.
Nach der Diskussion muß eine Entscheidung getroffen werden (durch Abstimmung), und der Chef muß die Entscheidung vor der versammelten Gruppe ausführlich begründen.
Beispiel: Die drei Betriebsangehörigen:
1. Egon ist 58 Jahre alt, erbringt eine mittelmäßige Arbeitsleistung. Er ist verheiratet, seine Kinder sind schon aus dem Haus.
2. Rolf ist 20 Jahre alt, verheiratet und ohne Kinder. Er erbringt ebenfalls eine durchschnittliche Arbeitsleistung, ist aber öfters durch kritische Äußerungen unangenehm aufgefallen.
3. Willy ist 35 Jahre alt, geschieden und muß für ein Kind Unterhalt bezahlen. Er führt ein unregelmäßiges Leben und ist unzuverlässig (er ist mehrfach schon zu spät gekommen). Er erbringt aber, wenn er da ist, Spitzenleistungen.

Der Luftschutzkeller					K 5.13
Fach	innen/außen	Alterseignung	Anzahl Spieler	Dauer	Material
D/LI SW FU4	←	ab 14	ab 8	c.30'	ohne

Die Spieler bilden Achter- oder Zehnergruppen. In dem folgenden Rollenspiel, das jede Gruppe selbständig durchführt, verkörpert jeder Spieler eine bestimmte Rolle. Diese Rollen sind identisch mit Berufen wie Lehrer, Sportler, Filmschauspieler, Mutter, Hausfrau, Briefträger, Facharbeiter, Arzt etc.. Der Spielleiter hat sie auf Zettel geschrieben, die er von den Spielern aus einem Hut ziehen läßt.
Dann beschreibt er die Ausgangssituation: "Ihr habt euch, nachdem eine Atombombe gefallen ist, in einen Luftschutzkeller gerettet. Dieser Keller bietet jedoch ausreichend Luft und Essen nur für sechs Personen. Daher müssen ihn einige von euch wieder verlassen. Entscheidet selbst, wer das sein soll!"

Jeder Spieler muß nun seiner Rolle gemäß argumentieren, warum es wichtig ist, daß gerade er überlebt. Am Ende muß es zu einer Gruppenentscheidung darüber kommen, wer bleibt und wer geht (keine Selbstmorde, keine Morde und auch keine Freiwilligen, die aufs Überleben verzichten).

Der Spielleiter tut gut daran, ein Zeitlimit von fünfzehn bis zwanzig Minuten zu setzen. Nach dem Spiel wird im Plenum diskutiert, wie die einzelnen Gruppen ihre Entscheidung getroffen haben.

Ergebnis: Normalerweise wird, sobald es wirklich um einen Ernstfall geht, nicht mehr logisch und sachlich argumentiert, sondern emotional: Jeder versucht, seinen Kopf dadurch zu retten, daß er andere schlechter macht, als sie sind. Im weiteren Verlauf greift man immer den Gleichstarken oder Schwächeren an, selten den Stärkeren. Im Endeffekt kommen deshalb auch die Sachlichen und Ehrlichen schlecht weg und nicht nur die Schwachen, die sich nicht wehren können.

Variationen:
Anstelle eines Luftschutzbunkers kann auch ein Floß, eine Oase, ein Raumschiff, ein Ballon oder ein U-Boot den Spielort abgeben. Die Bedrohungen könnten sein: Unfall (GAU) oder Katastrophe, Verhaftung etc..

Beobachtungshinweise für den Spielleiter:
1. *Die Berufe der Personen, die gehen mußten, werden sachlich und objektiv mit denen verglichen, die überleben durften.*
2. *Die Spieler schildern ihre Gefühle: ihre Angst, wenn über sie gesprochen wurde, und ihre Erleichterung, wenn man andere im Auge hatte.*
3. *Die Zuschauer berichten, warum diese Spieler gehen mußten und jene bleiben durften; d. h. man vergleicht die Verhaltensweisen der Spieler mit dem Spielergebnis.*

Detektivbüro					K 5.14
Fach	innen/ außen	Alters- eignung	Anzahl Spieler	Dauer	Material
D/LI SW	←	ab 14	ab 8	c.20'	Schreibmaterial

Der Spielleiter erklärt: Wir spielen ein Spiel, bei dem ihr alle Mitarbeiter eines Detektivbüros seid und gemeinsam einen Mordfall aufklären müßt. Dazu müßt ihr eine Gruppenentscheidung treffen, d.h. jeder von euch muß mit der Lösung des Falles einverstanden sein. Ich werde auf einzelnen Informationskarten insgesamt 21 Detailinformationen an euch ausgeben. Wenn ihr alle diese Indizien berücksichtigt, werdet ihr den Fall lösen können. Ihr könnt euch zusammensetzen und organisieren wie ihr wollt, mit der einen Einschränkung, daß ihr eure Informationskarten nicht aus der Hand geben dürft. Jeder muß also seine Information immer bei sich behalten. Wenn ich diese Informationen ausgegeben habe, werde ich keine Fragen mehr beantworten, es sei denn, ihr seid euch über die Lösung einig geworden. Als Lösung müßt ihr folgendes herausfinden:

1. die Tatzeit,
2. den Tatort,
3. das Motiv,
4. den Mörder,
5. die Tatwaffe.

Wenn ihr glaubt, daß ihr alle möglichen Antworten gesammelt habt, könnt ihr sie mir jederzeit vorlegen, und ich werde euch sagen, welche davon richtig sind und welche nicht. Ihr müßt aber zuvor alle zugestimmt haben, d.h. jeder muß diese Lösung als gut ansehen.

Hinweise für den Spielleiter:
1. *Papier und Bleistift sollten vorhanden sein, ohne daß die Spieler dies wissen.*
2. *Es sollte eine Person eingesetzt werden, die das Verhalten der einzelnen Spieler beobachtet und ein Protokoll über die Vorgänge im Raum schreibt.*
3. *Der Spielleiter ist ebenfalls ein Beobachter.*
4. *Der Spielleiter greift niemals ein. Denn meistens versuchen die Spieler, den Fall zu rekonstruieren, was schwieriger ist, als sich auf die Lösung zu konzentrieren.*

5. Nachdem sie den Fall gelöst haben, bittet der Spielleiter den Beobachter, sein Protokoll über die Dinge, die sich im Raum abgespielt haben, vorzulesen. Danach sollte die Nachbesprechung beginnen, wobei folgende Fragen denkbar sind:
   - Ist ein oder sind mehrere Führer aus der Gruppe hervorgegangen?
   - Hat irgend jemand die ganze Sache übernommen und zu manipulieren versucht?
   - Wurde jemand ausgelassen oder vergessen?
   - Was für ein Gefühl haben die Spieler über die Art der von ihnen getroffenen Organisation?

Variationen:
1. Man läßt die Teile spielen, in denen die Personen, welche nur zur Verwirrung beitragen, wie z. B. Fräulein Schmitt, die Liftboys, der Telefonvermittler, anwesend sind.
2. Man versucht, einen Prozeß aufzuziehen. Man fragt sofort, wer was spielen will, und teilt die Rollen ein.

Die Informationskärtchen:
1. Herr Keller hatte eine Schußwunde in der Brust und eine Stichwunde im Rücken.
2. Herr Müller sagte aus, daß er um Mitternacht auf einen Eindringling geschossen habe.
3. Ein Liftboy sah Herrn Keller um 0.15 Uhr.
4. Das Geschoß aus Herrn Kellers Brust paßte zu Herrn Müllers Gewehr.
5. Nur ein Schuß wurde aus Herrn Müllers Gewehr abgegeben.
6. Als der Liftboy Herrn Keller sah, blutete er leicht, schien aber nicht allzu schwer verletzt zu sein.
7. Ein Messer mit Blutspuren von Herrn Keller wurde in Fräulein Schmitts Garten gefunden.
8. Das Messer in Fräulein Schmitts Garten wies Fingerabdrücke von Herrn Schneider auf.
9. Herr Keller hatte dadurch Herrn Müllers Geschäft ruiniert, daß er ihm Kunden abwarb.
10. Ein Liftboy sah die Frau von Herrn Keller um 23.30 Uhr zur Wohnung von Herrn Schneider gehen.
11. Der Telefonvermittler sagte, daß Frau Keller oft zu Herrn Schneiders Wohnung ginge.
12. Herrn Kellers Leiche wurde im Park gefunden.

13. Herr Keller war etwa eine Stunde tot, als seine Leiche entdeckt wurde.
14. Der Liftboy beendete seinen Dienst um 0.30 Uhr.
15. Fräulein Schmitt sah Herrn Keller um 23.55 Uhr zu Herrn Müllers Wohnung gehen.
16. Herr Müller verschwand nach dem Mord.
17. Fräulein Schmitt folgte Herrn Keller öfters, sagte der Telefonvermittler.
18. Herr Müller hatte Herrn Keller gedroht, daß er ihn umbringen würde.
19. Fräulein Schmitt sagte, daß niemand außer dem Liftboy den Wohnblock zwischen 0.29 Uhr und 0.45 Uhr verlassen habe.
20. Blutspuren von Herrn Keller wurden im Wagen von Herrn Schneider entdeckt.
21. Blutspuren von Herrn Keller wurden in Herrn Müllers Wagen entdeckt.

Gespielte Eigenschaften					K 5.15
Fach	innen/außen	Alterseignung	Anzahl Spieler	Dauer	Material
D/LI SW	←	ab 12	ab 6	c. 12'	ohne

Während ein Spieler vor der Tür wartet, vereinbaren die anderen, daß ein Mitspieler ihm in der nachfolgenden Begegnung und zwanglosen Unterhaltung erst "frech", später "ängstlich" und schließlich "launisch" entgegentreten soll. Das erfordert Feingefühl und sogar ein wenig schauspielerisches Talent, während der Adressat sehr aufmerksam sein muß, um das Auftreten seines Gegenspielers richtig einstufen zu können.

Ökologie gegen Ökonomie — K 5.16

Fach	innen/außen	Alterseignung	Anzahl Spieler	Dauer	Material
EK/D SW	←	ab 14	ab 10	c. 60'	Schreibmaterial

Der Spielleiter legt einen Themenbereich fest, welcher in der Öffentlichkeit kontrovers diskutiert wird, z.B.: Errichtung eines Atomkraftwerkes, Bau einer Autobahn- oder Eisenbahntrasse, Anlage eines Industriegebietes, einer neuen Fabrikanlage u.a.m..
Nach einer kurzen Meinungsaustauschphase werden die Rollen von Vertretern einzelner Interessengruppen an die Anwesenden verteilt, bzw. diese suchen ihre Rollen selbst aus. Denkbar wären: ein Umweltschützer, ein Vertreter der Wirtschaft, des Arbeitsamtes, ein Politiker, ein Anwohner etc..
Diese Rollenträger sollen Argumente für oder gegen die geplante Maßnahme sammeln und in eine anschließende Diskussion einbringen. Nach der Diskussion wird abgestimmt, wer die überzeugendsten Sachargumente und/oder wer diese in der überzeugendsten Form vorgebracht hat. Die Bewertung kann demnach an inhaltlichen Kriterien oder an Artikulationsstrategien (Intonation, Satzbau, Terminologieverwendung, Interaktionsfähigkeit etc.) festgemacht werden.

Hinweise für den Spielleiter:
1. *Der zu behandelnde Themenbereich kann auch in einer gemeinsamen Gesprächsrunde zu Beginn festgelegt werden, etwa unter dem Aspekt eines gegebenen Realitätsbezuges (Diskussion in der Öffentlichkeit dieser Region).*
2. *Der Spielleiter stellt Informationsmaterial zur Verfügung, um Grundlagen für Sachargumente zu liefern.*
3. *Bei längerfristiger Vorbereitung eines solchen Spieles können auch die einzelnen Teilnehmer zur Informationsbeschaffung aufgefordert werden.*
4. *In aller Regel wird der Spielleiter die Diskussion und die Abstimmung moderieren. Es ist allerdings auch bei geeigneten Teilnehmern denkbar, diese Aufgabe einem der Anwesenden zu übertragen.*
5. *Bezüglich der Diskussion können verschiedene Regeln aufgestellt werden, z.B.:*

- Jeder Rollenträger darf zu Beginn oder am Ende der Diskussion ein zeitlich begrenztes (etwa 1 Min.) Grundsatz-Statement oder bilanzierendes Statement abgeben.
- Jeder Redner muß sich grundsätzlich vor seiner eigenen Äußerung zunächst einmal kurz mit dem Argument seines Vorredners auseinandersetzen.
- Jede Art von persönlicher Beleidigung wird mit Sanktionen, z.B. Aussetzen einer "Rednerrunde", Verkürzung der vorher festgesetzten Redezeit etc. geahndet.
6. Die Abstimmung über die inhaltsbezogene oder artikulative Überzeugungskraft einzelner Rollenträger geschieht anonym in schriftlicher Form. Die geleisteten Beiträge werden anschließend vorgelesen und diskutiert.
7. Bei großen Gruppen kann eine Zuhörerschaft gebildet werden, die sich mit Fragen an die "Experten" an der Diskussion beteiligt oder anschließend in Form einer mündlichen oder schriftlichen (etwa durch einen fiktiven Leserbrief) Bewertungen zum Charakter der Diskussion äußert.
8. Es ist auch denkbar, daß vor der Diskussionsphase eine simple (per Akklamation) Pro/Kontra-Meinungsabfrage zu dem Problemfeld eingebracht wird, etwa: Wer ist für bzw. gegen den Bau der Autobahn etc.?

Nach erfolgter Diskussion wird eine erneute Meinungsabfrage gestartet. Der Vergleich beider Abfragen kann valide Auskunft in bezug auf die Überzeugungskraft einzelner Rollenträger geben.

Lösung zu K 5.14

- Tatzeit: gegen 0.30 Uhr.
- Tatort: Herrn Schneiders Wohnung.
- Mörder: Herr Schneider.
- Tatwaffe: das Messer.
- Motiv: Beseitigung des vermögenden Rivalen.

Eine mögliche Rekonstruktion des Falles:
Herr Keller ging zu Herrn Müllers Wohnung, weil dieser ihn dringend sprechen wollte. Doch als er dort eintraf, wurde er von Herrn Müller angeschossen. Da er wußte, daß seine Frau ein Verhältnis mit Herrn Schneider hatte, begab er sich zu dessen nahegelegener Hochhauswohnung, in der Hoffnung, daß Herr Schneider ihm helfen werde. Doch dieser sah seine Chance: Er brachte den lästigen Ehemann um und schaffte die Leiche in das Auto von Herrn Müller. Dieser hatte inzwischen beschlossen, sich aus dem Staub zu machen. Da entdeckte er den toten Keller in seinem Wagen. Er fuhr in den Park und versteckte dort die Leiche.

Denkspiele

Einleitung

Die Freude am Erdenken und Lösen verzwickter Denkspiele ist wahrscheinlich so alt wie die Überlieferung von Beispielen für besondere Leistungen des logischen Verstandes. Erinnert sei an die alt-griechische Sagenwelt, in der von der ägyptischen Sphinx berichtet wird, deren Rätsel von ihren Besuchern zu lösen war, andernfalls wurden sie von ihr verspeist. Ähnlich bekannt sind Überlieferungen aus der arabischen (*Kalaf*) oder germanischen (*Edda*) Welt.
Gegen Ende des Mittelalters hatten sich Rätselgedichte in Deutschland, entweder in Form des von einem Literaten verfaßten Kunsträtsels oder in der Form des anonymen Volksrätsels, gleichsam als volkstümliche Unterhaltung herausgebildet.
Im 17. Jahrhundert widmeten sich namhafte Lyriker des Barocks, an der Spitze Christian Hofmann von Hofmannswaldau (1617-1679), dieser Gedichtsform. Etwa hundert Jahre später erlebte das deutsche Kunsträtsel seine Blütezeit, als die Dichterfürsten Goethe und Schiller Wort- und Dingrätsel verfaßten.
Goethe, von Zahnschmerzen geplagt, schrieb z. B.:

> *Die besten Freunde, die wir haben,*
> *Sie kommen nur mit Schmerzen an,*
> *Und was sie uns für Weh getan,*
> *Ist fast so groß wie ihre Gaben;*
> *Und wenn sie wieder Abschied nehmen,*
> *Muß man zu Schmerzen sich bequemen.*

Schiller leistete einen noch umfangreicheren Beitrag mit seinen vierzehn *Turandot-Rätseln*, Motive, die auch schon Shakespeare in seinem Schauspiel *The Merchant of Venice* erfolgreich verwendet hatte.
Goethe und v.a. Schiller gaben anderen Dichtern Anregungen, sich an dieser reizvollen Gattung zu versuchen. Genannt seien etwa Johann Peter Hebel, der volkstümliche Dichter alemannischer Mundart und Herausgeber des *Rheinischen Schatzkästleins*, Friedrich Rückert, der Verfasser der *Kindertotenlieder,* oder das allzu früh verstorbene Erzählertalent Wilhelm Hauff.

Auch Philosophen, wie etwa Friedrich Schleiermacher mit seinen verzwickten Scharaden und geistvollen Wortspielen oder Franz Brentano als Verfasser einer Rätselsammlung (*Aenigmatias*) lieferten noch heute lesenswerte Beiträge.

In jüngster Zeit hat sich der Trend zur Kurzzeitigkeit und Denkbequemlichkeit auch auf das Gebiet des Rätselratens ausgewirkt. Erfreuen sich nach dem 2. Weltkrieg die Kreuzworträtsel - das Zusammensetzen einzelner Begriffe verlangt allerdings kein logisches Denken, nur Gedächtnisleistung - großer Beliebheit, so haben in den letzten Jahren Computerspiele mit ihren hektischen Stimulus-Respons-Abfolgen vor allem bei der jüngeren Generation einen kaum aufzuhaltenden Siegeszug angetreten.

Dennoch wird das Denkspiel wohl als zeitlose Herausforderung an den menschlichen Verstand seinen Platz innerhalb der Freizeitbetätigungen behalten.

Kategorisierung und inhaltliche Beschreibung

Die in diesem Kapitel aufgenommenen 111 Denkspiele und Rätsel lassen sich wie folgt kategorisieren:

1. Versrätsel: (D 1.1 - D 1.19)
In diesem Block gilt es am Ende des Gedichtes ein Wort zu erraten. Mit den drei Beispielen - D 1.17 - D 1.19 - wurden auch Rätsel aufgenommen, in denen durch Buchstabenveränderungen mehrere Wörter zu raten sind.

2. Mathemathische Denkspiele: (D 2.1 - D 2.17)
Hier sind logischer Verstand, Pfiffigkeit und Phantasie gefragt.

3. Scherzrätsel: (D 3.1 - D 3.31).
Sie dienen primär der Erheiterung, möglicherweise in Form einer Art "Schadenfreude", jemand anderen in eine "gedankliche Falle" gelockt zu haben.

4. Handlungsorientierte Denkspiele, die auf einen größeren Spielerkreis ausgerichtet sind.

4.1 Hier gilt es in einem Block (D 4.1 - D 4.7) Dinge, Personen, in einem Beispiel sogar Lieder, von einem Teilnehmer erraten zu lassen, wobei die Hinführung zur Lösung meist über Fragen dieser Person an die Mitspieler erfolgt.

4.2 In einem weiteren umfassenderen Block (D 4.8 - D 4.27) werden Denkspiele vorgestellt, welche die Aktivität aller Teilnehmer fordern. Hier kommt es auf Phantasie und/oder verbalbezogene Reaktionsfähigkeit an.

5. In einem letzten Teil finden sich als ergänzende Abrundungen einige **Zungenbrecher** (D 5.1 - D 5.2), Hinweise auf mögliche **Geheimschriften** (D 5.3) sowie **Zahlenspiele** (D 5.4 - D 5.10), die in die Nähe von **Zauberkunststücken** (D 5.11 - D 5.17) einzuordnen sind.

Didaktisch-methodische Überlegungen

Folgt man der oben skizzierten Kategorisierung, so läßt sich der Einsatz dieser Rätsel und Spiele wie folgt denken:
1. Die in den Teilbereichen 1-3 aufgeführten Rätsel können grundsätzlich im Frontalverfahren eingebracht werden. Der Spielleiter liest die einzelnen Rätsel vor. Derjenige, der die Antwort weiß, erhält einen Pluspunkt, bei einer falschen Antwort einen Minuspunkt. An die Stelle von Einzelteilnehmern können auch Gruppen treten.
2. Denkbar ist auch folgendes Verfahren: Verschiedene Mitspieler/ Mitspielergruppen erhalten jeweils 3-5 Rätsel. Ein Spieler liest ein Rätsel vor. Wer die richtige Antwort weiß, darf aus seiner "Sammlung" vorlesen. Gewonnen hat, wer als erster keine Fragen mehr übrig hat. Sollte die Antwort auf ein Rätsel nicht gefunden werden, greift der Spielleiter erklärend ein.
3. Rätsel - gedacht ist hier vor allem an solche aus dem mathematischen Bereich - werden an verschiedene Gruppen verteilt, die möglichst weit voneinander entfernt sitzen, damit sie sich nicht "belauschen" können. Innerhalb der Gruppe werden verschiedene Lösungen diskutiert. Gewonnen hat die Gruppe, die in einem

gesetzten Zeitrahmen möglichst viele richtige Antworten geben kann.

Bei den handlungsorientierten Denkspielen erübrigt sich ein didaktischer Kommentar. Hier finden sich an entscheidenden Stellen detaillierte Anleitungen zur Organisation, die ggf. auf affine Spiele transferiert werden müssen.

4. Die im 5. Block eingebrachten "Zahlenspiele" (D 5.4 - D 5.10) beziehen sich darauf, daß der Benutzer des Buches als "Magier" eine andere Person in Form von Rechenspielereien verblüfft. Entsprechend richten sich die Texte an einen einzelnen Adressaten.

Die Umsetzung solcher Spiele kann sowohl in einem Klassenraum als auch in jedem anderen Raum erfolgen. Im erstgenannten Fall bietet sich die Tafel - möglicherweise in von der Klasse nicht einsehbarer Form - als visuelles Medium an; im letztgenannten Fall muß man Schreibutensilien zur Verfügung haben.

Die ebenfalls im 5. Block aufgenommenen gegenstandsorientierten "Zaubereien" sind vor allem an den Einsatz von Streichhölzern, Geldstücken oder Spielkarten gebunden. Analog zu den oben genannten Spielen geht es auch hier darum, daß ein Spieler andere verblüfft. Bei Großgruppen bietet sich eine (laute) Demonstration im Klassenraum oder anderen größeren Räumen an. Bei kleineren Gruppen lassen sich die "Zaubereien" auch an einem normalen Tisch vorführen.

Es sollte allerdings darauf geachtet werden, daß alle die "Zaubereien" begleitenden Blicke oder Bewegungen möglichst unauffällig vollzogen werden; mithin sollte immer eine gewisse räumliche Distanz zwischen "Zauberer" und dem staunenden Publikum gewahrt bleiben.

Versrätsel

Seltsam					D 1.1
Fach	innen/ außen	Alters- eignung	Anzahl Spieler	Dauer	Material
D/FZ		ab 8		c. 2'	ohne

Hat keinen Mund und kann doch singen,
Hat keine Füße und kann doch springen.
Hat eine Braut, die er nicht fragen kann,
Und eine Hose, die er nicht tragen kann.

Viel benutzt					D 1.2
Fach	innen/ außen	Alters- eignung	Anzahl Spieler	Dauer	Material
D/FZ		ab 8		c. 2'	ohne

Mich hat der Schneider
Und führt mich oft zum Kragen.
Von einem Tier ich werde auch getragen.
Der Gärtner schließlich hat mich auch
Wie manche Hausfrau im Gebrauch.

Wer ist es?					D 1.3
Fach	innen/ außen	Alters- eignung	Anzahl Spieler	Dauer	Material
D/FZ		ab 8		c. 2'	ohne

Zwei sind's, die nebeneinander stehn
Und alles gut und deutlich sehn.
Doch siehet eins das andere nicht,
Und wär's beim hellsten Tageslicht.

Vorsicht					D 1.4
Fach	innen/außen	Alters-eignung	Anzahl Spieler	Dauer	Material
D/FZ		ab 8		c. 2'	ohne

Ich mache hart,
Ich mache weich,
Und ist dir kalt,
Ich wärm' dich gleich.
Man liebt mich,
Und man fürchtet mich,
Kommst du zu nah,
Dann fress' ich dich.

Was für ein Geschöpf					D 1.5
Fach	innen/außen	Alters-eignung	Anzahl Spieler	Dauer	Material
D/FZ		ab 8		c. 2'	ohne

Ich habe vier Füße,
Kann trotzdem nicht gehn.
Ich muß oft viel tragen
Und muß immer stehn.

Wer ist es wohl?					D 1.6
Fach	innen/außen	Alters-eignung	Anzahl Spieler	Dauer	Material
D/FZ		ab 8		c. 2'	ohne

Ich weck' euch auf, ihr Schläfer,
An jedem Morgen früh,
Den Bauern und den Schäfer,
Die Pferde und die Küh´.
Hoch auf dem Dach da droben
Mein Vetter weist den Wind.
Wer möchte uns nicht loben!
Nun ratet, wer wir sind!

Freund fürs Leben					D 1.7
Fach	innen/außen	Alters-eignung	Anzahl Spieler	Dauer	Material
D/FZ		ab 8		c. 2'	ohne

Es geht ein ungleich Zwillingspaar
Gemeinschaftlich oft manches Jahr.
Getreu und redlich teilen sie
Des Lebens Arbeit, Freud' und Müh'.
Weilt einer still im Kämmerlein,
Will auch der Bruder bei ihm sein.
Wenn dieser reist, will jener mit,
Begleitet treu ihn Schritt für Schritt.

Keine Füße?					D 1.8
Fach	innen/außen	Alters-eignung	Anzahl Spieler	Dauer	Material
D/FZ		ab 8		c. 2'	ohne

Ich habe keine Füße
Und geh' doch auf und ab.
Und beiß' mich immer tiefer,
Bis ich mich durchgebissen hab'.

Jahreszeiten					D 1.9
Fach	innen/außen	Alters-eignung	Anzahl Spieler	Dauer	Material
D/FZ		ab 8		c. 2'	ohne

Im Lenz erfreu' ich dich,
Im Sommer kühl' ich dich,
Im Herbst ernähr' ich dich,
Im Winter wärm' ich dich.

So traurig?					D 1.10
Fach	innen/außen	Alters-eignung	Anzahl Spieler	Dauer	Material
D/FZ		ab 8		c. 2'	ohne

Ich habe keinen Schneider
Und hab' doch sieben Kleider.
Wer mir sie auszieht, der muß weinen,
Und sollt' er noch so lustig scheinen.

So durstig?					D 1.11
Fach	innen/außen	Alters-eignung	Anzahl Spieler	Dauer	Material
D/FZ		ab 8		c. 2'	ohne

Auf dem Schnabel läuft sie,
Schwarze Tinte säuft sie.

Ist es ein Goldschatz?					D 1.12
Fach	innen/außen	Alters-eignung	Anzahl Spieler	Dauer	Material
D/FZ		ab 8		c. 2'	ohne

Der Schatz, mit dem ich es am liebsten kann,
Der liegt im Keller drunten,
Der hat ein hölzern Röcklein an,
In Reifen ist er 'bunden.

4 x scharf nachgedacht					D 1.13
Fach	innen/außen	Alters-eignung	Anzahl Spieler	Dauer	Material
D/FZ		ab 8		c. 2'	ohne

Von vorn preist es ein jeder Mann,
Von hinten grunzt es alle an.

Von vorn ist es ganz schwarz und kraus,
Von hinten näßt es Hof und Haus.

Von vorn ist es dein höchstes Glück,
Von hinten trübt es dir den Blick.

Von vorn erinnert's dich ans Ende,
Von hinten wächst es sehr behende.

Wer kann das sein?					D 1.14
Fach	innen/ außen	Alters- eignung	Anzahl Spieler	Dauer	Material
D/FZ		ab 8		c. 2'	ohne

Da steh' ich voller Trauer.
Im Winter bin ich täglich dran,
Man braucht mich auf die Dauer.
Bestimmte Dinge fress' ich gern,
Man kommt dann zu mir hin.
Nun denkt mal nach und ratet schnell,
Und sagt mir, wie ich heiße, wer ich bin.

Toll, was??					D 1.15
Fach	innen/ außen	Alters- eignung	Anzahl Spieler	Dauer	Material
D/FZ		ab 8		c. 2'	ohne

Es rüttelt sich und schüttelt sich
Und macht ein Häuflein unter sich.

Wer kann es raten?					D 1.16
Fach	innen/ außen	Alters- eignung	Anzahl Spieler	Dauer	Material
D/FZ		ab 8		c. 2'	ohne

Es hat einen Rücken
Und liegt nicht drauf.
Du brauchst keinen Hammer
Und schlägst es auf.
Es ist kein Baum
Und hat doch Blätter,

Besitzt keinen Mund
Und spricht vom Wetter.
Ja, es erzählt
Gar viele Sachen,
Manche zum Weinen,
Manche zum Lachen.

Nun ratet!					D 1.17
Fach	innen/außen	Alterseignung	Anzahl Spieler	Dauer	Material
D/FZ		ab 8		c. 2'	ohne

Nimm einen Vokal, setz' "i" daran,
Ein Nahrungsmittel erhältst du dann.
Füg' "s" hinzu, es tanzen drauf
Die Sportler den schönsten Schlittschuhlauf.
Setz' "R" davor, ich lüge nicht
Es ist ein Speise, ein herrlich' Gericht.
Häng' "e" daran. Was sagst du nun?
Gern möchtest du's im Sommer tun.
Setz' "K" davor. Du zauderst, wie?
Du kennst es aus der Geometrie.
Häng "l" daran - das Spiel ist aus -
So wird ein Kinderspielzeug draus.

Eigenartig					D 1.18
Fach	innen/außen	Alterseignung	Anzahl Spieler	Dauer	Material
D/FZ		ab 8		c. 2'	ohne

Ein guter Turner ist der Franz,
Er macht die "e" mit Eleganz.
Mit "u" bereitet Schmerzen sie,
Als Pflanze kennst du sie mit "i".

Wer kennt das?					D 1.19
Fach	innen/außen	Alters-eignung	Anzahl Spieler	Dauer	Material
D/FZ		ab 8		c. 2'	ohne

Mit "a" bin ich aus hartem Eisen
Und dien' zum Zwicken, Ziehn und Beißen.
Mit "u" lieg' ich in einer Höhle,
Nicht weit von Nase, Kinn und Kehle.

Lösungen zu D 1.1 - D 1.19

1. Wind
2. Schere
3. Augen
4. Feuer
5. Tisch
6. Hähne
7. Paar Schuhe
8. Säge
9. Baum
10. Zwiebel
11. Feder im Füllhalter
12. Wein
13. Rebe-Eber
    Neger-Regen
    Leben-Nebel
    Sarg-Gras
14. Ofen
15. Sieb
16. Buch
17. Der Vokal 'E'.
18. Wende
19. Zange-Zunge

Mathematische Denkspiele

Schulfreund-Treff					D 2.1
Fach	innen/außen	Alters-eignung	Anzahl Spieler	Dauer	Material
M/FZ		ab 10		c. 5'	ohne

Trifft Kollege Denklieb seinen alten Schulfreund Wonniger. "He, alter Junge!" - "Liebes Haus!" Sie umarmen sich. "Was macht denn Minna? Und Martha?" Und dies und das. Nachdem sich das familiäre Verhör etwas totgelaufen hat, kommt man auf die Zeit zu sprechen, die doch ach so schnell enteilt. Und wie schnell man alt wird! Wonniger ist ganz untröstlich: "Wie alt bist du eigentlich, Willi, und wie alt ist Christel, deine Tochter? Sie ist ja schon ein großes Mädchen geworden." - "Ja", meint Denklieb, "recht hast du mit deiner Klage. Gegenwärtig bin ich dreimal so alt wie meine Tochter, dabei war ich vor vier Jahren noch viermal so alt. Traurig, nicht wahr?"

Denksportliches					D 2.2
Fach	innen/außen	Alters-eignung	Anzahl Spieler	Dauer	Material
M/FZ		ab 10		c. 5'	ohne

Sieben junge Sportler hatten ein Ziel, sich mit ihrem Stab so hoch wie möglich in die Luft zu heben. An jedem freien Abend wollten sie trainieren und sich Stück für Stück ihrem Ziele nähern. Albert hatte nicht viel anderes zu tun und konnte jeden Tag üben, Bertram nur jeden 2. Tag, Cäsar jeden 3., Dieter nur jeden 4. Tag und Erich gar nur alle 5, Fritz alle 6 und Gustav bedauerlicherweise alle 7 Tage. Trainer Springbock war darüber gar nicht glücklich: "Jetzt trainiere ich euch schon viele Wochen, und noch nie habe ich alle aus unserer Gruppe zusammengehabt. Das muß sich ändern, und zwar bald." Leider sollte der Wunsch des Trainers noch lange auf seine Erfüllung warten. Nach wie vielen Tagen erst hatte der Trainer alle Sportler zusammen?

Das Murmelspiel					D 2.3
Fach	innen/außen	Alters-eignung	Anzahl Spieler	Dauer	Material
M/FZ		ab 10		c. 4'	ohne

Pitt und Bolle spielen mit Murmeln. "Komm", bittet Bolle, "gib mir eine von deinen Murmeln, dann habe ich genauso viele wie du." Aber Pitt hat heute schlechte Laune: "Laß mich in Ruhe, gib du mir lieber eine von deinen, dann habe ich doppelt so viele wie du. Das lohnt sich wenigstens!"

Lebensalter					D 2.4
Fach	innen/außen	Alters-eignung	Anzahl Spieler	Dauer	Material
M/FZ		ab 10		c. 4'	ohne

Hundert Jahre alt zu werden ist wohl vieler Menschen Traum. Plitsch, Platsch und Plotsch sind es geworden, zwar nicht jeder für sich, doch dann, wenn man ihr Alter addiert.
Wie alt ist jeder einzelne? Befragen wir sie.
Plitsch: Mein Alter ist durch 7 teilbar.
Platsch: Meine Jahre durch 17.
Plotsch: Meine durch 27.

Rechenkünstler, aufgepaßt!					D 2.5
Fach	innen/außen	Alters-eignung	Anzahl Spieler	Dauer	Material
M/FZ		ab 10		c. 4'	ohne

Eine Zahl hab' ich gewählt,
107 hinzugezählt,
Dann durch 100 dividiert
Und mit 11 multipliziert.
Endlich 15 subtrahiert,
Und zuletzt ist mir verblieben
Als Restliches die Primzahl 7.

Wie alt ist er?					D 2.6
Fach	innen/außen	Alters-eignung	Anzahl Spieler	Dauer	Material
M/FZ		ab 10		c. 4'	ohne

Manfred ist ein Spaßvogel. Fragt man ihn nach seinem Gewicht, antwortet er mit einer Denkaufgabe; möchte man die Zahl seiner Geschwister erfahren, hat er sofort ein Rätsel bereit; und erkundigt man sich nach seinem Alter, dann bekommt man folgende Antwort zu hören: Multipliziere mein Alter nach drei Jahren mit drei, und ziehe davon mein mit drei multipliziertes Alter von vor drei Jahren ab, dann weißt du auch, wie alt ich jetzt bin." Was meint ihr wohl, welche Zahl dabei herauskommt?

Die Geburtstagsrunde					D 2.7
Fach	innen/außen	Alters-eignung	Anzahl Spieler	Dauer	Material
M/FZ		ab 10		c. 4'	ohne

Zu einer Geburtstagsfeier treffen sich: ein Großvater, eine Großmutter, zwei Väter, zwei Mütter, vier Kinder, drei Enkel, ein Bruder, zwei Schwestern, zwei Söhne, zwei Töchter, zwei verheiratete Männer, zwei verheiratete Frauen, ein Schwiegervater, eine Schwiegermutter und eine Schwiegertochter. Insgesamt waren es aber nur sieben Personen. Wie ist diese Zahl zu erklären?

Drei Freundinnen					D 2.8
Fach	innen/außen	Alters-eignung	Anzahl Spieler	Dauer	Material
M/FZ		ab 10		c. 4'	ohne

Ilona, Anke und Sieglinde sind Freundinnen, obwohl sie eigentlich altersmäßig gar nicht so recht zueinander passen. Wir wollen nur verraten, daß die drei Mädchen zusammen 34,5 Jahre alt sind. Zwischen dem ältesten, dem mittleren und dem jüngsten Mädchen ist jeweils ein Altersunterschied von zweieinhalb Jahren.

Wieviele Schafe sind es?					D 2.9
Fach	innen/außen	Alters-eignung	Anzahl Spieler	Dauer	Material
M/FZ		ab 10		c. 4'	ohne

Zwei Hirten werden gefragt, wie groß ihre Schafherden seien. Der eine sagt: "Wenn ich 25 Stück von meiner Herde an die andere abgebe, so sind beide gleich stark; kommen aber 25 von jener Herde zu der meinigen, so ist meine noch einmal so groß wie jene." Wie stark ist nun jede der beiden Schafherden?

Auch eine Antwort					D 2.10
Fach	innen/außen	Alters-eignung	Anzahl Spieler	Dauer	Material
M/FZ		ab 10		c. 4'	ohne

Helga fragt ihre Freundin Ursel, wie viele Geschwister sie hätte. Ursel antwortet: "Ich habe genauso viele Schwestern wie Brüder." Als Helga den Bruder ihrer Freundin fragt, wie viele Geschwister er hätte, antwortet er: "Ich habe genau doppelt soviel Schwestern wie Brüder." Nun wußte Helga ganz genau, wie viele Jungen und Mädchen die Familie ihrer Freundin zählt.

Ein Korb voller Birnen					D 2.11
Fach	innen/außen	Alterseignung	Anzahl Spieler	Dauer	Material
M/FZ		ab 10		c. 4'	ohne

Eva und Hans haben einen Korb, in dem 40 saftige Birnen liegen. Hans möchte die Birnen so aufteilen, daß Eva eine mehr erhält als er. Wie viele Birnen muß Eva und wie viele dieser Früchte muß Hans bekommen?

3:2					D 2.12
Fach	innen/außen	Alterseignung	Anzahl Spieler	Dauer	Material
M/FZ		ab 10		c. 4'	ohne

3 : 2 ist das Altersverhältnis zweier Freunde, von denen einer 30 Jahre und der andere 20 Jahre alt ist. Wie viele Jahre müssen vergehen, bis das Verhältnis 5 : 4 beträgt?

Das ist zum Kugeln					D 2.13
Fach	innen/außen	Alterseignung	Anzahl Spieler	Dauer	Material
M/FZ		ab 10		c. 4'	ohne

Acht Kugeln liegen in einem Korb, eine davon ist schwerer als die anderen sieben. Durch lediglich zwei Wiegevorgänge auf einer Balkenwaage soll die schwerere Kugel gefunden werden.

In der Straßenbahn					D 2.14
Fach	innen/außen	Alters-eignung	Anzahl Spieler	Dauer	Material
M/FZ		ab 10		c. 4'	ohne

"Wenn man nachmittags in der Straßenbahn sitzt", sagt der Mann, "hat man den Eindruck, es gäbe dreimal so viele Frauen wie Männer." Sein Nachbar stellt fest: "Das stimmt sogar haargenau, wenigstens für diese Straßenbahn." Jetzt hält die Bahn, und es steigen viermal soviel Frauen aus wie Männer einsteigen. "Nun ist das Verhältnis etwas ausgewogener. Es sind nur noch doppelt soviel Frauen wie Männer hier drin", sagt der Mann. An der nächsten Haltestelle steht nur eine einzige Frau. Da niemand Anstalten macht auszusteigen, sagt der Mann zu seinem Nachbarn: "Wenn wir jetzt aussteigen würden, dann wäre das alte Verhältnis von eins zu drei wieder hergestellt!" Wieviele Personen fahren jetzt in der Straßenbahn?

Der alte Mathematiker Diophant					D 2.15
Fach	innen/außen	Alters-eignung	Anzahl Spieler	Dauer	Material
M/FZ		ab 10		c. 4'	ohne

Der Mathematiker Diophant wurde um 250 n. Chr. in Alexandria geboren. Für seinen Grabstein soll er eine Inschrift entworfen haben, die über ein mathematisches Rätsel sein Alter verrät:
    Hier dies Grabmal deckt Diophantos. Schauet das Wunder!
    Durch des Entschlafenen Kunst lehret sein Alter der Stein.
    Knabe zu sein, gewährte ihm Gott ein Sechstel seines Lebens.
    Noch ein Zwölftel dazu, sproß auf der Wange der Bart.
    Dazu ein Siebtel noch, da schloß er den Bund der Ehe.
    Nach fünf Jahren entsproß der Verbindung ein Sohn.
    Wehe das vielgeliebte Kind, die Hälfte der Jahre
    Hatt' es des Vaters erreicht, als es dem Schicksal erlag.
    Darauf vier Jahre hin durch Betrachtung der Zahlen den Kummer
    von sich scheuend, kam auch er an das irdische Ziel.
Wie alt wurde Diophant?

Turm von Hanoi					D 2.16
Fach	innen/außen	Alterseignung	Anzahl Spieler	Dauer	Material
M/FZ		ab 8		c. 4'	Münzen, o.ä.

Auf einen von drei markierten Standorten schichtet man drei bis sechs Münzen der Größe nach übereinander, so daß eine Art Rundpyramide entsteht. Die Aufgabe besteht nun darin, diesen Turm mit möglichst wenigen Transaktionen in gleicher Bauweise auf einen anderen Standort zu verlagern. Dabei sind folgende Regeln zu beachten:
1. Man darf immer nur eine Münze umlegen.
2. Es darf immer nur eine kleinere auf eine größere Münzen gelegt werden.
3. Es gibt nur drei Standorte, die benutzt werden dürfen.

Hinweis:
Das auch unter den Namen "Turmbau zu Babel" oder "Brahma" bekannte Spiel ist ebenfalls als hölzernes Handlungsmodell mit drei Stäben und Lochscheiben im Handel erhältlich.

Hinweis für den Mathematikunterricht:
Die allgemeine Lösung 2^n-1 ist für die o.g. Zahlen experimentell zu finden. Ein Beweis der allg. Lösung ist im Oberstufenunterricht über das Beweisverfahren der vollständigen Induktion möglich.

'Wer nimmt das letzte Hölzchen?					D 2.17
Fach	innen/außen	Alterseignung	Anzahl Spieler	Dauer	Material
M/FZ		ab 12		c. 4'	Schreibmaterial

Der Spielleiter fordert einen Anwesenden zu einem "Streichholzduell". Er hat dabei nichts zu befürchten, es sei denn, sein Partner kennt diese Knobelei. Zum Spielbeginn schüttet er die Streichhölzchen aus einer Schachtel auf den Tisch und reiht sie nebeneinander. Jeder darf jetzt abwechselnd ein bis drei Hölzchen aufnehmen. Derjenige, dem es beschieden ist, das letzte Hölzchen aufzunehmen, hat die Knobelei verloren.
Variation:
30 Streichhölzer liegen auf dem Tisch. Die Partner dürfen abwechselnd eine beliebige Anzahl von bis zu sechs Streich-

hölzern wegnehmen. Sieger ist, wer die letzte "Portion" wegnimmt. Wenn ein Spielpartner (B) das Spiel nicht kennt, wird A (der das Spiel kennt) gewinnen.

Lösungen zu D 2.1 - D 2.17

1. Vater Denklieb ist 36 Jahre, seine Tochter 12 Jahre alt.
2. Nach 420 Tagen.
3. Pitt hat 7, Bolle 5 Murmeln.
4. Plitsch ist 56 Jahre, Platsch 17 Jahre und Plotsch 27 Jahre alt.
5. Die Zahl lautet 93.
6. 18 Jahre.
7. Ein alter Mann mit seiner Frau, ihr Sohn mit seiner Frau und drei Kinder (zwei Mädchen und ein Junge).
8. 175/ 125 Schafe.
9. 9 Jahre, 11,5 Jahre und 14 Jahre.
10. Vier Mädchen, drei Jungen.
11. Eva: 20,5 Birnen, Hans: 19,5 Birnen.
12. 20 Jahre.
13. Man nimmt sechs Kugeln und wiegt diese aus, gibt also in die linke und rechte Waagschale je drei Kugeln. Bei Gleichgewicht scheiden alle sechs Kugeln aus, und man braucht nur mehr die restlichen zwei neu auszuwiegen. Sofern eine Waagschale mit drei Kugeln ein größeres Gewicht aufweist, wiegt man zwei davon erneut aus. Ist eine davon schwerer, ist dies die gesuchte Kugel. Bei Gleichgewicht ist es die dritte.
14. 22 Personen, 15 Frauen und 7 Männer.
15. $\frac{x}{6}+\frac{x}{12}+\frac{x}{7}+5+\frac{x}{2}+4=x$

    Nach Lösung der Gleichung ergibt sich als Alter 84 Jahre.
16. 2 Münzen: 3 Umlegungen
    3 Münzen: 7 Umlegungen
    4 Münzen: 15 Umlegungen
    5 Münzen: 31 Umlegungen
    6 Münzen: 63 Umlegungen
    n Münzen: 2^n-1 Umlegungen
17. Der Spielleiter wird immer gewinnen, wenn er die Hölzchen unauffällig zählt und darauf achtet, daß sein Mitspieler dann aufnehmen muß, wenn 49, 45, 41, 37, 33, 29, 25, 21, 17, 13, 9, 5 Hölzchen auf dem Tisch liegen. Er wird also immer so aufnehmen, daß er seinem Partner die erwähnten Stück-

zahlen servieren kann. Hat der Spielleiter im "Duell" einmal eine der angeführten Richtzahlen erreicht, zum Beispiel 33, so ist es für ihn einfach, die Knobelei zu "steuern". Nimmt nämlich sein Partner drei Hölzchen auf, so begnügt er sich mit einem. Reichen seinem Partner zwei Hölzchen, so nimmt auch er zwei auf. Ist sein Partner jedoch so bescheiden, daß ihm ein Hölzchen genügt, so nimmt er drei auf. Wenn er so verfährt, wird seinem Partner immer das letzte Hölzchen vorbehalten sein.

Zur Variation:
Erstes Beispiel: Spieler A beginnt und nimmt zwei Streichhölzer weg. Nun sind noch 28 Hölzer vorhanden, und diese Zahl kann man durch sieben teilen. A nimmt nachher immer soviel Hölzer weg, daß sich zusammen mit der Anzahl des Partners die Zahl sieben ergibt. Nimmt er beispielsweise drei, so nimmt A vier. So muß A den letzten Griff machen.
Zweites Beispiel: B beginnt. A muß dafür Sorge tragen, daß er bei seinen ersten Zügen neben der Differenz zu sieben zusätzlich zwei wegnimmt.

Scherzrätsel

Allgemeingut					D 3.1
Fach	innen/ außen	Alters- eignung	Anzahl Spieler	Dauer	Material
FZ		ab 8		c. 4'	ohne

Er gehört mir, doch andere gebrauchen ihn mehr als ich.

Brutzeit					D 3.2
Fach	innen/ außen	Alters- eignung	Anzahl Spieler	Dauer	Material
FZ		ab 8		c. 4'	ohne

Eine Henne hat in 18 Tagen 20 Eier ausgebrütet. Nun hat sie nur 10 Eier unterliegen. Wie lange dauert jetzt die Brutzeit?

Steckbrief					D 3.3
Fach	innen/ außen	Alters- eignung	Anzahl Spieler	Dauer	Material
FZ		ab 8		c. 4'	ohne

Gesucht werden ein junger Mann im Alter von etwa 30 Jahren, blond, von großer, kräftiger Statur, und ein sachlicher Fehler im nachfolgenden Text des Steckbriefes. Der Unbekannte wird verdächtigt, am 27.1. in ein Landhaus am langen See eingebrochen zu sein und eine wertvolle Münzsammlung entwendet zu haben.
Hier der Versuch einer Rekonstruktion der Tatumstände: Auf dem Eis tummeln sich Hunderte von Eissportlern. X mischt sich darunter und täuscht einen Schaden an seinen Schlittschuhen vor. Er wartet, bis sich die anderen Schlittschuhläufer entfernen, und eilt dann in Richtung Landhaus. Dort sind die Scheiben dicht zugefroren. X haucht ein Loch in den Eisblumenpanzer vor den Scheiben, sieht, daß das Landhaus im Moment niemand beherbergt, öffnet die Tür mit einem Nachschlüssel und entwendet die fast unersetzliche Sammlung von großem kulturgeschichtlichem Wert.

Das Pferderennen					D 3.4
Fach	innen/außen	Alters-eignung	Anzahl Spieler	Dauer	Material
FZ		ab 8		c. 4'	ohne

Die Pflicht eines Melders ist es, der Name sagt es ja schon, Nachrichten und Befehle zu überbringen und das auf schnellstem Wege. Zu einem guten Melder gehören aber nicht nur gute Beine, ein gutes Pferd oder ein verläßliches Motorrad, sondern vor allem auch ein kluger Kopf. Den Verstand seiner zwei Melder zu überprüfen, nahm sich bei einem Manöver der Kompanieführer vor: "Hier haben Sie beide eine wichtige Meldung an den Bataillonsgefechtsstand. Ich will sehen, was Sie zu leisten in der Lage sind. Reiten Sie sofort los", befahl er, "und überbringen Sie die Nachricht dem Major persönlich. Und jetzt kommt das Witzige - der Bessere von Ihnen soll sein, dessen Pferd zuletzt das Ziel erreicht!" Die Soldaten glaubten, falsch gehört zu haben, doch wiederholte ihr Vorgesetzter: "Es stimmt schon - derjenige, der zuletzt ankommt, hat gewonnen."

Nun, dachten die beiden, er soll seinen Spaß haben, meldeten sich ab und ritten los. Zuerst im Galopp, dann im Trab, dann im Schritt, dann im Tempo eines lahmenden Gaules und schließlich standen sie vollends still. Denn keiner wollte doch der erste sein. Was tun? Sie rauchten gemütlich eine Zigarette. Plötzlich hatten sie eine Idee. Sie sprangen auf und trieben die Pferde an und jeder versuchte den anderen zu überholen. Die Meldung wurde pünktlich abgegeben, eine neue empfangen und dazu noch ein Riesenlob vom Kompanieführer. Welche Idee hatten die beiden?

Schatzgräber					D 3.5
Fach	innen/außen	Alters-eignung	Anzahl Spieler	Dauer	Material
FZ		ab 8		c. 4'	ohne

Ein Gauner hatte in einer Ausstellung wertvolle Goldschmiedearbeiten gestohlen. Um ganz sicherzugehen, vergrub er sein Diebesgut, und zwar dort, wo mittags 12 Uhr der Schatten einer alleinstehenden Pappel endete. Nach 15 Jahren glaubte der Dieb, daß Gras über seinen Raub gewachsen sei und sich keiner mehr mit dem Diebstahl beschäftige. Er wartete denselben Monat ab, denselben Tag, dieselbe Uhrzeit, grub und - fand keinen Schatz. War er wieder gestohlen worden? Hatte ihn die Polizei entdeckt? Was war geschehen?

Knobelbecher					D 3.6
Fach	innen/ außen	Alters- eignung	Anzahl Spieler	Dauer	Material
FZ		ab 8		6 x 1'	ohne

a. Wie kann man Wasser in einem Sieb tragen?
b. Wie heißt das genügsamste Tier?
c. Welcher Abend fängt schon am Morgen an?
d. Wer hat Hühneraugen am Kopf?
e. Wenn man etwas wegnimmt, wird es größer, wenn man etwas hinzufügt, wird es kleiner. Was ist das?

Tulpenretter gesucht					D 3.7
Fach	innen/ außen	Alters- eignung	Anzahl Spieler	Dauer	Material
FZ		ab 8		c. 2'	ohne

Wer rettet die Tulpen, die um einen reichtragenden Birnbaum stehen, der nun abgeerntet werden soll? In etwa drei Meter Umkreis stehen die herrlichen Blumen, eine neben der anderen. - Ja, was ist da wohl zu tun?

Rat mal, was das ist?					D 3.8
Fach	innen/ außen	Alters- eignung	Anzahl Spieler	Dauer	Material
FZ		ab 8		c. 1'	ohne

Ich darf nur einen Tropfen trinken, und doch sieht man mir's sofort an.

Die Zugfahrt					D 3.9
Fach	innen/außen	Alters-eignung	Anzahl Spieler	Dauer	Material
FZ		ab 8		c. 3'	ohne

Am Bahnhof sind sieben Erwachsene und zwei Kinder in den Zug eingestiegen. Drei Erwachsene waren schon drin. Bei der nächsten Station sind zwölf Erwachsene eingestiegen, und ausgestiegen sind zwei Erwachsene und ein Kind. Bei der nächsten Station sind elf Erwachsene und fünf Kinder zugestiegen, aber fünf Erwachsene ausgestiegen etc..
Wieviele Stationen waren es?

Hinweis für den Spielleiter:
Zählen Sie still für sich die Anzahl der Stationen mit. Lassen Sie zwischen Ihren Angaben genügend Zeit, da die Mitspieler versuchen werden, die sich ändernde Anzahl der Erwachsenen und Kinder nachzuhalten.

Peinlich					D 3.10
Fach	innen/außen	Alterseignung	Anzahl Spieler	Dauer	Material
FZ		ab 8		c. 3'	ohne

Unter der Rubrik Gerichtsnotizen stand eines Tages in einer schwedischen Lokalzeitung folgende Kurzmeldung:
Bauer K. erwarb kürzlich einen Truthahn auf dem Viehmarkt in der Kreisstadt. Unterwegs entwich ihm der Vogel, flog auf den Hof eines Grundstückes, das an der Straße lag, und legte, bevor er wieder eingefangen werden konnte, ein Ei. In dem daraufhin entstandenen Streit zwischen dem Bauern und dem Grundstückseigentümer kam es zu ernsten Auseinandersetzungen und Beleidigungen, die wirklich erst vom Richter unter Hinweis auf die Nichtigkeit des Tatbestandes beendet und geschlichtet werden konnten. Wie erklärt sich dies?

Wie viele Räder?					D 3.11
Fach	innen/außen	Alterseignung	Anzahl Spieler	Dauer	Material
FZ		ab 8		c. 2'	ohne

Ein Mann fährt mit seinem Motorrad von Frankfurt nach Wiesbaden. Unterwegs begegnen ihm vier Autos, drei Mofas, zwei Polizeiwagen und zwei Lastzüge. Wieviele Räder rollen nach Wiesbaden?

Der Archäologe					D 3.12
Fach	innen/außen	Alterseignung	Anzahl Spieler	Dauer	Material
FZ		ab 10		c. 1'	ohne

Ein Archäologe erzählt, daß er bei Ausgrabungen in Ägypten eine Goldmünze gefunden habe, auf der die Jahreszahl "70 vor Christus" aufgeprägt sei. Der Archäologe lügt. Warum?

Gemeinsamkeit					D 3.13
Fach	innen/außen	Alters-eignung	Anzahl Spieler	Dauer	Material
FZ		ab 6		c. 1'	ohne

Was haben Tag und Nacht gemeinsam?

Zwischenraum					D 3.14
Fach	innen/außen	Alters-eignung	Anzahl Spieler	Dauer	Material
FZ		ab 6		c. 1'	ohne

Was liegt zwischen Berg und Tal?

Wandgehänge					D 3.15
Fach	innen/außen	Alters-eignung	Anzahl Spieler	Dauer	Material
FZ		ab 8		c. 1'	ohne

Was hängt an der Wand und braucht weder Nagel noch Schraube?

Hohlstein					D 3.16
Fach	innen/außen	Alters-eignung	Anzahl Spieler	Dauer	Material
FZ		ab 8		c. 2'	ohne

Welche Steine sind innen hohl?

Fällt der Groschen?					D 3.17
Fach	innen/außen	Alters-eignung	Anzahl Spieler	Dauer	Material
FZ		ab 8		c. 2'	ohne

Zehn Zehnpfennigstücke werden aufeinandergelegt. Welches aufgestellte Geldstück ist gleich hoch?

Der Anzünder						D 3.18
Fach	innen/außen	Alters-eignung	Anzahl Spieler	Dauer	Material	
FZ		ab 8		c. 2'	ohne	

In einem dunklen Raum liegen bereit: Papier, Fackel, Spirituslampe, Kerze, eine Schachtel Streichhölzer. Was zündet man zuerst an?

Der Hundertmarkschein						D 3.19
Fach	innen/außen	Alters-eignung	Anzahl Spieler	Dauer	Material	
FZ		ab 8		c. 2'	ohne	

Mit der Behauptung "Der Tisch wackelt!" legt ein Hotelgast unter den Fuß eines dreibeinigen Tisches einen zusammengefalteten Hundertmarkschein. Was ist daran falsch?

Stroh						D 3.20
Fach	innen/außen	Alters-eignung	Anzahl Spieler	Dauer	Material	
FZ		ab 8		c. 2'	ohne	

Wo kann man am besten Stroh dreschen?

Die Seerose						D 3.21
Fach	innen/außen	Alters-eignung	Anzahl Spieler	Dauer	Material	
M/FZ		ab 8		c. 2'	ohne	

Eine Seerose wächst täglich um das Doppelte und braucht zehn Tage, um den Teich zu bedecken. Wann war der Teich halb zugewachsen?

Wo war ich in meinem Buch					D 3.22
Fach	innen/außen	Alters-eignung	Anzahl Spieler	Dauer	Material
FZ		ab 8		c. 2'	ohne

"Ich lese derzeit ein interessantes Buch. Als ich gestern abend spät das Buch zugeklappt habe, habe ich zwischen die Seiten 95 und 96 ein Lesezeichen gelegt." Was ist an dieser Aussage falsch?

Wer sagt die Wahrheit?					D 3.23
Fach	innen/außen	Alters-eignung	Anzahl Spieler	Dauer	Material
FZ		ab 10		c. 3'	ohne

Frau Müller will nach einem bestimmten Ort gehen. Sie kommt an eine Weggabelung ohne Hinweisschilder. Da stehen drei Jungen, von denen Frau Müller weiß, daß der eine immer lügt und die anderen beiden immer die Wahrheit sagen. Sie soll nun mit zwei Fragen herausfinden, welcher von den drei Jungen lügt, damit sie den richtigen Weg erfährt.

Das Testament					D 3.24
Fach	innen/außen	Alters-eignung	Anzahl Spieler	Dauer	Material
M/FZ		ab 10		c. 3'	ohne

Ein Großgrundbesitzer macht sein Testament. Ein Viertel seines quadratischen Landbesitzes möchte er einem armen Verwandten geben. Die restlichen drei Viertel sollen seine vier Kinder erben. Teilen Sie auf, ohne mathematische Berechnungen anzustellen!

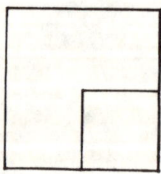

Vom Winde verweht					D 3.25
Fach	innen/außen	Alters-eignung	Anzahl Spieler	Dauer	Material
FZ		ab 8		c. 1'	ohne

Eine moderne Lokomotive fährt von Westen nach Osten. Während der Fahrt kommt ein starker Nordwind auf. In welche Richtung verändert sich die Rauchfahne?

Der Ring					D 3.26
Fach	innen/außen	Alters-eignung	Anzahl Spieler	Dauer	Material
FZ		ab 6		c. 1'	ohne

Welcher Ring ist nicht rund?

Rätselhafte Jäger					D 3.27
Fach	innen/außen	Alters-eignung	Anzahl Spieler	Dauer	Material
FZ		ab 8		c. 1'	ohne

Einst begaben sich zwei Väter und zwei Söhne auf die Jagd. Als sie am Abend ihre Beute betrachteten, stellten sie fest, daß lediglich drei Hasen erlegt worden waren. Als sie dann nach Hause gingen, trug jeder einen Hasen auf seinem Rücken, keiner von ihnen ging ohne eine Jagdbeute. Wie ist das möglich?

Keine Angst vor nassen Füßen					D 3.28
Fach	innen/außen	Alters-eignung	Anzahl Spieler	Dauer	Material
FZ		ab 8		c. 3'	ohne

Ein Schiff ankert im Hafen. Mit dem Auftrag, den äußeren Anstrich der Bordwand auszubessern, kommt ein Maler auf das Schiff. Er befestigt an der Reling eine Strickleiter, steigt hinunter und steht nun mit Farbtopf und Pinsel auf der letzten Sprosse. Die einzelnen Sprossen der Leiter haben einen Abstand von je

30 Zentimetern. Die letzte Sprosse ist 20 Zentimeter vom Wasserspiegel entfernt. Nachdem der Maler eine Weile gearbeitet hat, kommt die Flut, und der Wasserspiegel hebt sich um 60 Zentimeter. Wieviel Sprossen muß der Maler nun höher steigen, um trockene Füße zu behalten?

Herr Heinrich und die Post					D 3.29
Fach	innen/ außen	Alterseignung	Anzahl Spieler	Dauer	Material
FZ		ab 8		c. 4'	ohne

"Also, lieber Herr Heinrich, wir sind uns einig: Während meiner vierwöchigen Abwesenheit nehmen Sie die Post aus meinem Briefkasten und erledigen die Wünsche, die meine Schwester - Sie kennen ja ihren Namen - infolge ihres Umzuges brieflich mitteilen wird."
Herr Hausmann sprach's und reiste ab. Schon am nächsten Tag merkte Herr Heinrich, daß er sein Versprechen nicht werde halten können, denn sein Nachbar Hausmann hatte den Briefkastenschlüssel mitgenommen. Er schickte deshalb ein Telegramm, in dem er Herrn Hausmann um schnellste Rücksendung des Schlüssels in einem Brief bat. Dann könne er auch seine Aufgabe ordentlich erfüllen. Die Schwester des Herrn Hausmann wartete wochenlang vergebens auf die Antwort ihres Bruders bzw. dessen Nachbarn. Weshalb wohl?

Opa Räuchermann					D 3.30
Fach	innen/ außen	Alterseignung	Anzahl Spieler	Dauer	Material
FZ		ab 8		c. 3'	ohne

Die meisten Großväter rauchen gern und behaupten dennoch von sich, sparsam zu sein. Opa Räuchermann ist um keinen Grad besser. Er raucht wie "ein Schlot" und versucht - hat er alles in die Luft geblasen - zu retten, was zu retten ist, indem er alle traurigen Zeugen seines Nikotinhungers, die Zigarettenstummel, nochmals verwendet. Aus jeweils drei Glimmstengelresten dreht er sich eine neue Zigarette. Wieviel kann er wohl "zaubern", wenn ihm neun Stummel zur Verfügung stehen?

Seltsame Verwandtschaft					D 3.31
Fach	innen/ außen	Alters- eignung	Anzahl Spieler	Dauer	Material
FZ		ab 8		c. 3'	ohne

Gerda und Ingrid studieren in Leipzig. Sie lernen fleißig, treiben Sport und machen auch mal, wenn sie Zeit dazu haben, einen kleinen Bummel durch die abendliche Stadt. Neulich, die beiden Freundinnen gingen gerade am Hauptbahnhof vorbei, rennt doch Ingrid einfach davon und fällt einer männlichen Person freudestrahlend um den Hals. Nachdem die beiden sich nach einer Verabredung für den nächsten Tag wieder getrennt hatten, fragt Gerda, die inzwischen herangekommen war: "Wer war denn dieser Mann?" "Ja", lacht Ingrid, "dieses Mannes Mutter ist meiner Mutter Schwiegermutter." Im Moment war Gerda ein wenig hilflos, schließlich bekam sie aber doch heraus, wer dieser Mann war.

Lösungen zu D 3.1 - D 3.31

1. Meinen Namen.
2. Die Brutzeit ist natürlich gleich lang.
3. Fenster sind im Winter von innen gefroren - nicht von außen. Also kann der Unbekannte auch nicht vor seinem Einbruch ins Zimmer gespäht haben; er war demnach bereits informiert, daß im Landhaus zu der Zeit niemand anwesend war.
4. Sie tauschten die Pferde.
5. Die Pappel war gewachsen, und deswegen hatte sich der Schatten verlängert.
6. a. In Form von Eis.
   b. Die Motte - sie frißt Löcher.
   c. Der Sonnabend.
   d. Das Huhn.
   e. Ein Loch.
7. Zur Zeit der Birnenernte blühen keine Tulpen.
8. Das Löschblatt.
9. Ein Truthahn legt überhaupt keine Eier.
10. (Zahl nach Maßgabe des Spielleiters).
11. Nur zwei!
12. Zu diesem Zeitpunkt wußte niemand von der Geburt Christi, also konnte man diese Zeitangabe nicht auf Münzen prägen.
13. Das "t" und das "a".
14. Das Wort "und ".
15. Ein Spinnennetz.
16. Schornsteine.
17. Das Einpfennigstück.
18. Ein Streichholz.
19. Ein dreibeiniger Tisch kann nicht wackeln.
20. Stroh wird nicht mehr gedroschen.
21. Am 9. Tag.
22. Die beiden Seiten sind die Vorder- und Rückseite eines Blattes.
23. Sie fragt den ersten Jungen. Ganz gleich, was dieser antwortet, fragt sie nun den zweiten: "Hat der erste die Wahrheit gesagt?" Bejaht er die Frage, so muß der dritte der Lügner sein. Verneint er sie, muß der Lügner unter den

ersten beiden sein. In diesem Fall wird ihr nun der dritte Junge den richtigen Weg sagen.

24.

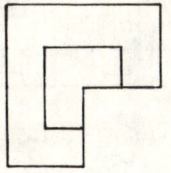

25. Bei einer modernen Lokomotive gibt es keine Rauchfahne.
26. Hering, Boxring, o.ä..
27. Großvater, Vater und Sohn.
28. Der Maler kann stehen bleiben, da das Schiff mit der Flut steigt!
29. Herr Hausmann schickt den Schlüssel in einem Brief zurück. Leider sendet er ihn aber an seine eigene Anschrift, so daß Herr Heinrich vor demselben Problem wie bisher steht.
30. Vier neue Zigaretten, weil er aus den Resten der drei zunächst gedrehten eine vierte herstellen kann.
31. Der Mann war Ingrids Vater.

Handlungsorientierte Denkspiele

Prominenten-Raten					D 4.1
Fach	innen/außen	Alterseignung	Anzahl Spieler	Dauer	Material
FZ		ab 10		c.12'	ohne

Der Spielleiter schickt einen Spieler vor die Tür, und die Restgruppe vereinbart eine bekannte Persönlichkeit als sein von ihm zu erratendes Pseudonym. Er versucht, diese Persönlichkeit durch Fragen aus verschiedenen selbstgewählten Bereichen herauszufinden. Er fragt z. B.: Wenn ich eine Farbe wäre, welche Farbe wäre ich? Die Mitspieler müssen versuchen, ihm durch die Wahl der Farbe einen Hinweis auf seine zu erratende Persönlichkeit zu geben.
Beispiel: Franz Beckenbauer
Spieler: Wenn ich Essen wäre, welches Essen wäre ich?
Antwort: Brezeln.
Spieler: Wenn ich ein Getränk wär, welches Getränk wäre ich ?
Antwort: Weißbier.
Spieler: Wenn ich Musik wäre, welche Musik wäre ich ?
Antwort: Bayrische Volksmusik.
Spieler: Wenn ich ein Hobby wäre, welches Hobby wäre ich?
Antwort: Golfspielen/Fußball.
Wenn der Spieler genügend vielsagende Hinweise bekommen hat, kann er raten, wer er ist. Geeignete Fragenbereiche sind: Essen, Getränke, Tiere, Berufe, Hobbys, Städte, Länder . . .

Teekesselraten					D 4.2
Fach	innen/außen	Alterseignung	Anzahl Spieler	Dauer	Material
D/FZ		ab 8		c.15'	ohne

Zwei Spieler gehen hinaus und einigen sich auf ein Wort, das im Sprachgebrauch zweierlei Bedeutung hat, z.B. Bauer, Löffel, Birne, Drachen etc.. Nachdem sie wieder ins Zimmer gekommen sind, schildert der erste Spieler dieses Wort in der einen und der zweite Spieler das Wort in seiner anderen Bedeutung. So erzählt einer von seinem süßen, saftigen "Teekessel". "Aber mein "Teekessel" spendet den Menschen Licht und ist ungeheuer nützlich", sagt der andere. Errät einer aus dem Kreis der Zuhörer das Richtige (in diesem Fall "Birne"), darf er mit einem Partner nach Wahl mit einem zweiten Wort einen neuen "Teekessel" vorführen.

Homophon-Teekessel					D 4.3
Fach	innen/außen	Alterseignung	Anzahl Spieler	Dauer	Material
D/FZ FU3		ab 10		c.15'	ohne

Es werden Wortpaare gesucht, die gleich klingen (Homophone), aber jeweils verschiedene Bedeutungen haben. Dabei sollten grammatikalische Varianten akzeptiert werden.

Beispiele:
Stil-Stiel
Seite-Saite
Lerche-Lärche
Läuten-Leuten

Varianten:
1. sprachübergreifend: (z.B. Englisch)
Night-Neid
Sight-seit
Leader-Lieder
Rust-Rast
2. "Homophone", bei denen ein Laut anders klingt:
leider-Leiter
Mieter-Meter
Sieger-Säger

Wie, wo, warum?					D 4.4
Fach	innen/außen	Alters-eignung	Anzahl Spieler	Dauer	Material
FZ		ab 10		c.15'	ohne

Ein Spieler wird aus dem Raum geschickt. Die übrigen denken sich einen Gegenstand aus, z.B. Auto. Der Spieler kommt zurück, geht langsam von einem zum anderen und fragt immer wieder: "Wie liebst du es?" - "Wo liebst du es?" und "Warum liebst du es?" Seltsame Antworten werden gegeben. Auf die erste Frage heißt es z.B.: "Mit viel Power"; auf die zweite: "Unter meinem Gesäß". Und schließlich: "Es macht mich unabhängig." Falls nach der ersten Fragerunde keine Antwort gefunden wird, beginnt eine zweite Runde.

Es ist durchaus denkbar, daß man dieses Spiel an eine Bewertung koppelt. Es hat derjenige gewonnen, der mit den wenigsten Frage auskommt.

Versteckte Lieder					D 4.5
Fach	innen/außen	Alters-eignung	Anzahl Spieler	Dauer	Material
MU FZ		ab 10		c.15'	ohne

Ein Spielteilnehmer muß das Zimmer verlassen. Die übrigen Teilnehmer wählen ein Lied aus und verteilen Fragmente des Liedtextes untereinander. Der vor der Tür stehende Spieler wird wieder ins Zimmer gerufen. Er fragt nun einen der Teilnehmer, welche Lieblingsbeschäftigung er habe und erhält als Antwort: "Ich sitze im Winter gerne am Fenster und sehe den Schneeflöckchen zu." "Welches Kostüm ziehst du zu Karneval an?" lautet die nächste Frage. "Ich ziehe ein Weißröckchen an, damit ich schön tanzen kann." Der gesuchte Liedtext lautet natürlich: "Schneeflöckchen, Weißröckchen". Der erfolgreiche Rater darf dann einen anderen Teilnehmer aus dem Zimmer schicken.

Ersatzwort					D 4.6
Fach	innen/außen	Alters-eignung	Anzahl Spieler	Dauer	Material
FZ		ab 8		c.15'	ohne

In Abwesenheit eines Spielers wird ein Wort bestimmt, das zu nennen ist (zum Beispiel "Handschuhe"). Zugleich wird aber auch ein möglichst lustiges Wort festgelegt, welches das zu erratende ersetzt (zum Beispiel "Kohle"). Der Spieler kommt nun zurück und fragt einen Mitspieler nach irgend etwas, vielleicht so: "Was hast du heute früh gemacht?" Er erhält zur Antwort: "Ich bin um sechs Uhr früh aufgestanden, zog mich an, frühstückte, nahm meine Kohlen aus der Garderobe, zog sie an und ging dann spazieren."

Das Lexikon-Spiel					D 4.7
Fach	innen/außen	Alters-eignung	Anzahl Spieler	Dauer	Material
D/FZ FU3		ab 10		c.20'	Schreibmaterial Lexikon

Der Spielleiter zeigt ein (Fremdwörter-) Lexikon und sucht sich ein ihm unbekanntes Wort aus, von dem er annimmt, daß es keiner in dem Spielerkreis kennt. Er notiert sich kurz die Definition und nennt dann das Wort. Die restlichen Spieler müssen sich vorstellen, was dieses Wort bezeichnen könnte. Jeder muß versuchen, es auf eine interessante oder spezielle Art zu definieren, so daß möglichst viele Mitspieler vermuten werden, diese Definition könnte die richtige sein.
Spielverlauf: Jeder Spieler schreibt seine Definition auf einen Zettel und gibt ihn dem Spielleiter (der die richtige ja schon aufgeschrieben hat). Dieser liest nun alle Definitionen vor. Bei einem zweiten Vorlesen stimmen die Spieler darüber ab, welches die richtige Definition ist. Jeder Spieler hat drei Stimmen, wobei er normalerweise eine für seine eigene Definition abgibt. Denn jeder Spieler erhält so viele Punkte, wie seine Definition Stimmen erhält. Zwei weitere bekommt man, wenn man die richtige Definition errät (das gilt natürlich nicht für den Spielleiter).

Variation:
Statt eines Fremdwörterlexikons kann auch ein fremdsprachliches Wörterbuch jeder beliebigen Sprache benutzt werden.
Hinweis für den Spielleiter:
Es empfiehlt sich, dieses Spiel in nicht allzu großen Gruppen zu spielen, weil sonst die vielfältigen Definitionen nicht alle im Gedächtnis behalten werden können. Eine große Gruppe sollte in Kleingruppen mit höchstens zehn Spielern aufgeteilt werden. Auch sollte jeder Spieler bei der Begriffswahl einmal an die Reihe kommen. Das Lexikon wandert also im Kreis, und jeder hat einmal den Vor- und Nachteil Spielleiter zu sein.

Gedankenkette					D 4.8
Fach	innen/außen	Alterseignung	Anzahl Spieler	Dauer	Material
D/FZ FU3		ab 10		c.20'	Schreibmaterial

Der Spielleiter liest im Abstand von ca. zehn Sekunden eine Liste von themenbezogenen Substantiven vor. Themen könnten sein: Gebäude, Berufe, Wohneinrichtungen, Länder, Personen. Die übrigen Spielteilnehmer schreiben mit und setzen ein Wort daneben, das ihnen spontan dazu einfällt.
Beispiel:
"Mutter" (hoffentlich nicht nur "Küche" und "Nähen").
Variation:
Alle beginnen mit dem gleichen Ausgangswort, und nun setzt in einer langen Kette jeder für sich das Wort hinzu, das ihm zu dem gerade geschriebenen einfällt:
Stall - Stroh - Getreide - Müller etc..

Wortwurm   D 4.9

Fach	innen/außen	Alters-eignung	Anzahl Spieler	Dauer	Material
D/FZ FU2		ab 10		c. 5'	Schreibmaterial

Jeder Mitspieler hat ein Blatt Papier und einen Stift vor sich liegen. Ein langes - am besten aus mehreren Substantiven zusammengesetztes - Wort wird genannt, z. B. Schluckimpfung. Jeder bildet für sich in einer vorgegebenen Zeit (Vorschlag: 3-5 Minuten) aus den vorhandenen Buchstaben so viele Wörter wie möglich: Schluck, Impfung, Schick, Funk etc.. Wer die meisten Wörter findet, hat gewonnen.
Hinweis für den Spielleiter:
Dieses Wortspiel kann in jeder beliebigen Fremdsprache eingesetzt werden. Wenn eine Tafel vorhanden ist, kann man auch - etwa bei rechtschreibeschwachen Klassen - die einzelnen Teilnehmer das jeweils gefundene Wort buchstabieren, an die Tafel schreiben und möglicherweise auch übersetzen lassen.

Wörterschlange   D 4.10

Fach	innen/außen	Alters-eignung	Anzahl Spieler	Dauer	Material
D/FZ FU1		ab 10		c. 5'	Schreibmaterial

Alle Teilnehmer haben Schreibutensilien vor sich und beginnen gleichzeitig. Die Aufgabe besteht darin, innerhalb einer festgelegten Zeit so viele zusammengesetzte Hauptwörter wie möglich zu bilden. Dabei muß der zweite bzw. letzte Teil des ersten Wortes der Anfang des neuen sein.
Beispiel:
Eisenhut - Hutfeder - Federball - Ballspiel - Spielwiese ...
Man kann auch einen thematischen Bereich vereinbaren, z. B.: Blumen oder Haushaltsgegenstände.
Variationen:
1. Das neue Wort muß mit dem gleichen Buchstaben beginnen, mit dem das letzte aufgehört hat: Schrank - Kinderwagen - Nähmaschine . . .

2. Ein beliebiges Wort des letzten Satzes wird für einen neuen Satz verwendet: Ich habe Hunger - Hunger ist der beste Koch - Viele Köche verderben den Brei usw.

Hinweis:
Das Spiel kann auch im Fremdsprachenunterricht eingesetzt werden, z.B. House - Ear - Ring - Grandmother - etc..

Abkürzungen					D 4.11
Fach	innen/ außen	Alters- eignung	Anzahl Spieler	Dauer	Material
FZ		ab 10		c. 12'	ohne

Der Spielleiter denkt sich gängige Abkürzungen aus, die er mündlich vorstellt. Die Mitspieler müssen aus den einzelnen Buchstaben möglichst kuriose Wortverbände bilden. Es ist denkbar, daß nach Abstimmung die beste Antwort prämiert wird (Punkte, kleine Preise etc.).
Beispiele:
- UKW = Unehrlicher Kassenwart
- SOS = Säufer ohne Slivowitz
- LKW= Langweiliger kleiner Wicht

Kreatives Silbenrätsel					D 4.12
Fach	innen/ außen	Alters- eignung	Anzahl Spieler	Dauer	Material
D/FZ FU3		ab 10		c. 30'	Schreibmaterial

Jeder Spieler erstellt innerhalb von 20 Minuten ein einfaches Silbenrätsel, schreibt es dann auf ein Wandplakat oder eine Tafel (Achtung: Raumbeschränkung). Jeder versucht dann ein von einem anderen erstelltes Rätsel zu lösen. Gewonnen hat derjenige, der zuerst fertig ist.

Kreatives Bilderrätsel — D 4.13

Fach	innen/außen	Alters-eignung	Anzahl Spieler	Dauer	Material
D/FZ		ab 10		c. 10'	einfache Bilder

Ähnlich wie im vorangegangenen Rätsel kann die gewünschte kreative Entfaltung auch über ein Bilderrätsel organisiert werden: einfache Bilder werden aneinandergereiht. Unter jedem Bild stehen Zusatzbuchstaben oder Zahlen, die Hinweise geben, welche Buchstaben von diesem Wort weggelassen werden sollen.

Nachwuchsdichter — D 4.14

Fach	innen/außen	Alters-eignung	Anzahl Spieler	Dauer	Material
D/FZ FU3		ab 10		c. 15'	Schreibmaterial

Jeder Spieler hat einen Zettel, auf den er die erste Zeile eines zu bildenden Reimes aufschreibt. Der Zettel wird dem linken Nachbarn übergeben. Dieser schreibt nun zwei Zeilen dazu, eine, die sich auf die erste Zeile reimt, und eine zweite für den nächsten Spieler. Ehe der Zettel weitergegeben wird, sind die ersten beiden Zeilen durch Falzen zu verdecken. Nachdem die Zettel einmal in der Runde herumgereicht wurden, werden am Schluß die (hoffentlich recht) lustigen Gedichte vorgelesen.
Hinweis:
Dieses Spiel läßt sich auch für den Fremsprachenunterricht konzipieren.

Fremdwörter-Rätsel — D 4.15

Fach	innen/außen	Alters-eignung	Anzahl Spieler	Dauer	Material
D/FZ FU3		ab 10		c. 10'	ohne

Jeder sucht sich ein allgemein geläufiges Fremdwort aus, das er vorstellt. Die übrigen Teilnehmer übersetzen oder umschreiben jedes der genannten Wörter.

Beispiele: Devise, Tendenz, Emotion.
Dabei empfiehlt es sich, vorher festzulegen, ob die "Übersetzung" in Form eines Wortes (Synonym) oder in Form einer Paraphrase geleistet werden sollte. Es muß auch klar sein, wer über die Richtigkeit entscheidet. Diese Funktion kann natürlich nur eine sprachkompente Person übernehmen.
Variation:
Ein Spielleiter sucht sich eine Reihe von Fremdwörtern aus. Er stellt sie einzeln laut vor. Die übrigen Spieler rufen eine Übersetzung in den Kreis oder nennen jeweils eine nach Meldung. Der Spielleiter vergibt für richtige Übersetzungen dem einzelnen Spieler oder der Mannschaft einen Pluspunkt, bei falschen Antworten wird ein Minuspunkt verteilt.

Etymologie-Rätsel					D 4.16
Fach	innen/außen	Alterseignung	Anzahl Spieler	Dauer	Material
D FU2		ab 12		c. 15'	ohne

Jeder Teilnehmer stellt eine Frage, z.B.: Woher kommt das Wort "Rosenmontag"? (von "rasender Montag"), welche die anderen beantworten müssen. Gewonnen hat derjenige, der entweder die meisten Antworten weiß oder dessen Frage nicht beantwortet wurde.
Andere Beispiele:
Donnerstag (vom germanischen Gott Thor), Beefeater (von Buffetier), Fiesematäntchen (von Mädchen, die französichen Soldaten die ausweichende Antwort nach ihrem Wegziel gaben: Visiter ma tante),
Variationen:
Dieses Spiel läßt sich auch in jeder beliebigen Fremdsprache als Vokabelspiel einsetzen. Dabei kann man den Bereich thematisch abstecken, z.B. nur Wörter, die sich auf Sport, Essen, Reisen etc. beziehen.
Hinweis für den Spielleiter:
Dieses Spiel sollte im Unterricht seine Vorbereitung finden.

Bilder-Puzzle   D 4.17

Fach	innen/außen	Alters-eignung	Anzahl Spieler	Dauer	Material
FZ		ab 10		c. 15'	zerschnittenes Bild

Ein zerschnittenes Bild wird nach und nach auf einem Tisch zusammengelegt oder an einer Tafel befestigt. Während des Zusammenlegens soll geraten werden, was das Endprodukt darstellt.

Rätselhaftes Malen					D 4.18
Fach	innen/außen	Alterseignung	Anzahl Spieler	Dauer	Material
FZ		ab 10		c. 15'	Wandplakat, Malstifte

Jeder der Teilnehmer zeichnet der Reihe nach ein Bild auf ein Wandplakat. Schon während des Malens können Zurufe kommen, was das Bild darstellen wird.

Buchstabensalat					D 4.19
Fach	innen/außen	Alterseignung	Anzahl Spieler	Dauer	Material
D FU2		ab 10		c. 10'	Tafel, Kreide

Ein Spieler wird nach draußen geschickt. Die anderen Spieler denken sich ein Sprichwort, einen langen Begriff, den Namen eines Prominenten etc. aus. Die Buchstaben des ausgedachten Begriffes werden auf Zuruf im Beisein des zurückgekehrten Spielers der Reihe nach auf eine Tafel geschrieben. Der Begriff muß dann erschlossen werden.
Hinweis für den Fremdsprachenunterricht:
Das Spiel läßt sich mit entsprechenden Änderungen im Fremdsprachenunterricht verwenden.
Vorschläge: z.B. London, Station, Railway, Parliament

Wortdeutung					D 4.20
Fach	innen/außen	Alterseignung	Anzahl Spieler	Dauer	Material
D/FZ		ab 10		c. 10'	ohne

Jeder Mitspieler sucht nach einem Wort, das für die anschließende Deutung ergiebig und lustig genug ist, z. B. Vormund: jemand, der alles vor den Mund setzt; Taschenspieler: jemand, der mit einer Tasche spielt; Flitterwöchnerin: ein auf der Hochzeitsreise niedergekommenes Ehefräulein.

Wort-Nenner — D 4.21

Fach	innen/außen	Alters-eignung	Anzahl Spieler	Dauer	Material
D/FZ FU3		ab 10		c. 12'	ohne

Jeder Teilnehmer sucht drei Wörter, die auf ein weiteres Wort schließen lassen.
Beispiele:
Sekt, Feuerwerk, Wünsche: Silvester
Oktoberfest, Weißbier, Brezeln: München
Dom, Geißbock, Rhein: Köln
Schleier, Treue, Gold: Ehe
Hinweis für den Fremdsprachenunterricht:
Diese Spiel läßt sich auch mit landeskundlichen Inhalten im Fremdsprachenunterricht einsetzen, z.B.
Thames, Queen, Houses of Parliament: London
Hot, Hat, Oil: Texas

Buchstaben-Spiel — D 4.22

Fach	innen/außen	Alters-eignung	Anzahl Spieler	Dauer	Material
D/FZ FU1		ab 10		c. 15'	Schreibmaterial

Der Spielleiter nennt ein möglichst langes Substantiv. Jeder Spieler schreibt das Wort auf seinen Zettel. Alle Teilnehmer müssen nun Wörter aus einem Themenbereich aufschreiben, die mit den einzelnen Buchstaben des notierten Substantives beginnen.
Beispiel:
Das Wort heißt: *Hausverwalter*. Dann lassen sich folgende Wörter aufschreiben: Hase, Affe, Uhu, Schwein, Viper, Elster, Reh, Wildschwein, Adler, Lerche, Tiger, Eber, Rabe.
Denkbar wären auch: Städte, Flüsse, Schauspieler, Popstars, Sportler (evtl. eingeschränkt auf Fußballer), berühmte Gelehrte etc..
Jeder Mitspieler muß versuchen, so schnell wie möglich alle Wörter aufzuschreiben. Wenn in einem Substantiv dieselben

Buchstaben mehrmals vorkommen, muß natürlich jedesmal ein anderes Wort gesucht werden. Wer zuerst fertig ist, ruft: "Halt!". Nun lesen alle der Reihe nach ihre Wörter vor. Gleiche Wörter werden gestrichen. Wer die meisten Wörter auf seinem Zettel hat, ist Sieger. Der Sieger einer Runde darf dann ein neues Wort vorgeben.

Variation:
Es ist auch denkbar, daß vom Spielleiter erst mehrere "Runden" organisiert werden. Sind dann verschiedene Wissensgebiete behandelt worden, werden die ungestrichenen Wörter gezählt.

Hinweis für den Fremdsprachenunterricht:
Hier ist es empfehlenswert, möglichst lange Wörter zu verwenden; im Englischunterricht z.B. railway-station, newspaper-article

Fliegendes Handtuch					D 4.23
Fach	innen/außen	Alterseignung	Anzahl Spieler	Dauer	Material
D FU3		ab 10		c. 15'	Handtuch

Zwei Parteien sitzen sich gegenüber. Ein Spieler wirft einem anderen von der Gegenpartei ein Handtuch (o.ä.) zu und ruft ein beliebiges Wort, z. B. "Haus". Der andere, dem das Handtuch zugeworfen worden ist, muß dem ersten Wort ein passendes zweites hinzufügen. Er nennt zum Beispiel das Wort "Haus-Tor" und wirft das Handtuch sofort wieder an die Gegenpartei zurück. Der betreffende Spieler ist jetzt verpflichtet, ein neues weiterführendes Wort zu finden. Er ruft vielleicht: "Tor-Weg", "Tor-Wart" oder "Tor-Schuß". Wer nicht sofort und richtig zu antworten weiß, wird Gefangener der Gegenseite. Sieger ist dann die Mannschaft, welche zum Abschluß die Gegenpartei vollständig aufgelöst hat, zumindest aber die meisten Gefangenen machen konnte.

Variationen:
1. Eine andere Form dieses Spiels ist das sogenannte "Städtespiel". Dabei nennt der Spieler, wenn er das Handtuch wirft, eine Stadt, zum Beispiel "Leipzig". Der Partner ist nun verpflichtet, beim Zurückwerfen des Handtuches eine Stadt zu

nennen, die mit dem Endbuchstaben des zuletzt genannten Wortes (z.B. Gießen) beginnt.
2. Kofferpacken:
Wie bei den oben genannten Spielformen sitzen sich die Mannschaften gegenüber und werfen das Handtuch hin und her. Soll zum Beispiel der Koffer mit dem Buchstaben "M" (wird von Spielern vereinbart) vollgepackt werden, nennen die Spieler nur Wörter, die auch mit "M" beginnen. Sagt der erste: "Mütze" ' ruft der zweite: "Mütze - Malz", der dritte: "Mütze - Malz - Marmelade" etc.. Kann ein Spieler keine neuen Hauptwörter mehr nennen, oder vergißt er die richtige Wörterfolge, scheidet er aus, und seine Mannschaft verliert einen Spieler. Jetzt legt man einen neuen Buchstaben fest, und das Spiel geht weiter.
3. Dieselben Spielregeln wie die oben dargestellten gelten auch für folgende kleine Variation des Grundspiels. Der erste Spieler nennt ein Hauptwort, z.B. "Auto" , der nächste verlängert das Wort zu "Autoknacker", der übernächste zu "Autoknackerbande" etc..

Max mag ...					D 4.24
Fach	innen/außen	Alterseignung	Anzahl Spieler	Dauer	Material
FZ		ab 12		c. 15'	ohne

Der Spielleiter beginnt mit der Aussage "Max mag Anna, aber Fritz mag er nicht" (Max mag nämlich nur Personen und Gegenstände mit Doppelbuchstaben) und bittet seinen Nachbarn um einen ähnlichen Satz. Kennt dieser zufällig das Auswahlkriterium, wird er etwa sagen: "Max mag Frikadellen, aber Eisbein mag er nicht". Kennt er es nicht, muß er quasi raten: "Max mag T-Shirts, aber Hemden mag er nicht". Daraufhin könnte der Spielleiter oder ein Mitspieler, der das Spiel durchschaut, eine Hilfe geben: "Max mag Pullover, aber Hemden mag er nicht" etc.. Haben alle (oder fast alle) Mitspieler das Auswahlkriterium erkannt, beendet der Spielleiter das Spiel.

Städte und Flüsse					D 4.25
Fach	innen/ außen	Alters- eignung	Anzahl Spieler	Dauer	Material
EK FZ		ab 10		c. 10'	ohne

Die Spieler sitzen im Kreis zusammen. Ein Spieler wendet sich an seinen rechten Nebenmann und nennt ihm irgendeinen Fluß. Der Nachbar muß schnell mit dem Namen einer Stadt antworten, die an diesem Flusse liegt. Dann nennt er selbst seinem rechten Mitspieler einen anderen Fluß, zu dem eine anliegende Stadt genannt werden muß. So geht die Kette der Städte und Flüsse von einem zum anderen, bis sie um den ganzen Kreis gekommen ist. Kann jemand nicht antworten, scheidet er aus. Zum Schluß werden dann nur noch die besten "Topographen" unter sich sein.

Knittelverse					D 4.26
Fach	innen/ außen	Alters- eignung	Anzahl Spieler	Dauer	Material
D FZ		ab 12		c. 15'	Alltagsbekleidung Wurfgegenstand

Die Spieler sitzen im Kreis und werfen irgendeinen Gegenstand (etwa Ball, Schal, Mütze, Handschuh) hin und her. Sie bilden dabei einen Reim mit dem Kernstück: "Kein - ohne". So ruft ein Spieler, einem anderen den Ball zuwerfend: "Kein Spiel ohne Lachen." Dieser reimt: "Kein Wolf ohne Rachen" und gibt den Ball weiter. "Kein Kopf ohne Zopf" - "Keine Küche ohne Topf"; "Kein Baum ohne Stamm" - "Kein Bach ohne Klamm" etc..
Hinweise für den Spielleiter:
Die Beispiele sollten einen - wenn auch vielleicht nur grob bestimmbaren - Realitätsbezug haben. Es kann vereinbart werden, daß auch "unreine" Reime (Zahn - Ran) akzeptiert werden.

Streichholzspiele

D 4.27

Fach	innen/außen	Alters-eignung	Anzahl Spieler	Dauer	Material
M/FZ		ab 12		c. 4'	Streichhölzer

1. Hier sind 13 Streichhölzer. Daraus soll nun ein Ei gebildet werden und zwar so, daß jedes Streichholz eine sinnvolle Anwendung findet.
2. Wie kann man aus 3 Streichhölzern 8 machen, wenn man nur 2 hinzunehmen darf?
3. Aus zwei Streichhölzern soll ein Quadrat gebildet werden. Die Streichhölzer dürfen weder geknickt noch auseinandergebrochen werden.
4. Aus vier Quadraten müssen drei gebildet werden; trotzdem sind wieder alle bisherigen Streichhölzer zu verwenden.
5. Aus vier Quadraten sollen durch Wegnehmen von nur zwei Streichhölzern zwei Quadrate gebildet werden.
6. Aus einem aus 6 Streichhölzern bestehenden gleichseitigen Dreieck sollen durch Umlegen von 2 Hölzern und Hinzufügen eines Holzes drei gleichseitige Dreiecke entstehen.
7. Nur zwei Hölzer müssen anders gelegt werden, und es ergibt sich wieder das Wort TUCH.

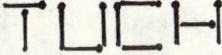

8. Mit 9 Streichhölzern sollen drei Vierecke gelegt werden.
9. Durch Umlegen eines einzigen Holzes wird erreicht, daß der Giebel für den Betrachter nun links liegt.

10. Wie ist es möglich, mit achtzehn Streichhölzern einen Meter zu legen?
11. 14 + 4 = 28?
    14 Streichhölzer werden nach folgendem Muster gelegt.

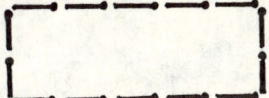

Hier sind Schafe eingesperrt. Der Schäfer wird von seinem Kollegen gebeten, seine Schafe für eine Nacht mit aufzunehmen, weil er für diese Zeit verhindert ist. Zahlenmäßig ist die Herde ebenso groß wie die erste. Der Platz muß also verdoppelt werden. Der Schäfer hat aber nur vier Zaunstangen (Streichhölzer) zur Verfügung. Wie macht er es?

Lösungen zu 4.27:

1.

EIN EI

2.

III + II - VIII

3.

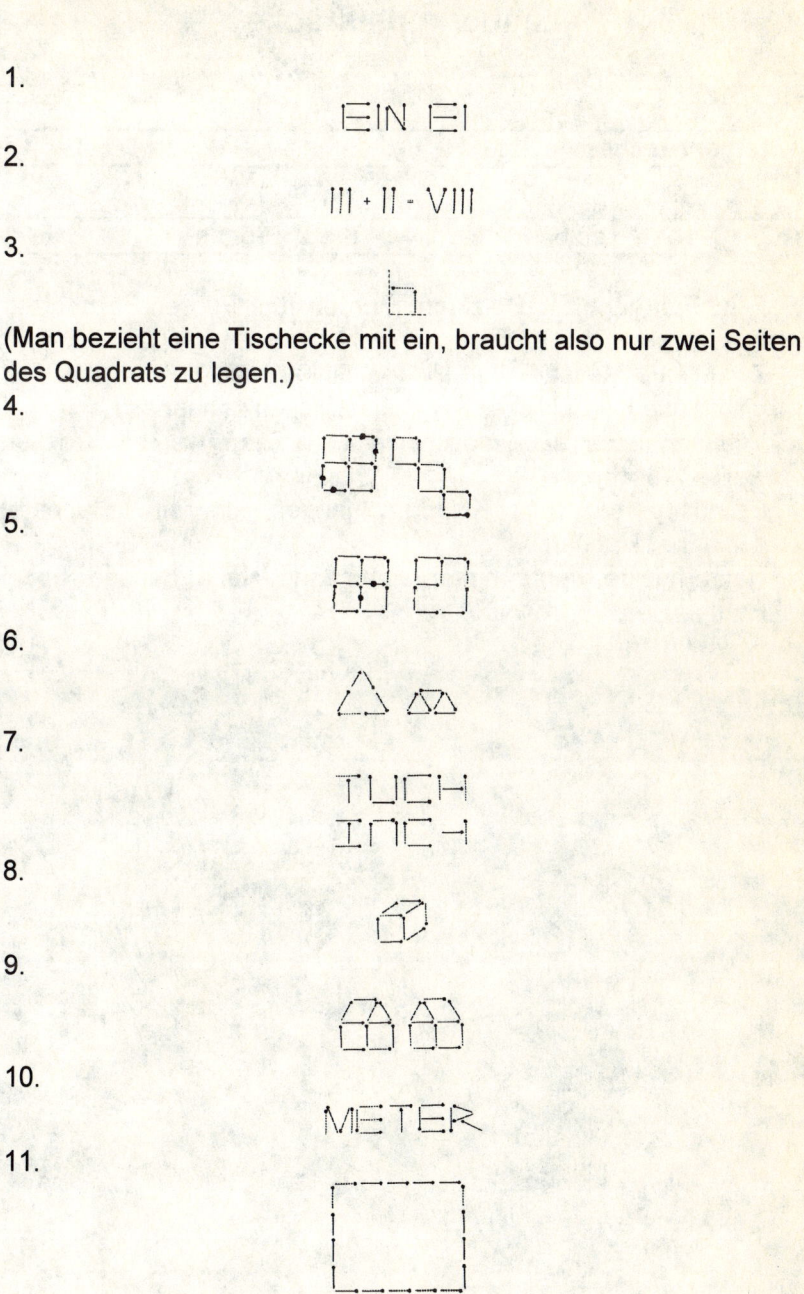

(Man bezieht eine Tischecke mit ein, braucht also nur zwei Seiten des Quadrats zu legen.)

4.

5.

6.

7.

TUCH
INCH

8.

9.

10.

METER

11.

Zungenbrecher, Zahlenspiele und Zauberkunststücke

Zungenbrecher					D 5.1
Fach	innen/außen	Alters-eignung	Anzahl Spieler	Dauer	Material
FZ		ab 6		je 2'	ohne

- Fünf Fahrenholzer Holzfahrer fuhren fünf Fuhren Farbhölzer flink, fröhlich, flott fort.
- Zwei flotte Kesselflicker flickten flinker vier Kessel, als vier nicht flotte Kesselflicker vier Kessel flicken können.
- Wiener Waschfrauen waschen mit weichem, weißem Wasser weiße Wäsche.
- Es klapperten acht Klapperschlangen, bis ihre Klappern schlapper klangen.
- Hans hackte heute hinter Hoffmanns Haus hundert hohe Haufen Holz.

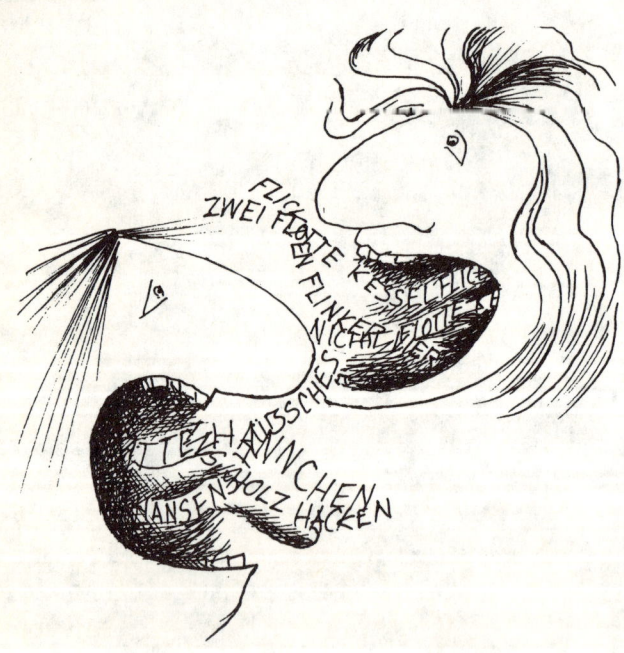

- Hätte Hannchen, Hansens hübsches Hannchen, Hans Holz hacken hören, hätte Hannchen Hans Holz hacken helfen.
- Bürsten mit schwarzen Borsten bürsten besser als Bürsten mit weißen Borsten.
- Es saßen zwei zischende Schlangen zwischen zwei recht spitzen Steinen und zischten dazwischen.
- Früh in der Frische fängt Fischers Fritz frische Fische.
- Zwischen zwei schwarzen Schwalben schwirren zwei Schmetterlinge.
- Sechsundsechzig Schock sechseckige sächsische Schuhzwecken schonen seine Schuhe.
- Fritz ißt Frischfleisch.
- Specht, Spatz, Storch und Sperber sprangen spornstreichs schrillen Schreis den steilen Steg hinunter.

Meine Oma ist krank					D 5.2
Fach	innen/außen	Alterseignung	Anzahl Spieler	Dauer	Material
FZ		ab 8	ab 8	c. 6'	Streichhölzer

Alle Spieler sitzen im Kreis und erhalten je ein Streichholz, dessen Zündkopf entfernt wurde. Dieses wird hinter die Schneidezähne gesteckt und mit der Zunge dort festgehalten. Dies erschwert das Sprechen und führt zu kuriosen Artikulationen. Der Spielleiter beginnt das Spiel, indem er seinem linken Nachbar die Mitteilung macht: "Meine Oma ist krank". Dieser wird natürlich zurückfragen: "Was fehlt ihr denn?" Daraufhin gibt der Spielleiter eine krankheitsbezogene Antwort, etwa: "Hepatitis". Diese Krankheit muß der Nachbar wiederholen und teilt anschließend seinem Nachbarn ebenfalls mit: "Meine Oma ist krank" etc.. Auf die Rückfrage antwortet er mit einer anderen "Krankheit".

Geheimschrift					D 5.3
Fach	innen/außen	Alterseignung	Anzahl Spieler	Dauer	Material
FZ		ab 8		c. 15'	Schreibmaterial

Hier einige Möglichkeiten für die einfache buchstabenbezogene Erstellung einer Geheimschrift:
- Jeweils der nächste Buchstabe des Alphabets wird aufgeschrieben. (dabei gilt für "z" das "a".)
  Beispiel: bvup = Auto.
- Für jeden Buchstaben ein Wort aufschreiben, von dem immer der letzte Buchstabe gilt. Oder der dritte oder . . .
- Beliebig einen oder mehrere Buchstaben in der Mitte des Wortes weglassen: Mrgstd ht Gld m Mnd = Morgenstund' hat Gold im Mund.
- Alle Wörter werden rückwärts geschrieben: fohnhabtpuah - Hauptbahnhof.

Übung für Schmierfinken					D 5.4
Fach	innen/außen	Alterseignung	Anzahl Spieler	Dauer	Material
M/FZ		ab 8		c. 10'	Schreibmaterial

Diese Übung ist für Leute mit einer unleserlichen Handschrift gedacht. Hier geht es um eine Ziffer. Der Spielleiter bittet einen Teilnehmer, die Ziffern von 1 bis 9 hintereinander aufzuschreiben. Er betrachtet die Ziffern und sucht die heraus, die am jämmerlichsten aussieht. Angenommen, es wäre die "5". Der Spielleiter sagt, daß der Teilnehmer auf solch eine "5" wahrhaftig nicht stolz sein könne, und daß es Zeit wäre, endlich einmal die Ziffer richtig schreiben zu lernen. Er bittet ihn, aus der geschriebenen Ziffernreihe die 8 zu streichen und die jetzt vor ihm stehende Zahl mit 45 zu multiplizieren!
Das sieht so aus:
```
        12345679 x 45
        49382716
         61728395
        555555555
```

Na, ob er jetzt die "5" schreiben kann? Auf diese Art und Weise kann man jede Ziffer von 1 bis 9 (mit Ausnahme der 8) zur Übung schreiben lassen. Man multipliziert einfach die gewählte Zahl mit 9 und läßt mit diesem Ergebnis die Zahlenreihe 1 bis 9 (ohne die 8) multiplizieren. Als Ergebnis wird stets die gewünschte Zahl neunmal erscheinen.

Geisterzahl 29997					D 5.5
Fach	innen/außen	Alters-eignung	Anzahl Spieler	Dauer	Material
M/FZ		ab 8		c. 8'	Schreibmaterial

Der Spielleiter schreibt an eine Tafel oder auf ein Stück Papier die Zahl 29997. Nun wird jemand aufgefordert, unter diese Zahl, die unterstrichen ist, drei beliebige vierstellige Zahlen zu schreiben. Dann schreibt der Spielleiter drei weitere vierstellige Zahlen darunter. Diese 6 Zahlen sollen von einem Anwesenden addiert werden und siehe da: Das Ergebnis heißt 29 997.

Das Geheimnis des Tricks steckt selbstverständlich in den drei zugefügten Zahlen. Man muß lediglich jede Ziffer der drei Zahlen, die der Anwesende geschrieben hat, auf 9 ergänzen, denn dreimal 9999 ergibt genau 29 997.

Wurden zum Beispiel von einem Anwesenden folgende Zahlen geschrieben:

$$\begin{array}{r} 3219 \\ 4567 \\ 8012 \end{array}$$

so schreibt man darunter:

$$\begin{array}{r} 6780 \\ 5432 \\ \underline{1987} \\ 29997 \end{array}$$

Geburtstage kann man berechnen					D 5.6
Fach	innen/außen	Alterseignung	Anzahl Spieler	Dauer	Material
M/FZ		ab 10		c. 4'	Schreibmaterial

Der Spielleiter behauptet, den Geburtstag eines Mitspielers mittels einer kleinen Rechnung bestimmen zu können. Dazu bittet er ihn, den Tag seines Geburtstages mit drei zu multiplizieren, fünf zu addieren, das Zwischenergebnis mit 4 zu multiplizieren und dann noch den Tag des Geburtstages und die Zahl des Geburtsmonats zu addieren. Dann läßt sich der Spielleiter das Ergebnis nennen und rechnet still weiter. Zunächst zieht er 20 von der genannten Zahl ab und dividiert sie durch 13. Der ganzzahlige Anteil ist der Geburtstag, der Rest benennt den Geburtsmonat.

Beispiel: Geburtstag: 6. Februar

Rechnung des Mitspielers: Rechnung des Spielleiters:

$$\begin{aligned} \times\ 3 &= 18 \\ 18 + 5 &= 23 \\ 23 \times 4 &= 92 \\ 92 + 6 &= 98 \\ 98 + 2 &= 100 \end{aligned}$$

$$\begin{aligned} 100 - 20 &= 80 \\ 80 : 13 &= 6\ \text{Rest}\ 2 \end{aligned}$$

Hinweis für den Mathematikunterricht:
Untersucht man beide Rechnungsgänge, so lassen sich im Anschluß weitere ähnliche "Rechenkünste" durch die Schüler konstruieren.

Geheimnisvolles Geburtsdatum					D 5.7
Fach	innen/außen	Alterseignung	Anzahl Spieler	Dauer	Material
M/FZ		ab 10		c. 4'	Schreibmaterial

Der Spielleiter bittet einen Mitspieler, dessen Geburtsdatum erraten werden soll, daß dieser die Monatszahl seines Geburtstages auf einen Zettel schreibt, die nächsthöhere Zahl dazuaddiert, die so erhaltene Summe mit 5 multipliziert und an dieses Ergebnis eine Null anhängt.

Jetzt läßt sich der Spielleiter von einem anderen Anwesenden irgendeine Zahl unter 100 nennen. Es wird zum Beispiel 76 genannt. Diese Zahl schreibt er sich auf und bittet seinen Partner, diese Zahl zu seinem letzten Ergebnis zu addieren. Weiterhin möge dieser jetzt das Datum des Tages hinzuzählen, an dem er geboren wurde. Ist dies geschehen, so bittet der Spielleiter eine weitere Person, eine Zahl unter 100 zu nennen. 32 wird z.B. gerufen. Der Mitspieler soll dann diese 32 hinter sein letztes Ergebnis anhängen (nicht hinzuzählen, sondern lediglich hinten anhängen). Nun soll der Partner zu der Zahl, die er jetzt ermittelt hat, noch die beiden letzten Ziffern des Geburtsjahres addieren (wenn er also 1931 geboren wurde, so soll er 31 zu seiner gefundenen Summe addieren).

Der Spielleiter läßt sich nun das Schlußergebnis nennen. Es lautet 104663. Er bedient sich nun eines vorher gut eingeübten Tricks. Er muß lediglich auf die beiden Zahlen achten, die von den zwei Anwesenden genannt wurden. In diesem Beispiel handelt es sich um 76 und 32. Die erste dieser beiden Zahlen, also 76, erhöht er um 50; das ergibt 126. Diesem Ergebnis hängt er die zweitgenannte Zahl (32) an und erhält: 12632. Diese Zahl zieht er von der ab, die der Mitspieler nannte:

$$\begin{array}{r} 104\,663 \\ -\,12\,632 \\ \hline 92\,031 \end{array}$$

Die so erhaltene Summe teilt er von rechts nach links in Gruppen zu je 2 Ziffern ab. So hat er dann folgendes Zahlenbild: 9/20/31. Die erste Zahlengruppe, hier eine 9, nennt den Geburtsmonat, die zweite gibt den Geburtstag bekannt, und die dritte bezeichnet das Geburtsjahr.

Helfende Quersumme					D 5.8
Fach	innen/außen	Alters-eignung	Anzahl Spieler	Dauer	Material
M/FZ		ab 12		c. 4'	Schreibmaterial

Der Spielleiter sucht einen 'rechenbegabten' Anwesenden für eine Zahlenspielerei. Er bittet ihn - für den Spielleiter nicht sichtbar -, eine beliebige 3stellige Zahl aufzuschreiben, die sich aus 3 verschiedenen Ziffern zusammensetzt. Nun soll er diese 3 Ziffern nochmals in umgekehrter Reihenfolge aufschreiben und die kleinere Zahl von der größeren abziehen.
Wurde zum Beispiel die Zahl 178 geschrieben, so heißt die zweite Zahl 871. Die Aufgabe lautet: 871 - 178.
Hat der Mitspieler das Ergebnis berechnet, so kann der Spielleiter dieses Rechenergebnis lediglich aufgrund der ersten Ziffer des Ergebnisses 'erraten'. Er nennt 693 wegen der benannten ersten Ziffer 6.
Für den Spielleiter ist dies leicht zu errechnen. Bei jeder derartigen Subtraktion ergibt die Quersumme des Ergebnisses 18. Die mittlere Ziffer des Endresultates ist stets 9. Ist also die erste Ziffer eine 6, so ist die zweite natürlich eine 9 und damit die dritte schließlich eine drei. In eine Aufgabe gekleidet sieht das folgendermaßen aus: 18 - (6 + 9) = 3.

Die magische Zahl					D 5.9
Fach	innen/außen	Alters-eignung	Anzahl Spieler	Dauer	Material
M/FZ		ab 12		c. 4'	Schreibmaterial

Mit angestrengtem Blick und ernstem Gesicht teilt der Spielleiter einem Mitspieler mit, daß seine magische Zahl in diesem Jahr 3914 sei. Er wird sich wundern!
Die Spielleiter nimmt Papier und Bleistift zur Hand und fragt den Ungläubigen nach seinem Geburtsjahr: 1931
Er fragt weiter, wie alt er dieses Jahr wird
oder geworden ist: 26
Durch die nächste Frage möchte er gern wissen, wann der Mitspieler eingeschult wurde 1937
und wieviel Jahre dies zurückliegt? 20

Die genannten Zahlen schreibt er auf seinen Zettel und zählt sie zusammen. Hier ist die magische Zahl 3914.

Das ganze Geheimnis der magischen Zahl liegt darin, daß sie eine Verdopplung der gegenwärtigen Jahreszahl darstellt:

$$1931 + 26 = 1957$$
$$1937 + 20 = \underline{1957}$$
$$3914$$

Im Jahre 1995 muß die magische Zahl natürlich 3990 lauten.

Mystisches Zahlenspiel					D 5.10
Fach	innen/außen	Alters-eignung	Anzahl Spieler	Dauer	Material
M/FZ		ab 12		c. 4'	Schreibmaterial

Der Spielleiter fordert einen Anwesenden auf, eine beliebige mehrstellige Zahl auf einen Zettel zu schreiben, und zwar so, daß er die Zahl nicht sehen kannst. Nehmen wir an, es wird die Zahl 4835 niedergeschrieben. Jetzt bittet er den Mitspieler, die Quersumme der gemerkten Zahl festzustellen und zu nennen. Sie beträgt 20. Diese Quersumme soll nun von der auf dem Zettel stehenden Zahl abgezogen werden. Der Mitspieler wird also rechnen: 4835 - 20 = 4815.

Nun bittet der Spielleiter darum, von der zuletzt errechneten Zahl die zweite Ziffer zu streichen und die entstandene Zahl zu nennen; sie lautet 415.

Jetzt beginnt der Spielleiter im Stillen zu rechnen: Die Quersumme von 415 beträgt 10. Bis zur nächsthöheren, durch 9 teilbaren Zahl, das ist in diesem Fall 18, fehlen 8. Damit hat er auch schon die Lösung ermittelt.

Er teilt dem Mitspieler mit, daß er die Ziffer 8 gestrichen habe. Diesem bleibt lediglich eine verblüffte Bestätigung.

Geld-Orakel					D 5.11
Fach	innen/außen	Alters-eignung	Anzahl Spieler	Dauer	Material
M/FZ		ab 12		c. 4'	Münzen

Drei gleiche Geldstücke liegen auf dem Tisch. Der Zaubermeister geht vor die Türe. Eines der Geldstücke wird nun gekennzeichnet, z. B. durch ein Bleistiftzeichen. Ein Zuschauer nimmt das gekennzeichnete Geldstück fest in die Hand. Der Zauberer wird hereingerufen. Er legt die zwei übrigen Geldstücke in einen Behälter. Das dritte Geldstück wird von demjenigen, der es immer noch in der Hand hält, zu den beiden anderen in den Behälter geworfen. Und doch kann der Zauberer sofort, ohne in den Behälter zu sehen, das markierte Geldstück herausholen.
Lösung: Das Geldstück ist in der Hand warm geworden, die anderen zwei fühlen sich kalt an.

Eine gezogene Karte herausfinden					D 5.12
Fach	innen/außen	Alters-eignung	Anzahl Spieler	Dauer	Material
FZ		ab 8		c. 4'	Spielkarten

Der Spielleiter nimmt ein Kartenspiel, mischt es und sieht sich unauffällig die unterste Karte an. Nun wird das Spiel nochmals gemischt, jedoch so, daß die unterste Karte - nehmen wir an, es ist das Herz-As - zuunterst bleibt. Ein Zuschauer wird gebeten, eine Karte aus dem Spiel zu ziehen und sich diese gut zu merken. Der Spielleiter hebt das Kartenspiel ab und legt fünf Häufchen auf den Tisch. Der andere wird jetzt ersucht, seine Karte auf eines der fünf Häufchen zu legen. Das Spiel wird wieder zusammengelegt und zwar so, daß das Häufchen, in dem sich zuunterst die Karte Herz-As befindet, auf das Häufchen kommt, auf das der Zuschauer die gezogene Karte legte. Jetzt liegt die gemerkte Karte unmittelbar über der vom Zuschauer gezogenen. Der Spielleiter deckt nun Karte um Karte des Spieles auf, so wird nach dem Herz-As die Karte des anderen folgen. Dieser wird verblüfft fragen, wie so etwas rnöglich ist.
Nun kann es natürlich vorkommen, daß jemand seine Karte auf das Häufchen legt, das zuunterst das Herz As enthält. Das ist

kein Beinbruch. Man läßt durch einen Dritten dieses Häufchen nochmals abheben. Durch das Zusammenlegen geraten die beiden Karten, auf die es ankommt, wieder unmittelbar zusammen.

Die unterste Karte					D 5.13
Fach	innen/außen	Alterseignung	Anzahl Spieler	Dauer	Material
FZ		ab 8		c. 4'	Spielkarten

Der Spielleiter mischt ein Kartenspiel gut und sieht sich dann die zuunterst liegende Karte an; das dürfen die Anwesenden keinesfalls merken. Hat er sich die Karte eingeprägt, so mischt er das Spiel nochmals, beachtet dabei, daß die gemerkte Karte die unterste bleibt. So, jetzt wird wohl jeder davon überzeugt sein, daß das Spiel wirklich bunt durcheinandergeraten ist. Der Spielleiter legt es mit der Bildseite nach unten auf den Tisch. Einen Zuschauer bittet er, das Spiel aufzunehmen und allen (natürlich nicht ihm) die unterste Karte zu zeigen. Jetzt läßt er sich das Spiel wiedergeben, um es nochmals zu mischen (die gemerkte unterste Karte muß zuunterst bleiben!).
Er nimmt das Kartenspiel hinter seinen Rücken und läßt die Zuschauer bestimmen, als wievielte Karte er die von ihnen gemerkte hervorbringen soll. Sagen sie zum Beispiel, daß es die zwölfte sein soll, so entnimmt er von oben elf einzelne Karten. Als zwölfte Karte ziehst er die hervor, die er ja bereits lange kennt - die zuunterst im Spiel liegt.

Das geheimnisvolle Glas					D 5.14
Fach	innen/außen	Alterseignung	Anzahl Spieler	Dauer	Material
FZ		ab 8		c. 4'	Glas, Münzen

Der Spielleiter füllt ein Glas bis zum Rande mit Wasser, achtet aber darauf, daß es nicht überläuft. Wenn er jetzt den Zuschauern sagt, daß es ihm gelingen wird, in dieses Glas noch etwa fünfzehn Geldstücke (Fünf- oder Zehnpfennigstücke) hineinzulegen, ohne das Wasser überlaufen zu lassen, so wird man wohl an dem Erfolg dieses Vorhabens zweifeln. Und doch ist es möglich. Bevor er das Wasser in das Glas füllt, reibt er den Rand des Glases gut mit Fett ein. Das Fett hindert das Wasser daran überzulaufen. Die Wasseroberfläche wölbt sich in der Mitte nach oben. Während dieses Versuches darf weder am Glas noch an dem Tisch gerüttelt werden. Die Geldstücke läßt man am besten am Rande des Glases hineingleiten.

In der Falle					D 5.15
Fach	innen/ außen	Alters- eignung	Anzahl Spieler	Dauer	Material
FZ		ab 12		c. 4'	Streichhölzer, Wasser

In einer Falle, sie besteht aus drei ganzen Streichhölzern und einem geknickten, sitzt eine Maus gefangen. Die Maus darf jedoch nur herausgeschoben, also nicht herausgehoben werden. Die Falle selbst darf auch nicht berührt werden. Wie kann man die Maus aus ihrem Gefängnis befreien?
Wenn man vorsichtig einen Tropfen Wasser auf die Knickstelle des Streichholzes fallen läßt, wird sich das Streichholz strecken, und es ist jetzt leicht, die Maus aus der Falle herauszuschieben.

Die durchsichtigen Hände					D 5.16
Fach	innen/ außen	Alters- eignung	Anzahl Spieler	Dauer	Material
FZ		ab 8		c. 4'	Knöpfe, o.ä.

Der Spielleiter erklärt, er könne durch die Hände eines Mitspielers schauen.
Er legt 18 Knöpfe, Steinchen oder ähnliches vor einen "Zweifler" und bittet ihn, in jede Hand eine gleiche Anzahl Dinge, aber nicht weniger als 6 zu nehmen. Während das geschieht, schaut er weg.
Angenommen, der Mitspieler hat in jeder Hand 7 Knöpfe. Jetzt fordert er ihn auf, aus der rechten Hand 5 Knöpfe in die linke zu geben. Es befinden sich nun rechts 2, links 12 Knöpfe.

Dann bittet der Spielleiter weiter, daß aus der linken noch einmal so viele Knöpfe in die rechte Hand gegeben werden, wie sich jetzt gerade darin befinden. Rechts werden jetzt 4 und links 10 Knöpfe aufbewahrt. Bis hierher ergibt die Auswechselei immer, daß sich in der linken Hand 10 Knöpfe befinden. Der Spielleiter weiß also: sein Gegenspieler hat jetzt 10 Knöpfe in der Hand. Er fragt seinen Partner nur noch, wie viele Knöpfe er links mehr als rechts in der Hand hält. Er wird antworten, daß seine linke Hand 6 Knöpfe mehr enthält. Der Spielleiter bittet seinen Partner nun, die geschlossenen Hände vorzuhalten, denn er möchte durch diese hindurchschauen. Währenddessen rechnet er: 10 - 6 = 4. Er weißt jetzt, daß sich in der rechten Hand 4 Knöpfe befinden. Insgesamt hat also sein Partner 14 Knöpfe aufgenommen, also 7 in jeder Hand.

Starke Lunge					D 5.17
Fach	innen/außen	Alterseignung	Anzahl Spieler	Dauer	Material
FZ		ab 8		c. 4'	Flasche, Tüte

Der Spielleiter bittet einen Anwesenden, eine Bierflasche umzupusten. Nach vergeblichem Bemühen legt der Spielleiter eine leere Tüte unter die Flasche und bläst in sie hinein: Die Flasche kippt.

Bewegungsspiele

Einleitung

Pädagogische, psychologische und medizinische Untersuchungen zeigen immer wieder, wie erschreckend hoch der Prozentsatz an haltungsgeschädigten, motorisch unruhigen oder auch gehemmten Kindern und Jugendlichen ist.
Ein Grund für motorische Defizite ist sicherlich in der wachsenden Bewegungsarmut zu sehen, deren Ursache vor allem in der zunehmenden Automatisierung und den auf Rezeption ausgerichteten berufs- und freizeitorientierten Tätigkeiten zu sehen ist. Zu nennen sind in diesem Zusammenhang etwa elektronische Datenverarbeitung, Fernsehkonsum oder Autofahren.
Die Gründe für die zunehmenden Hemmungen im Umgang mit anderen Menschen sind schwieriger festzumachen. Ein wesentlicher Grund dafür dürfte sicherlich die in vielen Berufszweigen und Ausbildungsgängen festzustellende Ausweitung einer individualisierenden und damit isolierenden Arbeitsbewältigung sein, bei der wiederum der Computer eine wesentliche Rolle spielt. Ein weiterer Grund dürfte auch hier in der zunehmenden Rezeptionshaltung bei Freizeitaktivitäten liegen. Auch in diesem Zusammenhang können wieder Fernsehkonsum oder elektronische Spiele genannt werden.

Kategorisierung und inhaltliche Beschreibung

Vor diesem Hintergrund empfehlen sich Spiele, die einerseits den motorischen Bereich, andererseits Freude am kommunikationsfördernden Miteinander wecken.
Deshalb hebt die Auswahl der hier angebotenen Spiele ab auf elementare Bewegungsfähigkeiten, auf die Förderung körperintensiver Erfahrungen, wie etwa Geschicklichkeit, oder auf Interaktionsformen, die wegführen von egozentrischer Vereinzelung und Unsicherheit und hinführen zu mehr Verständigung, Integration, Solidarität, Sicherheit und vielleicht auch schöpferischer Aktivität.
Zahlreiche Spiele eignen sich sowohl für geschlossene Räume als auch für eine Gestaltung im Freien. Die Informationsleiste gibt hierüber Auskunft.

Ebenso sind zahlreiche Spiele für viele Altersstufen und unterschiedliche Gruppengrößen geeignet; sie sind i.d.R. ohne großen materiellen und organisatorischen Aufwand durchzuführen.

Die folgenden 111 Bewegungsspiele sind innerhalb der gesamten in diesem Buch aufgenommenen Spiele durchgehend mit dem Buchstaben B gekennzeichnet. Die gewählte Binnendifferenzierung unterscheidet zwischen folgenden Spielkategorien:

B 1 Spiele, in denen das Laufen als die wohl intensivste Form der Bewegung im Mittelpunkt steht. Innerhalb dieser Kategorie wird noch einmal unterschieden zwischen:
Laufspielen ohne Spielgeräte/-gegenstände
(B 1.1 - B 1.16) und
Laufspielen mit einfach zu beschaffenden Spielgeräten
(B 1.17 - B 1.24).

B 2 **Geschicklichkeitspiele** (B 2.1 - B 2.39).

B 3 **Bewegungsspiele**, die auf **Kraft** ausgerichtet sind
(B 3.1 - B 3.12).

B 4 **Tanzspiele** (B 4.1 - B 4.29).

B 5 **Geländespiele**, die noch einmal unterteilt werden in
Orientierungslauf (B 5.1) und andere **Geländespiele**
(B 5.2 - B 5.8).

Es versteht sich von selbst, daß nicht alle Spiele nur einer einzigen Kategorie angehören. So finden sich solche, die in Teilbereichen auch anderen zugeordnet werden können. Beispielhaft sei genannt, daß zahlreiche Geschicklichkeitspiele mit Laufen verbunden sind, doch einige davon durch Hinzunahme entsprechender Musik auch als Tanzspiele organisiert werden können. Grundsätzlich wurde bei der gewählten Klassifizierung nach dem Dominanzprinzip vorgegangen.

Didaktisch-methodische Überlegungen

Wie bei anderen in diesem Buch aufgenommenen Spielen ist auch hier ein Spielleiter gefordert. Dieser sollte sich folgende Aspekte des Spielens bewußt machen:
1. Beim Spielen ist zunächst einmal die Tätigkeit selbst das Ziel, nicht das daraus entstehende Produkt. Das Spiel sollte solange aufrechterhalten werden, wie es (den meisten) Beteiligten Freude macht. Dem steht auch nicht die Tatsache entgegen, daß beispielsweise in der Schule oder im Sport, Spiele zum Leistungsvergleich anregen können.
2. Spiele haben eine besondere Beziehung zu Regeln. Sie müssen als bewußt gesetzter Entfaltungsrahmen anerkannt werden. Ist dies nicht mehr gegeben, muß das Spiel neu angesetzt werden. Dabei ist durchaus - etwa nach Besprechung mit den Beteiligten - eine Änderung der Spielregeln denkbar.
3. Zahlreiche Spiele haben eine besondere Beziehung zur Realität. Sie können diese simulieren, sei es in Rollenspielen, in Kompetenzen (Kraft, Ausdauer, Geschicklichkeit, Organisationstalent), in der Anerkennung oder Adaptierung von Regeln (Gehorsamkeitseinübung), sowie schließlich in der Reflexion über den Sinn eines Spieles (Erwerb kritischer Reflexionsfähigkeit). Das fast schon überstrapazierte fächerübergreifend in den Oberstufen-Richtlinien (NRW) verankerte Erziehungsziel: "Selbstverwirklichung in sozialer Verantwortung" läßt sich im gemeinsamen Spiel relativ einfach operationalisieren.
4. Besonders wichtig für den gestellten Anspruch dieses Buches erscheint, daß das Spiel dem pädagogisch und psychologisch geschulten Beobachter zahlreiche Aufschlüsse über die Persönlichkeitsstruktur der beteiligten Spieler vermittelt, nicht zuletzt, weil diese sich im Eifer des Spieles vielfach "vergessen", das heißt in anderen Situationen (Schule, Zuhause) habitualisierte Verhaltensformen aufgeben. Spiele können z.B. Hinweise auf Konflikte zwischen einzelnen Spielern oder gleichsam soziogrammatisch auf den Beliebtheitsgrad einzelner Partizipienten hinweisen, schließlich auch auf bisher dem Beobachter unbekannte Fähigkeiten, etwa in bezug auf die Übernahme einer Führungsrolle oder Talente hinweisen. Im pädagogischen Bereich wäre dies etwa die Fähigkeit zum anschaulichen Erklären oder zur konstruktiven Hilfestellung.

Beobachtungshinweise

Entsprechend finden sich Beobachtungsanregungen für den pädagogisch interessierten Spielleiter. Diese sind unterteilt in Beobachtungen in bezug auf drei unterschiedliche Bereiche:

1. Beobachtungen zur Organisation

Hier sind Hinweise aufgenommen wie die altersgerechte Festlegung von zu bewältigenden Entfernungen, die zügige Gruppenbildung, das Vermeiden von Warteschleifen, das klare Ausweisen von Regeln - besonders bei auf die Ermittlung eines Siegers angelegten Spielen etc..

2. Fachspezifische Beobachtungen

Dem spezifischen Charakter der Bewegungsspiele gemäß richten sich diese Perspektiven vor allem auf motorische Fähigkeiten, wie sie in der Sportdidaktik thematisiert werden (Entwicklung und Analyse von Fähigkeiten in bezug auf Schnelligkeit, Ausdauer, Geschicklichkeit und Kraft). Sie können aber auch, etwa bei Geländespielen, Fragestellungen aus Fächern wie Biologie, Erdkunde oder sogar Kunstgeschichte einbeziehen.

3. Pädagogisch-psychologische Beobachtungen

Hier stehen das Verhalten des einzelnen - etwa sein Verständnis der Spielregeln, seine spontane Reaktionsbereitschaft, seine Freude oder Ablehnung einzelnen Spielen gegenüber - aber auch das Verhalten einzelner in der Gruppe zur Disposition. Diese Perspektive läßt sich verknüpfen mit grundlegenden Fragestellungen nach der Bereitschaft des einzelnen, eine Führungsrolle zu übernehmen, sich mannschaftsdienlichen Anforderungen unterzuordnen etc..
Schließlich lassen sich hier auch Reaktionen der Gruppe auf einzelne einbringen, etwa unter folgenden Fragestellungen:
- Welcher Spieler wird sehr häufig, wenig oder gar nicht gewählt?
- Gibt es ein geschlechtsspezifisches Wahlverhalten?

- In welcher sprachlichen oder deiktischen Form äußert die Gruppe Kritik/ Lob in bezug auf die Fähigkeiten von Mitspielern etc.?

Da dieses Buch so angelegt ist, daß vom Benutzer einzelne Spiele oder Spielgruppierungen isoliert vom Kontext verwendet werden können, sind zu jedem Block Beobachtungshinweise in bezug auf die drei o.g. Kategorien aufgenommen worden. Die dabei möglicherweise auftretenden Redundanzen wurden aus dem o.g. Grund bewußt in Kauf genommen.

Laufspiele

Beobachtungshinweise

Organisation

1. Waren die Anforderungen, etwa die Entfernungen, teilnehmergerecht gesetzt worden, oder kam es zu Überforderungen/ Unterforderungen?
2. Ging die Einteilung der Gruppen zügig vonstatten, oder bildeten sich unnötig Warteschleifen?
3. Wurden die Regeln schnell umgesetzt oder gab es Irritationen/ gegenseitige Kritik und in der Folge Unlust, Resignation etc.?
4. Wurden die Bewertungsregeln fair angewendet, oder kam es immer wieder zu Diskussionen, die ein Eingreifen des Spielleiters erforderlich machten?
5. Suchten/ scheuten die Spieler den Leistungsvergleich?
6. Gab es (Beinahe-) Zusammenstöße oder Drängeleien?
7. Waren die Spieler in der Lage, Organisationsformen selbständig zur Optimierung des Spielflusses zu modifizieren, etwa durch Veränderungen der Entfernungen, Hinzustellen/Wegnehmen von Gegenständen, Ändern von Regeln oder von Spielfeld- oder Gruppengrößen etc.?
8. Wurde bei Besprechungen von Spielen konstruktive/ destruktive Kritik vorgetragen?
9. Gab es non-verbale Verständigung unter den Spielern?

Fachspezifische Beobachtungen

1. Wurden einzelne/ viele Spieler grundsätzlich überfordert/ unterfordert?
2. Gab es Spieler, die in einzelnen Bereichen (Schnelligkeit, Ausdauer, Geschicklichkeit, Kraft) den anderen allzu deutlich überlegen/ unterlegen waren, so daß sie schlecht in eine Mannschaft integriert werden konnten?

3. Gingen einzelne Spieler mit den Spielgeräten "asozial" um, etwa durch zu harte Ballwürfe, bewußt destruktive Haltung oder Werfen außerhalb des Spielfeldes etc.?
4. Welche Körperteile wurden bei bestimmten Spielen besonders eingesetzt/ geschont?
5. Hatten Spieler besondere Schwierigkeiten bei einzelnen Spielen/ Spielgruppen/ Spielelementen?
6. Gab es innerhalb der einzelnen Bereiche Lernfortschritte bei Spielern?

Pädagogisch-psychologische Beobachtungen

1. Welche Spieler übernahmen spontan/ mit Verzögerung eine Führungsrolle?
2. Welche Spieler zeichneten sich durch besondere Fähigkeiten im Vormachen oder Erklären von Regeln etc. aus, so daß sie für die Rolle des Spielleiters geeignet schienen?
3. Welche Spieler wurden immer/ häufig/ selten/ nie gewählt/ angespielt?
4. Welche Spieler äußerten punktuell/ grundsätzlich Begeisterung/ Ablehnung bei einzelnen Spielen?
5. Welche Spieler beschimpften/ ermunterten Mitspieler grundsätzlich/ häufig/ selten/ nie?
6. Welche Spieler drängelten sich vor/ verhielten sich passiv bis hin zur Nichtteilnahme?
7. Zeigten einige Spieler besondere Angst, etwa vor erschwerenden Hindernissen oder davor, von Bällen getroffen zu werden?

Der Irrgarten   B 1.1

Fach	innen/außen	Alters-eignung	Anzahl Spieler	Dauer	Material
SP FZ	☼	ab 6	ab 10	c.10'	ohne

Die Spieler stehen in mehreren Reihen hintereinander. Die Entfernung zu jedem anderen muß so groß sein, daß die ausgestreckten Arme nach keiner Seite anstoßen (vgl. Abb. a). Die Spieler bilden durch ihre ausgestreckten Arme Gassen, durch die ein Spieler ("Katze") einem anderen ("Maus") nachläuft, um ihn zu fangen. Die "Maus" kann jederzeit pfeifen oder klatschen. Alle Spieler müssen sich dann augenblicklich um ein Viertel drehen (vgl. Abb. b), so daß die durch die Arme gebildeten Gassen nun senkrecht zur vorigen Richtung verlaufen. "Katze" und "Maus" dürfen nicht unter den Armen durchschlüpfen. Fängt die "Katze" die "Maus", scheidet diese aus.

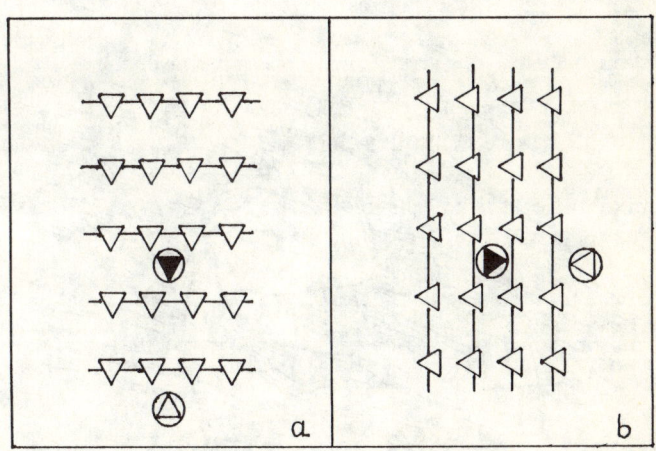

Tussi-Bär					B 1.2
Fach	innen/außen	Alters-eignung	Anzahl Spieler	Dauer	Material
SP FZ	☼	ab 6	ab 15	c.10'	ohne

Alle bis auf einen Spieler stellen sich auf einer Seite der Spielfläche auf. Der einzelne Spieler steht in der Mitte und ruft: "Wer fürchtet sich vorm Tussi-Bär?" Die Antwort von allen: "Niemand!" Die Gegenfrage des einzelnen Spielers: "Und wenn er kommt?" - "Dann laufen wir!" Die Spieler versuchen, ohne vom Fänger in der Mitte berührt zu werden, auf die andere Seite des Spielfeldes zu gelangen. Wer berührt wird, ist ebenfalls "Tussi-Bär" und hilft dem Fänger. Sind alle Spieler gefangen, wird ein neuer "Tussi-Bär" gewählt.

Zwinkern — B 1.3

Fach	innen/außen	Alters-eignung	Anzahl Spieler	Dauer	Material
FZ	▲	ab 8	ab 11	5x2'	Stühle

Die Hälfte der Spieler sitzt im Kreis auf Stühlen, hinter ihnen steht jeweils ein Mitspieler. Ein Stuhl bleibt frei; der Spieler hinter diesem leeren Stuhl zwinkert einem Mitspieler zu. Dieser versucht zu dem "Zwinkerer" zu gelangen.
Die hinter dem Stuhl stehenden Spieler müssen dies verhindern, indem sie den Fliehenden festhalten. Damit dieses Unterfangen nicht zu leichtfällt, haben sie die Hände auf dem Rücken. Nach einer bestimmten Zeit tauschen die stehenden und sitzenden Spieler die Plätze.

Kettenfangen — B 1.4

Fach	innen/außen	Alters-eignung	Anzahl Spieler	Dauer	Material
SP FZ	☼ ▲	ab 6	ab 10	8x2'	ohne

Zwei Spieler fassen sich an der Hand und versuchen, innerhalb eines abgegrenzten Spielfeldes einen Mitspieler nach dem anderen zu fangen. Ein gefangener Spieler verlängert durch Handfassung die Kette, indem er sich dieser am Ende anschließt. So bildet sich schließlich eine lange Kette.

Einmauern — B 1.5

Fach	innen/außen	Alters-eignung	Anzahl Spieler	Dauer	Material
SP FZ	▲	ab 6	ab 10	10'	ohne

Eine bestimmte Anzahl der Spieler bildet eine Mauer und versucht, nacheinander einzelne Spieler einzufangen, indem sie sich um ihn herumscharen, so daß er eingemauert ist. Ein "Gefangener" erweitert die Mauer.

Hilfe					B 1.6
Fach	innen/ außen	Alters- eignung	Anzahl Spieler	Dauer	Material
FZ	☼	ab 6	ab 8	c.10'	Tücher/ Bänder

Ein oder zwei Spieler (gekennzeichnet mit Tuch oder Band) versuchen, die Mitspieler zu fangen. Diese können sich gegenseitig davor schützen, indem sie sich zu zweit anfassen. Vorher rufen sie um Hilfe. Wer gefangen ist, übernimmt die Fängerrolle. Die Hilfe kann auch dadurch erfolgen, daß Dreier-, Vierer- oder Fünfer-Gruppen gebildet werden.

Der König schickt seine Soldaten aus					B 1.7
Fach	innen/ außen	Alters- eignung	Anzahl Spieler	Dauer	Material
SP	☼	ab 6	ab 10	c.10'	ohne

Es werden zwei zahlenmäßig gleichgroße Gruppen gebildet. Beide Mannschaften wählen je einen "König". Die Mannschaften stehen sich in einer Reihe gegenüber (Gasse). Die Spieler einer Mannschaft halten sich an den Händen. Der Abstand zwischen den Gruppen beträgt 10 bis 20 Meter. Die beginnende Mannschaft oder deren König wählt einen "Soldaten" aus. Dieser läuft nun zur gegnerischen Mannschaft und versucht, im Lauf die Handfassung zweier Spieler der gegnerischen Mannschaft zu durchbrechen. Schafft er es, kann er sich einen der Gegenspieler zu seiner Mannschaft mitnehmen. Schafft er es nicht, muß er dort bleiben. Soldaten werden von den Mannschaften immer abwechselnd ausgeschickt.

Variation:
Der Abstand zwischen den Gruppen beträgt 20 bis 40 Meter. Die beginnende Mannschaft wählt einen "Soldaten" aus, welcher zu der gegenüberstehenden Gruppe hinübergeht. Alle Mitglieder der gegnerischen Mannschaft strecken dem Soldaten ihre rechte Hand entgegen. Der Soldat schlägt nacheinander auf die Hände der Gegenspieler. Die dritte Hand, die er anschlägt, muß ihn fangen. Schafft der Gegenspieler es, den Soldaten zu fangen, muß dieser sich in dessen Mannschaft einreihen und spielt nun für diese. Wird der Soldat nicht gefangen, bis er die Linie seiner

eigenen Mannschaft passiert hat, muß der Fänger bei dieser Mannschaft bleiben. Soldaten werden von den Mannschaften immer abwechselnd ausgeschickt.

Schwarzer Mann					B 1.8
Fach	innen/außen	Alterseignung	Anzahl Spieler	Dauer	Material
SP FZ	☼	ab 6	ab 10	c.10'	ohne

Der "Schwarze Mann" steht an einer Schmalseite des rechteckigen Spielfeldes, die anderen Spieler befinden sich auf der gegenüberliegenden Seite. Auf den Ruf: "Wer fürchtet sich vorm Schwarzen Mann?" antworten die Spieler: "Niemand!" und laufen zur anderen Spielfeldseite, dem entgegenkommenden "Schwarzen Mann" geschickt ausweichend. Dieser versucht, während seines Laufs auf die gegenüberliegende Seite recht viele Spieler abzuschlagen, die ihm im nächsten Spiel beim Fangen helfen. Als gefangen gilt auch, wer die Spielfeldgrenzen übertritt. Sieger ist der Spieler, der den "Schwarzen Männern" bis zuletzt entgeht. Die Helfer des "Schwarzen Mannes" sind deutlich zu kennzeichnen (Lauf mit erhobenem Arm, hochgerollte Ärmel, Spielbänder).

Variationen:
1. Die abgeschlagenen Spieler bilden mit dem "Schwarzen Mann" eine Kette, wobei aber nur die äußeren Schlagrecht haben. Die Kette kann durchbrochen werden.
2. Die abgeschlagenen Spieler haben als Helfer des "Schwarzen Mannes" kein Schlagrecht. Sie dürfen nur versuchen, die Hinüberlaufenden festzuhalten, bis der Schwarze Mann zum Abschlag herbeigeeilt ist.
3. Bei kräftigen Spielern läßt sich jeder "Schwarze Mann" von seinen Gefangenen hinter die Linie tragen.
4. Auch wenn die abgeschlagenen Spieler nicht zu Helfern des "Schwarzen Mannes" werden, sind mehrere Spielweisen möglich:
4.1 Man bestimmt zu Spielbeginn zwei oder drei Fänger, die jeweils von den gefangenen Spielern abgelöst werden.

4.2 Zwei oder drei "Schwarze Männer" befinden sich im Spielfeld. Sie nennen nach jedem Seitenwechsel laut die Anzahl der erreichten Abschläge und zählen sie jeder für sich zusammen. Sieger ist der "Schwarze Mann", der nach mehreren Läufen die meisten Punkte hat.

Kreisfangen					**B 1.9**
Fach	innen/außen	Alters-eignung	Anzahl Spieler	Dauer	Material
SP FZ	☼	ab 6	ab 10	c.12'	ohne

Die Spieler bilden einen Innenstirnkreis und fassen sich an den Händen. Es wird ein Läufer und ein Fänger bestimmt. Der zu Jagende reiht sich durch Handfassung in den Kreis ein, während sich der Fänger auf der gegenüberliegenden Seite aufstellt (vgl. Abb.). Sobald der Fänger außen um den Kreis herumläuft, bewegen sich die Kreisspieler in derselben Richtung, um den Läufer vor dem Abschlag zu schützen.

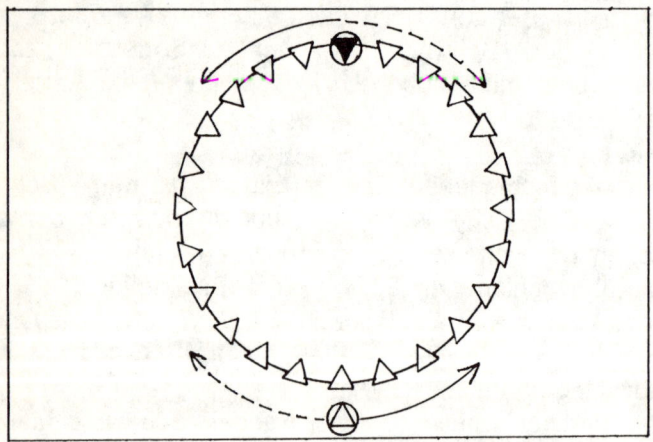

Alle Spieler sind also ständig in Bewegung. Ein erfolgloser Fänger wird ausgewechselt; ist der Fänger erfolgreich, wechselt die Aufgabenverteilung: der Fänger wird Gejagter und umgekehrt.

Hinweis für den Spielleiter:
Kreisfangen eignet sich vorzüglich für die Aufwärmphase vor Spielen oder in einer Sportstunde zur schnellen Erwärmung, wenn sofort ein eifriger Fänger eingesetzt wird.

Atome - Moleküle					B 1.10
Fach	innen/außen	Alterseignung	Anzahl Spieler	Dauer	Material
SP FZ	☼	ab 6	ab 10	c.12'	ohne

Alle Spieler sind Atome, die sich frei im Raum bewegen. Die Bewegungsgeschwindigkeit wird durch den Hitzegrad der Atome (null bis hundert Grad) reguliert. Bei dem Ruf "null" sind die Atome im Stillstand, bei "fünfzig" in mittlerer und bei "hundert" in höchster Geschwindigkeit. Auf das Stichwort "Molekül" müssen sich die Atome nach bestimmten Merkmalen zu Molekülen formen.

Beispiele für Molekülmerkmale sind Zahlen, Augenfarbe, Haarfarbe, Alter, Geburtsmonat, Kleidungsstücke u.a.m..
Auf den Ruf "Molekül 3" müssen sich z.B die Atome in Gruppen zu dritt finden, auf den Ruf "Molekül blaue Augen" nur die Atome mit "blauen Augen", während die anderen weiter herumlaufen.
Variation:
Durch Änderung der Fortbewegungsart (z.B auf allen Vieren) und/ oder Ordnungsformen bei einer Molekülbildung (z.B. Handfassung im Stand, Sitz hintereinander, Kopfberührung u.a.m.) können stärker fordernde Spielformen eingebracht werden.

Drittenabschlagen					B 1.11
Fach	innen/ außen	Alterseignung	Anzahl Spieler	Dauer	Material
SP FZ	☼	ab 6	ab 10	c.10'	ohne

Spieleraufstellung: Doppelter Innenstirnkreis, wobei die einzelnen Paare etwa 2 m Abstand voneinander haben.
Ein Läufer und ein Fänger jagen um den Kreis. Der Verfolgte kann sich in Sicherheit bringen, wenn er sich vor ein beliebiges Paar stellt. Der letzte Spieler dieser Reihe muß schnell reagieren und fortlaufen, um nicht als überzähliger dritter abgeschlagen zu werden (vgl. Abb.). Gelingt dem Fänger der Abschlag, bevor der Läufer vor einem Paar steht, so erfolgt ein Rollentausch.

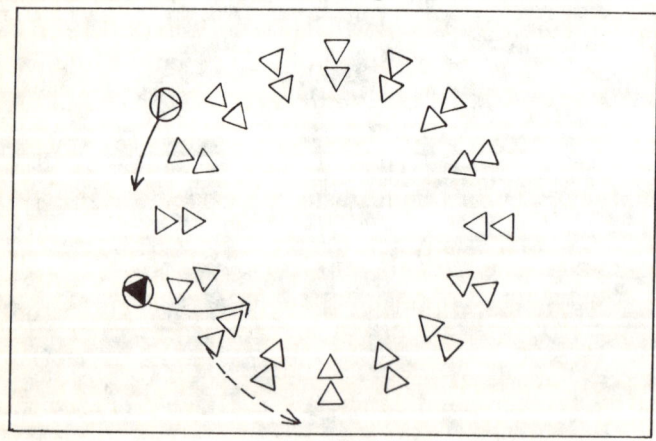

Variationen:
Es sind verschiedene Aufstellungsformen und Stellungen der Partner zueinander möglich:
1. Die Spieler stehen paarweise hintereinander. Wenn der Läufer sich immer vor das Paar stellt, richtet sich die volle Aufmerksamkeit nur auf die kreisäußeren Spieler. Das läßt sich ändern, sobald nach dem Erfassen des Spielgedankens das Davor- und Dahinterstellen in beliebigem Wechsel erlaubt ist.
2. Die Spieler stehen paarweise nebeneinander, das Gesicht zur Kreismitte oder in Laufrichtung.
   Diese beiden Spielformen erfreuen besonders durch ihren lebendigen Charakter. Den Läufern ist das Anstellen von vornherein an der rechten und linken Seite gestattet, alle Spieler müssen deshalb ständig auf der Hut sein.
   Hinweis für den Spielleiter:
   Es muß darauf geachtet werden, daß die einzelnen Paare auch im höchsten Spieleifer untereinander dicht zusammenstehen.
3. Die Spieler stehen paarweise mit Handfassung, das Gesicht zueinander. Der Läufer muß unter den Armen hinweg in das "Körbchen" flüchten und einem Partner die Hände reichen. Der dann hinter ihm stehende Spieler muß schnell fortlaufen.
   Der Reiz bei dieser Spielart liegt besonders darin, daß sich der Läufer zwischen die Partner stellt und nicht gleich zu erkennen gibt, welchem er die Hände reicht. Erst nach dem Herannahen des Fängers kehrt er durch eine plötzliche Wendung einem Spieler den Rücken zu oder läuft nach einer kurzen Täuschung weiter. Der Läufer darf in dem "Körbchen" nicht abgeschlagen werden.
4. Außer den verschiedenen Aufstellungsformen können noch zusätzlich die Ausgangsstellungen und die Bewegungsaufgaben verändert werden:
4.1 Die Spieler sitzen neben- oder zueinander.
4.2 Die Spieler liegen nebeneinander in Bauchlage.
4.3 Durch die gegrätschten Beine der Kreisspieler muß hindurchgekrochen werden. Gelingt es dem Fänger aber, dem sich Rettenden einen Schlag auf das Gesäß zu geben, dann war dessen Bemühen vergeblich. Er muß zurückkriechen und als Fänger fungieren. Der hintere Spieler darf erst fort-

laufen, wenn der Läufer schon durch seine Beine gekrochen ist.

4.4 Freistellen durch Bocksprung über die hintereinander stehenden Kreisspieler. Hierzu müssen die Partner weiter auseinander stehen. Voraussetzung für diese Form ist, daß die Spieler gewandt sind und das Bockspringen beherrschen.

4.5 Wenn die Spieler nebeneinander stehen, können sie auch die äußere Hand in die Hüfte stützen. Der sich rettende Läufer hakt sich bei einem von beiden ein, der andere Spieler muß laufen. Diese Form kann so variiert werden, daß die Paare sich gegen das Einhaken wehren, indem sie den Läufer mit dem Arm wegdrücken, ohne aber die Grundstellung aufzugeben. Mehr als zweimal aber darf einem Läufer das Anstellen nicht verwehrt werden.

Hinweise für den Spielleiter:
Der zu Fangende soll nie lange um den Kreis laufen, man muß für einen schnellen Wechsel sorgen.
Beim Einführen dieses Spiels läßt man den Läufer sich sofort vor das nächste oder übernächste Paar stellen, um das langweilige Herumjagen zu vermeiden. Gewandte Läufer können sich auch gleich wieder vor das Paar stellen, von dem sie sich als dritter Spieler entfernen mußten.
Bei einer größeren Anzahl von Spielern können zwei Läufer und zwei Fänger bestimmt werden.
Bei gewandten Spielern ist es auch möglich, mit zwei Läufern, aber nur einem Fänger zu spielen.

Zweitenabschlagen					B 1.12
Fach	innen/außen	Alterseignung	Anzahl Spieler	Dauer	Material
SP FZ	♠ ☼	ab 6	ab 8	c. 10'	ohne

Bei einer nur geringen Spielerzahl läßt man einen einfachen Innenstirnkreis bilden, wobei dann nach dem Vorstellen des Läufers der dahinterstehende zweite fortlaufen muß.

Räuber und Gendarme — B 1.13

Fach	innen/außen	Alters-eignung	Anzahl Spieler	Dauer	Material
SP FZ	☼	ab 6	ab 10	c.10'	Feldmarkierungen

Es wird eine Räuber- und eine gleichgroße Gendarmenmannschaft gebildet. Die Gendarmen versuchen, die Räuber zu fangen und ins "Gefängnis" zu bringen (mit Hütchen o.ä. abgestecktes, nach Gruppengröße bemessenes Feld). Ist ein Räuber von einem Gendarmen gefangen worden, muß er sich von diesem, ohne Widerstand zu leisten, ins Gefängnis bringen lassen. Die Räuber können aber ihre Mitspieler aus dem Gefängnis befreien, indem sie diese abschlagen. Die Gendarmen haben also zwei Aufgaben: Sie müssen die Räuber fangen und die gefangenen Räuber im Gefängnis bewachen. Ein Räuber, der bei einer "Rettungsaktion" selbst gefangen wird, muß auch ins Gefängnis gehen. Das Spiel endet, wenn alle Räuber gefangen sind.

Henne und Habicht — B 1.14

Fach	innen/außen	Alters-eignung	Anzahl Spieler	Dauer	Material
SP FZ	☼	ab 8	ab 10	c.12'	ohne

Die Spieler stehen in einer Reihe und umfassen die Hüfte des Vordermannes. Der erste Spieler der Reihe ist die "Henne", die dahinterstehenden Spieler die "Küken". Vor der Reihe steht der "Habicht". Die "Henne" breitet schützend ihre Arme aus, um den "Habicht" am Fangen eines "Küken" zu hindern.
Der "Habicht" versucht, durch schnelle Wendungen an der "Henne" vorbeizukommen, um ein Küken zu fangen. Den Abwehrbewegungen der "Henne" müssen die Küken folgen, so daß sich die ganze Reihe bewegt. "Henne" und "Habicht" dürfen sich gegenseitig nicht anfassen und festhalten. Sobald ein Küken abgeschlagen ist oder die Kette reißt, schließt sich der "Habicht" am Ende der Reihe an, die "Henne" übernimmt die Rolle des "Habichts", und der bisherige zweite in der Reihe wird "Henne".

Hinweise für den Spielleiter:
Man wähle zu Beginn des Spiels einen gewandten Spieler als "Habicht"!
Das Spiel ist durch die ständige Bewegung für den "Habicht" und für die "Henne" recht anstrengend, so daß man diese Spieler bei erfolglosem "Habicht" bald auswechsen sollte. Dabei sollten "Habicht" und "Henne" mit Spielern aus der Mitte der Reihe ausgetauscht werden, weil diese am wenigsten beansprucht sind.

Schuh-Staffel					B 1.15
Fach	innen/außen	Alters-eignung	Anzahl Spieler	Dauer	Material
FZ	▲ ☼	ab 6	ab 8	c.12'	Schuhe

Alle Spieler ziehen ihre Schuhe aus und stellen sie neben sich. Mit dem Startzeichen zieht der erste Spieler jeder Mannschaft seine Schuhe an und läuft um eine Markierung herum und zurück. Wer seine Schuhe unterwegs verliert, muß sie wieder anziehen, um weiterlaufen zu können. Erst nach dem Handschlag darf der nächste seine Schuhe anziehen und starten.

Fuchsspiel					B 1.16
Fach	innen/außen	Alters-eignung	Anzahl Spieler	Dauer	Material
FZ	☼	ab 6	ab 10	c.10'	ohne

Ein Spieler, er wurde zu Beginn zum "Fuchs" bestimmt, stellt sich in den auf dem Spielfeld aufgezeichneten halbkreisförmigen "Fuchsbau". Das Spielfeld sollte relativ klein sein.
Die anderen Teilnehmer verteilen sich im Spielfeld. Sie rufen: "Fuchs, komm heraus!" Daraufhin verläßt der "Fuchs" seine Behausung und versucht, auf einem Bein hüpfend, einen Spielteilnehmer zu fangen. Derjenige, der vom "Fuchs" abgeschlagen wurde, muß dessen Rolle übernehmen und wird in den Bau gejagt. Ein neues Spiel beginnt.
Überschreitet ein Spieler die Grenzen des Feldes, muß er, ohne vom "Fuchs" geschlagen worden zu sein, in dessen Bau gehen und ihn ablösen. Stellt der "Fuchs" bei seiner Jagd einmal beide

Füße auf die Erde, so muß er sofort in seine Behausung zurückkehren. Damit es der "Fuchs" jedoch nicht zu schwer hat, ist ihm gestattet, während seiner Verfolgung der Spieler das Hüpfbein zu wechseln.

Partnerschaftsfrisbee					B 1.17
Fach	innen/außen	Alterseignung	Anzahl Spieler	Dauer	Material
FZ	☼	ab 8	ab 2	c.10'	Frisbeescheibe

Ein Spieler wirft die Frisbee-Scheibe so weit wie möglich in angemessener Höhe; der Spielpartner läuft der Scheibe nach und versucht, sie so weit wie möglich von der Abwurfstelle entfernt aufzufangen. Es empfiehlt sich, Entfernungsabstände - etwa alle 5m - zu markieren. Im Anschluß an den erfolgten Lauf wird geschätzt, wer als Auffänger am weitesten gekommen ist.

Weglaufball					B 1.18
Fach	innen/außen	Alterseignung	Anzahl Spieler	Dauer	Material
FZ	☼	ab 6	ab 6	c.10'	Ball

Ein Spieler wirft einen Ball in die Höhe und ruft den Namen eines Mitspielers. Der Aufgerufene muß den Ball fangen, die anderen sollen so weit wie möglich weglaufen. Ist der Ball gefangen, müssen alle Spieler stehenbleiben. Der Spieler, der den Ball gefangen hat, muß nun versuchen, die anderen Spieler, die bewegungslos verharren müssen, abzuwerfen. Wird ein Spieler getroffen, muß er den nächsten Ball fangen.
Variationen:
1. Die abzuwerfenden Spieler dürfen sich ducken.
2. Es werden Punkte vergeben. Trifft der werfende Spieler, erhält er einen Pluspunkt, sonst einen Minuspunkt.

Hasenball B 1.19

Fach	innen/außen	Alters-eignung	Anzahl Spieler	Dauer	Material
SP FZ	☼	ab 6	ab 6	c. 15'	mehrere Bälle, Korb, Lederriemen

Ein Spieler der Gruppe erhält einen Ball und versucht, einen Mitspieler aus dem Stand heraus abzuwerfen. Trifft er ihn nicht, kann irgendein Mitspieler den Ball aufnehmen und seinerseits aus dem Stand heraus versuchen, einen anderen abzuwerfen etc.. Jeder Spieler kann demnach jeden anderen abwerfen, sobald er im Besitz des Balles ist. Wird ein Spieler getroffen, so geht er in die Hocke, scheidet aber nicht aus, sondern kann sich auf allen vieren fortbewegen. Erreicht er dabei einen Ball in seiner Nähe, kann er sich diesen nehmen, aufstehen und ist wieder frei. Die Bälle sollten möglichst schnell geworfen bzw. gespielt werden. Die auf allen vieren laufenden "schlauen Hasen" können auch immer wieder absichtlich von den aufrechtlaufenden Spielern angespielt werden, damit sie sich befreien können.

Variationen:
1. Die Spieler bilden zwei Gruppen. Die eine Gruppe ("Hasen") erhält einen kleineren Ball, die andere Gruppe ("Jäger") erhält zwei etwas größere Bälle. Aufgabe der "Jäger" ist es, durch gegenseitiges Zuspielen, ohne mit dem Ball in der Hand zu laufen, mit ihren "Jägerbällen" den "Hasenball" zu treffen. Dies versuchen ihrerseits die "Hasen" dadurch zu verhindern, indem sie den Ball schnell abspielen. Das Bemühen der "Jäger" gilt also dem "Hasenball" und nicht den "Hasen".
2. Ein Spieler bindet sich mit Hilfe anderer einen kleinen, leichten Papierkorb mit einem Lederriemen auf den Rücken oder um die Hüfte. Die Mitspieler versuchen, eine große Anzahl von kleinen Bällen (etwa Tennisbälle), die in der Spielfläche liegen, in den Korb des laufenden "Hasen" zu werfen. Ein Rollenwechsel findet statt, wenn der Korb voll ist.
3. Ein Spieler steht mit einem weichen Ball in der Hand ungefähr in der Mitte des Feldes den anderen Spielern gegenüber, die an einer Seite der Spielfläche stehen, und ruft: "Eins, zwei, drei - Octopus!" Daraufhin versuchen alle

Spieler, auf die andere Seite des Spielfeldes zu gelangen, ohne von dem "Octopus" (Tintenfisch) abgeworfen zu werden. Jeder Abgeworfene wird auch zum "Tintenfisch", indem er sich dort hinkniet, wo er abgeworfen wurde. Er breitet die Arme aus und versucht, mit den Bewegungen aus dieser Stellung heraus beim nächsten Durchlauf wiederum Spieler zu berühren und zu verwandeln. Bei großen Gruppen können von Anfang an zwei Spieler Bälle in der Hand haben.
4. Ein "Hase" wird von zwei Mitspielern beschützt. Die anderen Spieler werfen sich einen Ball so zu, daß einer von ihnen den "Hasen" treffen kann. Geworfen werden darf nicht aus dem Laufen, sondern nur aus dem Stand heraus. Wichtig für ein ausgeglichenes Spielen sind die richtigen Verhältnisse von Spielfeldgröße, Spielerzahl und Anzahl von Beschützern.

Hase und Jäger					B 1.20
Fach	innen/außen	Alterseignung	Anzahl Spieler	Dauer	Material
SP FZ	☼	ab 6	ab 6	c. 12'	mehrere Bälle, Feldmarkierung

Zu Beginn wird ein Spielfeld markiert. Die "Hasen" nehmen an der Stirnseite Aufstellung, während sich die "Jäger" an beiden Seitenlinien plazieren. Die "Hasen"-Mannschaft hat die Aufgabe, die gegenüberliegende Seite zu erreichen, ohne von einem Ball getroffen zu werden. Natürlich kann nicht die gesamte "Hasen"-Mannschaft auf einmal loslaufen, sondern immer nur ein Spieler. Alle "Jäger" haben einen Ball, mit dem sie einen laufenden "Hasen" zu treffen versuchen. Bleibt ein Ball im Spielfeld liegen, so muß der "Jäger" ihn wieder holen; er darf jedoch erst wieder werfen, wenn er sich hinter der Seitenlinie befindet. Meist rollen die Bälle aber zur gegenüberliegenden Seitenlinie, an der ja auch "Jäger" stehen. Ein getroffener "Hase" scheidet aus. Nach einem kompletten Durchgang werden die Rollen getauscht. Es gewinnt die Mannschaft, welche die meisten Hasen ins Ziel gebracht hat.

Bekleidungsstücke-Staffeln					B 1.21
Fach	innen/außen	Alters-eignung	Anzahl Spieler	Dauer	Material
FZ	☼	ab 6	ab 6	c.12'	Hut oder Mütze weite Jacke oder Hose

Einige Bekleidungsstücke (Hut oder Mütze, weite Jacke oder Hose) liegen vor jedem Mannschaftsersten. Auf Pfiff hat er sie anzuziehen, erst dann darf er ablaufen. Wer die Kopfbedeckung unterwegs verliert, muß sie erst wieder aufsetzen, um weiterlaufen zu dürfen. Zur "Staffelübergabe" müssen die Kleidungsstücke getauscht werden. Beim Umziehen sind nur der ankommende und der als nächster laufende Spieler beteiligt.

Kastanien- und Eichelnstaffeln					B 1.22
Fach	innen/außen	Alters-eignung	Anzahl Spieler	Dauer	Material
FZ	☼	ab 6	ab 6	c.10'	zwei Eimer, zahlreiche Kastanien und Eicheln

Auf jeder Laufstrecke stehen zwei Gefäße. In einem liegen abgezählt Kastanien und Eicheln; das andere ist leer. Die Läufer Nr. 1 sammeln die Kastanien heraus und legen sie in das andere Gefäß, die Läufer Nr. 2 schütten wieder alles zusammen.

Eimerstaffel					B 1.23
Fach	innen/außen	Alters-eignung	Anzahl Spieler	Dauer	Material
FZ	☼	ab 6	ab 15	c.10'	mind. zwei Eimer

Da man meistens nur mit Müh und Not sechs Eimer auftreiben kann, sollten bei diesem Staffelspiel die Mannschaften nacheinander starten.
Die Eimer werden im Kreis aufgestellt. Neben jeden Eimer stellt sich ein Spieler der gerade spielenden Mannschaft. Der erste Spieler - er steht neben Eimer 6 - nimmt den Ball und wirft ihn in Eimer 1 (vgl. Abb.). Trifft er daneben, versucht er es noch einmal. Gelingt sein Wurf schließlich, so nimmt der zweite Spieler - er steht neben Eimer 1 - den Ball und wirft ihn in Eimer 2.

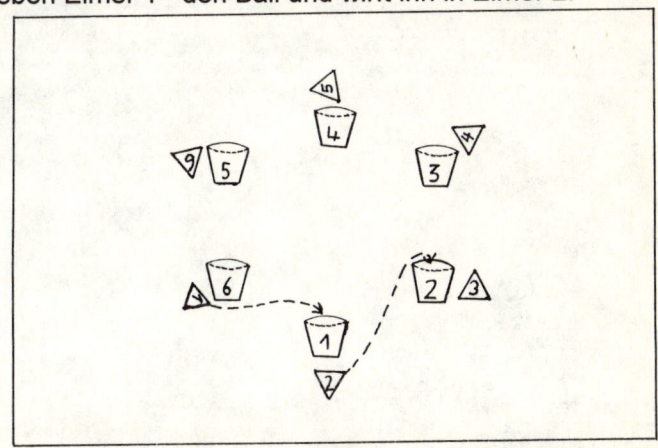

Die Zeit wird gestoppt, wenn der Ball im sechsten Eimer liegt.
Dann kommt das nächste Team an die Reihe.
Gewonnen hat die Mannschaft, die den Ball in der kürzesten Zeit in Eimer 6 geworfen hat!

Becherstaffel					B 1.24	
Fach	innen/außen	Alters-eignung	Anzahl Spieler	Dauer	Material	
FZ	☼	ab 6	ab 12	c.10'	Tablett, 6 Becher, zwei Eimer	

Jede Mannschaft stellt sich hintereinander an die Startlinie. Der erste Spieler jeder Gruppe erhält ein leeres Tablett in die Hand gedrückt. Ungefähr 10 bis 15 m von der Startlinie entfernt ist eine Linie markiert. Hier stehen für jede Mannschaft 6 mit Wasser gefüllte Joghurtbecher. Auf ein Startsignal hin laufen die ersten Spieler zu dieser Linie, setzen einen Becher auf ihr Tablett und rennen zurück zu ihrer Gruppe. Hier angekommen, wird das Tablett dem zweiten Spieler übergeben, der seinerseits zur Linie läuft und den zweiten Becher aufnimmt. Sieger ist die Gruppe, die zuerst alle 6 Becher mit Inhalt ins Ziel gebracht hat. Kippt ein Becher während des Laufens um, so muß man zur Linie zurück. Hier steht für jede Mannschaft ein Nachfülleimer bereit!

Geschicklichkeitsspiele

Beobachtungshinweise

Organisation

1. Wurden die Regeln schnell umgesetzt oder kam es zu Irritationen/ gegenseitiger Kritik und in der Folge zu Unlust, Resignation etc.?
2. Waren die Spieler in der Lage, Spielregeln zur Optimierung des Spielflusses zu verändern?
3. Wurden bei den Spielbesprechungen konstruktive/ destruktive Beiträge eingebracht?
4. Gab es nonverbale Kommunikationsformen unter den Teilnehmern?
5. Standen genug Ersatz-Spielgegenstände zur Verfügung, etwa Joghurtbecher, Luftballons etc.?

Fachspezifische Beobachtungen

1. Welche Spieler bewiesen eine schnelle Auffassungsgabe in bezug auf Regeln/ geforderte Geschicklichkeit?
2. Welche Körperteile wurden bei Geschicklichkeitsspielen besonders eingesetzt?
3. Gab es "Lernfortschritte" bei einzelnen Spielern?
4. Welche Schwierigkeiten traten bei Spielern - etwa bei Spielen mit geschlossenen Augen oder bei Koordinationsspielen - auf?
5. Gab es Spieler, die einzelne Spiele/Spielelemente besonders zügig/ ausdrucksvoll umsetzten?

Pädagogisch-psychologische Beobachtungen

1. Suchten/Scheuten die Spieler den Leistungsvergleich?
2. Welche Spieler übernahmen spontan/ mit Verzögerung/ gar nicht eine Führungsrolle?

3. Welche Spieler zeichneten sich durch besondere Fähigkeiten im Vormachen/ Erklären von Regeln etc. aus, so daß sie für die Rolle des Spielleiters geeignet scheinen?
4. Welche Spieler äußerten punktuell/ grundsätzlich Begeisterung/ Ablehnung bei einzelnen Spielen?
5. Gab es Ermunterungen/ Beschimpfungen gegenüber Mannschaftskollegen/ Gegnern?
6. Gingen einzelne Spieler destruktiv mit Spielgegenständen um, indem sie etwa bewußt Wasser verschütteten, spuckend die Watte bewegen wollten etc.?

Gordischer Knoten					B 2.1
Fach	innen/außen	Alters-eignung	Anzahl Spieler	Dauer	Material
SP FZ	♠ ☼	ab 6	ab 6	c.10'	ohne

Die Gruppe stellt sich im Kreis auf. Auf ein Kommando gehen alle mit ausgestreckten Händen auf die Mitte zu und ergreifen mit jeder Hand eine andere Hand. Der dadurch entstehende gordische Knoten soll nun aufgelöst werden. Dabei dürfen die Hände nicht losgelasssen werden. Der Knoten ist entwirrt, wenn die Gruppe Hand in Hand einen oder mehrere Kreise bildet.

Variation:
Die Gruppe löst die Aufgabe nicht gemeinsam, sondern ein einzelner dirigiert von außen den Prozeß der Entwirrung.

Jurtenkreis					B 2.2
Fach	innen/außen	Alters-eignung	Anzahl Spieler	Dauer	Material
SP FZ	♠ ☼	ab 8	ab 10	c. 5'	ohne

Die Gruppe stellt sich im Kreis auf. Dabei ist es wichtig, daß die Zahl der Mitspieler gerade ist. Im Kreis wird nacheinander bis zwei abgezählt, und alle fassen sich an den Händen. Auf ein Kommando hin beginnen alle "Einser", sich nach vorne kippen zu lassen. Als Gegengewicht bewegen sich die "Zweier" nach hinten. Wenn sämtliche Arme gestreckt sind, bewegen sich alle Spieler langsam zurück bis zur Ausgangsposition und darüber hinaus, so daß die "Einser" sich nach hinten lehnen und die "Zweier" nach vorne.

Gleichgewichtsspiele					B 2.3
Fach	innen/außen	Alters-eignung	Anzahl Spieler	Dauer	Material
SP FZ	▲ ☼	ab 8	ab 2	c. 5'	ohne

Zwei Spieler stehen voreinander und dürfen ihre Füße nicht vom Fleck bewegen. Sie versuchen, ihren Mitspieler lediglich mit den Händen - Handfläche gegen Handfläche - aus dem Gleichgewicht zu bringen.
Variationen:
1. Zwei Spieler stehen mit dem Rücken zueinander und versuchen, sich mit dem verlängerten Rücken aus dem Gleichgewicht zu bringen.
2. Zwei Spieler sitzen Rücken an Rücken auf dem Boden. Sie versuchen, sich langsam aufzurichten, indem sie einander Halt bieten.

Verbiegen					B 2.4
Fach	innen/außen	Alters-eignung	Anzahl Spieler	Dauer	Material
FZ	▲ ☼	ab 8	ab 3	c. 5'	ohne

Drei Spieler bilden zusammen eine Gruppe. Ein Spieler ist die Gliederpuppe und wird abwechselnd von den beiden Mitspielern in verschiedene Stellungen verbogen. Nach einiger Zeit findet ein Rollenwechsel statt.

Frisbee-Golf					B 2.5
Fach	innen/außen	Alters-eignung	Anzahl Spieler	Dauer	Material
FZ	☼	ab 10	ab 2	c. 12'	Frisbeescheibe, und Liste s.u.

Auf einer Spielfläche werden verschiedene Spielgegenstände wie **Ständer**, **Stühle**, **Papierkörbe**, **Tonnen** etc. aufgestellt. Die Spieler bauen einen Parcours und versuchen, die einzelnen Gegenstände zu treffen. Ziel ist es, mit möglichst wenigen Würfen alle Gegenstände "abzuwerfen". Dabei ist darauf zu achten, daß die Abstände den Wurffähigkeiten der Spielgruppe angepaßt ist.

Kreuzwerfen					B 2.6
Fach	innen/außen	Alterseignung	Anzahl Spieler	Dauer	Material
FZ	☼	ab 10	ab 4	c. 5'	3 Frisbeescheiben

Zwei Spieler werfen sich eine Frisbee-Scheibe möglichst langsam zu. Zwei weitere Spieler stehen im rechten Winkel zur Wurfrichtung und versuchen abwechselnd, aus einer bestimmten Entfernung mit anderen Wurfscheiben die geworfene Frisbee-Scheibe im Flug zu treffen. Ist dies gelungen, findet ein Wechsel statt. Ziel des Spiels ist nicht das Verhindern, sondern das Gelingen eines Treffers.

Trefferzonen-Frisbee					B 2.7
Fach	innen/außen	Alterseignung	Anzahl Spieler	Dauer	Material
FZ	☼	ab 10	ab 8	c. 15'	Frisbeescheibe

Das gesamte Spielfeld wird in eine Trefferzone (T) und ein eigentliches Spielfeld (S) aufgeteilt. Eine Gruppe stellt sich direkt vor der Trefferzone auf, die andere verteilt sich im Spielfeld (vgl. Abb.).

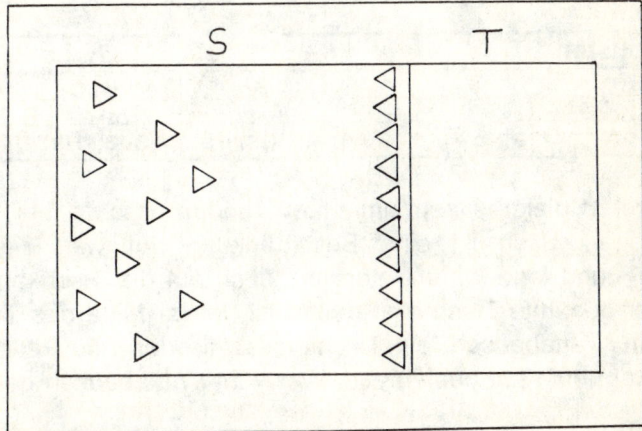

Einer der "Zonenwächter" wirft die Frisbee-Scheibe so weit wie möglich in das Spielfeld hinein. Die Feldspieler versuchen nun, die Wurfscheibe abzufangen und durch die Gruppe der Zonenwächter hindurch oder über sie hinweg die Frisbee-Scheibe so zu spielen, daß sie in der Trefferzone zu Boden kommt. Wer die Frisbee-Scheibe aus der Luft gefangen hat, darf drei Schritte vorrücken und von dort aus werfen. Nach einer vereinbarten Zeit oder einer bestimmten Trefferzahl - erfahrungsgemäß eignet sich als Zielzahl 11, evtl. mit der Vorgabe, zwei Punkte Vorsprung haben zu müssen - werden die Rollen gewechselt.

Schnur-Frisbee					B 2.8
Fach	innen/außen	Altershalt-eignung	Anzahl Spieler	Dauer	Material
FZ	☼	ab 10	ab 8	c. 15'	Frisbeescheibe

Die Spieler verteilen sich mannschaftsweise über zwei Felder; in der Mitte ist ein Netz oder eine Schnur gespannt. Hierbei lassen sich Bäume, Teppichstangen u.a.m. nutzen. Jede Mannschaft versucht, die Frisbee-Scheibe so über das Netz zu spielen, daß sie auf der anderen Seite nur mit Mühe gefangen werden kann. Gewonnen hat die Mannschaft, der es gelungen ist, die Frisbee-Scheibe 11mal so zu werfen, daß die gegnerische Mannschaft die Scheibe nicht fangen konnte.

Wettpusten					B 2.9
Fach	innen/außen	Alters-eignung	Anzahl Spieler	Dauer	Material
FZ	♠	ab 6	ab 4	c. 15'	Watte, Tisch

Mehrere Spieler sitzen um einen runden Tisch - bei einem viereckigen Tisch ist eine Beschränkung auf vier Mitspieler ratsam - und legen ihre Unterarme flach auf die Tischkante, so daß der gesamte Tisch eingerahmt ist. In der Mitte des Tisches liegt ein Wattebausch, ein Tischtennisball oder eine Feder. Auf ein Kommando hin pusten alle. Wer vom Wattebausch getroffen

wird, erhält einen Minuspunkt. Die Arme dürfen dabei ihren Platz nicht verlassen.
Variationen:
Die Spieler sitzen im Kreis auf Stühlen. Alle sind mit einem Fächer (Pappkarton, Tischtennisschläger) ausgerüstet. Auf ein Startkommando hin versucht jeder, ohne aufzustehen, den Spielgegenstand mit seinem Fächer einem anderen zuzuspielen.

Schokoladen-Wettessen					B 2.10
Fach	innen/außen	Alters-eignung	Anzahl Spieler	Dauer	Material
FZ	▲	ab 6	ab 4	c. 15'	Liste s.u.

Vor den Spielern liegen auf dem Tisch: eine **Tafel Schokolade**, **Messer** und **Gabel, Schal, Hut** und **Handschuhe** sowie ein **Würfel**.

Reihum darf jeder einmal würfeln. Wer eine "Sechs" würfelt, muß sich erst Schal, Hut und Handschuhe anziehen und darf dann mit

Messer und Gabel so lange die Schokolade essen bis ein anderer eine "Sechs" würfelt. Dann gilt es, die Handschuhe etc. auszuziehen und sie mit dem Messer und der Gabel an den essensberechtigten Mitspieler weiterzureichen.
Variation:
Die Tafel Schokolade wird zusätzlich in Papier eingepackt und mit einem Band verschnürt.

Geschicklichkeitsstaffeln					B 2.11
Fach	innen/außen	Alterseignung	Anzahl Spieler	Dauer	Material
FZ	♠	ab 8	ab 2	je 5'	Liste s.u.

1. Ein **Bleistift** liegt quer über **zwei anderen**. Mit beiden Händen nimmt der erste Spieler die beiden unteren Bleistifte und gibt den darüberliegenden an den nächsten Spieler weiter, der diesen querliegenden Bleistift ebenfalls mit zwei Bleistiften aufnimmt und wieder weitergibt etc.
2. Die Hülle einer **Streichholzschachtel** wird ohne Zuhilfenahme der Hände von Nase zu Nase weitergesteckt.
3. Ein **Tischtennisball** wird mit **Löffeln** weitergegeben. Der Ball darf mit der Hand nicht berührt werden.
   Variation:
   Der Tischtennisball muß von **Schläger** zu Schläger springen.
4. Eine **Münze** wandert von Handrücken zu Handrücken oder von Zeigefinger zu Zeigefinger weiter.
5. Ein **Lineal** liegt waagerecht auf einem Zeigefinger und wird auf den anderen Zeigefinger aufgelegt.
6. Ein **Strohhalm, Schaschlikspieß** oder auch **Bleistift**, der zwischen Nase und Oberlippe eingeklemmt ist, wird an einen Mitspieler weitergegeben.
7. Eine **Orange**, zwischen Kinn und Hals eingeklemmt, wird ohne Zuhilfenahme der Hände an den nächsten Spieler weitergegeben.
8. Jeder Spieler hat einen **Strohhalm** im Mund. Ein Ring wandert von Halm zu Halm.
9. Jeder Spieler soll mit verbundenen Augen **zehn Büroklammern** zusammenfügen.

10. Mehrere Spieler spulen einen **Faden** auf, an dessen Ende eine **Flasche** hängt, evtl. über Hindernisse.
11. **Leere Flaschen** sollen ohne Zuhilfenahme der Hände bzw. der Füße von einem Raum in den anderen befördert werden.
12. Ein **Tischtennisball** muß von einem Eierbecher in einen unmittelbar danebenstehenden zweiten Eierbecher gepustet werden.
13. Mit einem **Strohhalm** soll ein Stück **Seidenpapier** angesaugt und weitergegeben werden, indem es von einem anderen Spieler mit einem Halm angesaugt wird.

Balancieren					B 2.12
Fach	innen/außen	Alterseignung	Anzahl Spieler	Dauer	Material
SP FZ	☼	ab 8	ab 2	ab 1'	Stock, Besenstiel

Mehrere Spieler versuchen gleichzeitig - wenn nur ein Stock zur Verfügung steht, nacheinander - einen Stock/ Besenstiel auf dem Zeigefinger stehend, ohne Hilfe über eine bestimmte Entfernung zu tragen (angemessen sind etwa 10 m). Beim Herabfallen des Stockes muß man von vorne beginnen.

Streifenreißen					B 2.13
Fach	innen/außen	Alterseignung	Anzahl Spieler	Dauer	Material
FZ	▲ ☼	ab 6	ab 2	c. 3'	Zeitung

Die Mitspieler erhalten je ein gleich großes Stück Zeitung mit der Aufgabe, dieses in einen möglichst langen zusammenhängenden Streifen zu zerreißen. Die Vorgehensart ist beliebig, wichtig ist lediglich die Länge des Streifens, die über den Sieger entscheidet.

Papier-Wettkampf					B 2.14
Fach	innen/außen	Alters-eignung	Anzahl Spieler	Dauer	Material
SP FZ	☼	ab 6	ab 2	c. 5'	Papier/Pappe (DIN A 4)

Die Teilnehmer erhalten je zwei Blatt Papier/ Pappe (DIN A 4) und die Aufgabe, zu einer acht bis zehn Meter entfernten Ziellinie zu laufen. Die Aufgabe besteht darin, nur auf dem Papier/ der Pappe vorwärts zu kommen. Dafür muß ein Blatt Papier/ Pappe vor den Laufenden gelegt werden, dieser macht einen Schritt auf dieses, greift hinter sich, nimmt das andere, legt es wieder vor sich etc. (vgl. Abb.).

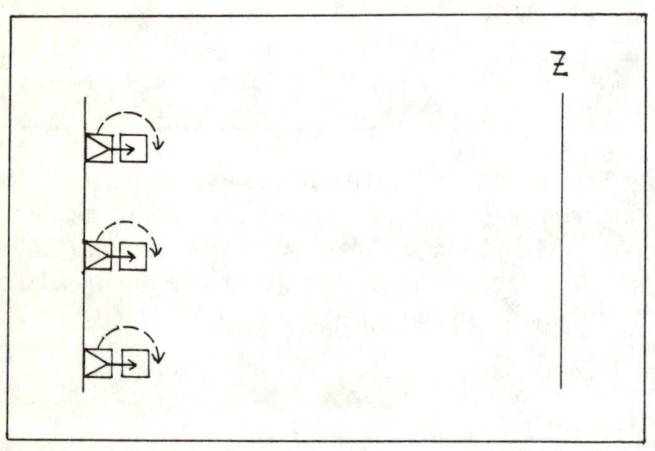

Wasserstaffel					B 2.15
Fach	innen/außen	Alters-eignung	Anzahl Spieler	Dauer	Material
FZ	☼	ab 6	ab 6	c. 5'	Becher, Wasser

Die ersten Spieler zweier Mannschaften erhalten zwei Becher. Einer ist leer, der andere bis zum Rand gefüllt mit Wasser. Nach dem Startzeichen gießen sie das Wasser in den leeren Becher und übergeben beide Becher ihrem Hintermann, der das Wasser wieder in den anderen Becher zurückschütten muß. So machen es auch alle anderen Spieler, bis schließlich eine Mannschaft als erste die Runde beendet. Sie kann aber nur dann Sieger sein, wenn ihr Becher auch das meiste Wasser enthält. Andernfalls ist das Spiel als unentschieden anzusehen.

Stocksuche					B 2.16
Fach	innen/außen	Alters-eignung	Anzahl Spieler	Dauer	Material
FZ	☼	ab 6	ab 4	c.10'	Augenbinden, Stock

In der Mitte des Spielplatzes wird ein Stock in die Erde geschlagen. Mehrere Spieler schreiten nun die Entfernung vom Stock zum Standort ihrer Mitspieler ab und sollen anschließend mit verbundenen Augen den Weg zum Stock zurückgehen. Hat man zum Beispiel eine Schrittzahl von 30 oder 40 festgestellt, dürfen nach dem Startzeichen des Spielleiters auch wirklich nur 30 oder 40 Schritte in Richtung Stock gegangen werden. Die anderen Spieler zählen am besten laut mit. Nach den entsprechenden Schritten wird allen das Tuch abgenommen. Wer dem Stab am nächsten gekommen ist, hat gewonnen.
Wird das Spiel mehrfach gespielt, so können z.B. an die drei besten Spieler in absteigender Folge Punkte vergeben werden, z.B. 5,3,1 oder 3,2,1.

Blinder Zeichner					B 2.17
Fach	innen/außen	Alters-eignung	Anzahl Spieler	Dauer	Material
KU FZ	⬥	ab 6	ab 2	c.10'	Papier, Bleistift od. Wandtafel, Kreide

Einem Spieler, dem die Augen verbunden werden, wird die Aufgabe gestellt, an einer Wandtafel oder auf einem großen Blatt Papier die Umrisse z.B eines Autos, einer Kuh oder einer Kirche zu zeichnen.

Der Tausendfüßler					B 2.18
Fach	innen/außen	Alterseignung	Anzahl Spieler	Dauer	Material
SP FZ	☼	ab 6	ab 10	c.10'	ohne

Alle Spieler fassen sich fest um die Hüften und bilden eine lange Schlange. Der Vordermann der lebenden Kette versucht als "Schlangenkopf" den letzten Spieler, den "Schlangenschwanz", zu fassen. Reißt die Kette an irgendeiner Stelle, das heißt, läßt ein Spieler los, dann scheidet dieser aus.

Parteiball					B 2.19
Fach	innen/außen	Alterseignung	Anzahl Spieler	Dauer	Material
SP FZ	☼	ab 10	ab 10	c.10'	Ball

Zwei zahlenmäßig gleich starke Mannschaften spielen gegeneinander. Jede Partei versucht, sich recht lange einen Ball zuzuwerfen. Die Gegenpartei ist bestrebt, das zu verhindern, um ihrerseits die größte Anzahl von Zuspielen zu erreichen. Jeder Ballfang zählt einen Punkt. Entweder hat die Mannschaft mit Punktmehrheit innerhalb einer festgelegten Zeit gewonnen oder jene, die eine bestimmte Punktzahl als erste erreicht. Es sind zwei Spielleiter erforderlich.

Variationen:
Vor allem mit Blick auf einen fairen Umgang untereinander lassen sich folgende **Variationen** einbringen, die allerdings einen äußerst aufmerksamen Spielleiter erfordern:
1. Der Gegner darf nicht festgehalten oder gestoßen werden.
2. Der Ball darf dem Gegner nur von vorn aus den Händen "genommen" werden, ohne dabei den Körper zu berühren.
3. Mit dem Ball in der Hand darf nicht weiter als zwei (!) Schritte gelaufen werden (stoppen und abspielen oder dribbeln!).
4. Der Ball darf nicht länger als drei Sekunden in den Händen gehalten werden.
5. Läßt man Parteiball in einem abgegrenzten Feld spielen (etwa fünf gegen fünf in der Hälfte eines Basketballfeldes),

so gilt auch das Überlaufen der Spielfeldlinien als Regelverstoß.
6. Das Spielfeld kann nach und nach verkleinert werden.

Helferball					B 2.20
Fach	innen/außen	Alterseignung	Anzahl Spieler	Dauer	Material
SP FZ	☼	ab 8	ab 8	c.10'	Ball

Die Spieler wählen zu Beginn einen Fänger, der die Spieler nachher abschlagen soll. Alle Spieler, auch der Fänger, verteilen sich auf dem Spielfeld. Nachdem das Spiel begonnen hat, versucht der Fänger hinter einem Spieler herzulaufen und ihn abzuschlagen. Es gibt jedoch eine Schwierigkeit für ihn zu überbrücken! Der Spieler, der gerade im Ballbesitz ist, kann nicht abgeschlagen werden. Die Mitspieler können also einem Spieler, der in Bedrängnis geraten ist, helfen, indem sie ihm schnell den Ball zuspielen. Kann der Fänger dennoch einen Spieler abschlagen, so scheidet dieser entweder aus, oder er tauscht mit dem Fänger die Rolle.

Völkerball					B 2.21
Fach	innen/außen	Alterseignung	Anzahl Spieler	Dauer	Material
SP FZ	☼	ab 8	ab 10	c.10'	Ball

Trotz oder gerade wegen seiner weiten Verbreitung und Beliebtheit sei hier das Völkerball-Spiel mit aufgenommen.
Jede Mannschaft verteilt sich in ihrer Spielfeldhälfte und schickt einen Außenspieler (König) hinter die gegenüberliegende Grundlinie. Die Mannschaften versuchen, durch Abwerfen ihrer Gegner deren Feld zu "leeren". Die getroffenen Spieler müssen das Spielfeld verlassen und sich - mit Abwurfrecht - hinter die gegenüberliegende Grundlinie begeben, während der erste Außenspieler zur Mannschaft ins Feld wechselt. So kann der Gegner von beiden Seiten angegriffen werden. Durch schnelles Zuwerfen

zwischen Feldspielern und Außenspielern wird die Gegenmannschaft so lange hin und her gejagt, bis sich eine günstige Abwurfgelegenheit ergibt. Der Gegner jedoch versucht, den Ball abzufangen, um selbst Treffer zu erzielen.

Variationen:
1. Nur direkte Treffer zählen. "Erdbälle", also Treffer, bei denen der Ball vorher den Boden berührt hat, gelten nicht als Abwürfe.
2. Werden bei einem Abwurf eventuell zwei Spieler getroffen, so verläßt nur der zuerst getroffene das Spielfeld. Wird der Ball aber nach einem Treffer, ohne daß er den Boden berührt hat, von einem Gegenspieler aufgefangen, so gilt der Abwurf nicht.
3. Das Übertreten der Spielfeldbegrenzungen, um dem Abwurf zu entgehen, gilt als Treffer.
4. Wenn ein ballbesitzender Spieler die Spielfeldgrenze übertritt, muß er den Ball an die Gegenpartei abgeben. Ein erzielter Treffer zählt selbstverständlich nicht, wenn beim Abwurf übergetreten wurde.
5. Ein Ball darf nicht aus dem gegnerischen Spielfeld genommen werden.
6. Fliegt der Ball über die seitlichen Spielfeldgrenzen, so gehört er der Mannschaft, die ihn nicht zuletzt berührt hat. Er wird dann von dieser (vom Spielfeld aus) wieder ins Spiel gebracht.
7. Gelingt einem Außenspieler ein Treffer, so gilt er als "erlöst" und darf wieder als Feldspieler mitwirken.
8. Man kann den Reiz des Spieles erhöhen, indem man Hindernisse "einbaut", etwa einen Kasten, Tisch, oder indem man im Freien das Spielfeld um einen Baum festlegt u.a.m.. Diese Hindernisse können den Spielern Deckung gewähren.

Die Gewinnmodalitäten können wie folgt festgelegt werden:
1. Es gewinnt die Mannschaft, welche zuerst das gegnerische Feld "geleert" hat.
2. Dasjenige Team ist erfolgreich, welches nach einer festgelegten Spielzeit - empfehlenswert sind etwa 15 Minuten - noch die meisten Spieler im Feld hat.
3. Wird nach Punkten gespielt, so hat derjenige gewonnen, der in einer bestimmten Spielzeit die meisten Treffer erzielt hat.

4. Man kann auch festlegen, daß die Mannschaft gewonnen hat, die zuerst eine bestimmte Trefferanzahl - empfehlenswerterweise zwischen 10-20 - anbringen konnte.

Umgekehrtes Völkerballspiel					B 2.22
Fach	innen/außen	Alterseignung	Anzahl Spieler	Dauer	Material
SP FZ	☼	ab 8	ab 10	c.15'	Ball

Im Gegensatz zum traditionellen Völkerballspiel stehen die weitaus meisten Spieler der zwei Gruppen zu Beginn des Spiels außen um das Spielfeld der Gegenpartei herum. In jedem Feld befinden sich ein oder zwei Spieler jeder Gruppe. Die Spielergruppen versuchen nun, von außen her die Spieler innerhalb des Feldes abzuwerfen. Gelingt dies einem Außenspieler, so kann dieser in das eigene Feld wechseln. Der abgeworfene Spieler bleibt ständig im Feld und hat also vor allem die Aufgabe, seine Mitspieler draußen so anzuspielen, daß diese einen Abwurf anbringen können.

Königsball					B 2.23
Fach	innen/außen	Alterseignung	Anzahl Spieler	Dauer	Material
SP FZ	☼	ab 8	ab 10	c.15'	Ball

Wie beim Völkerball stehen sich zwei Gruppen in zwei Feldern gegenüber. An den drei Außenseiten des gegnerischen Feldes steht jeweils ein "Scheintoter". Vor Beginn des Spiels einigt sich jede Gruppe, die also aus drei Außenspielern und mehreren Innenspielern besteht, auf eine Person - ihren "König" -, der vor dem Abwurf geschützt werden soll. Diese Wahl wird vor den Gegenspielern geheimgehalten. Es gelten die Spielregeln wie beim normalen Völkerball mit der Ausnahme, daß abgeworfene Spieler nicht das Feld zu verlassen brauchen, sondern weiterhin am Spielgeschehen beteiligt sind. Wenn aber der "König" abgeworfen wird, ist das Spiel entschieden.

Triff und lauf   B 2.24

Fach	innen/außen	Alters-eignung	Anzahl Spieler	Dauer	Material
SP FZ	☼	ab 8	ab 10	c.15'	Ball

Eine Spielgruppe stellt sich um ein (rundes oder eckiges) Spielfeld auf. Die zweite Gruppe verteilt sich innerhalb des Feldes. Die Außenspieler versuchen, einen der Innenspieler abzuwerfen. Gelingt ihnen dies in einer vorher festzulegenden Anzahl (empfohlen wird drei- bis fünfmal), werden die Rollen gewechselt. Kann aber ein "Innenspieler" den Ball im Flug abfangen, so darf er seinerseits einen Außenspieler abwerfen, damit sofort ein Rollenwechsel stattfindet.

Die Außenspieler können sich dadurch retten, daß sie ein vorher vereinbartes Freimal wie eine Außenlinie, eine Bank oder einen nahen Baum erreichen.

Kreis-Völkerball   B 2.25

Fach	innen/außen	Alters-eignung	Anzahl Spieler	Dauer	Material
SP FZ	☼	ab 8	ab 10	c.15'	Ball

Eine Spielgruppe stellt sich mit einem Ball um einen großen markierten Kreis auf. Die andere Gruppe setzt sich innerhalb des Kreises auf den Boden. Die Außenspieler versuchen nun, die Sitzenden am Oberkörper zu treffen. Diese können den Ball nur mit den Füßen abwehren, ohne aber aufstehen zu dürfen. Wer getroffen wird, übernimmt die Rolle des Abwerfers. Nach einer vereinbarten Zeit oder Zahl von Treffern werden die Rollen insgesamt gewechselt.

Ausweichhüpfen					B 2.26
Fach	innen/außen	Alters-eignung	Anzahl Spieler	Dauer	Material
SP FZ	☼	ab 6	ab 6	c. 5'	Medizinball oder zwei kleinere Bälle

Die Spieler bilden auf dem Bauch liegend einen kleinen Kreis. Ein oder zwei Spieler stehen in der Mitte und versuchen, durch schnelles Hüpfen (beidbeinig oder einbeinig) dem von den Außenspielern gerollten Medizinball oder auch zwei kleineren Bällen auszuweichen. Nach einem Treffer findet ein Rollenwechsel statt.

Sandschneiden					B 2.27
Fach	innen/außen	Alters-eignung	Anzahl Spieler	Dauer	Material
FZ	♠	ab 6	ab 4	c. 5'	Sand, Messer, Streichholz, (Mehl)

Alle sitzen um den Tisch, auf dem sich ein kleiner Hügel aus festem Sand (denkbar ist auch Mehl) befindet. In der Mitte des Häufchens steckt ein Streichholz. Jeder muß nun der Reihe nach mit einem Messer ein Stück von dem Hügel abschneiden. Wenn das Streichholz umfällt, muß der betreffende "Schneider" ausscheiden.
Hinweis:
Ein vergleichbares Geschicklichkeitsspiel existiert auf dem Markt als "Jenga". Hierbei wird ein Turm aus Holzklötzchen aufgestellt, aus dem solange jeweils einzelne entnommen werden, bis er zusammenfällt.

Haschball					B 2.28
Fach	innen/außen	Alters-eignung	Anzahl Spieler	Dauer	Material
SP FZ	☼	ab 6	ab 8	c.15'	Ball

Die Teilnehmer bilden einen großen Kreis und hocken sich auf die Erde. Inmitten des Kreises wird ein kleiner Kreis gezogen (etwa 50 cm Durchmesser). Ein Spieler stellt sich in diesen hinein, die anderen rollen sich einen Ball zu. Der in der Mitte stehende Teilnehmer muß nun versuchen, den Ball zu erhaschen. Er darf sich hinlegen, kauern oder setzen. Seine Füße dürfen aber niemals den Kreis verlassen. Kann er den Ball erhaschen, so muß der Spieler, der zuletzt den Ball hatte, in die Mitte wechseln.

Geschicklichkeits-Stafette					B 2.29
Fach	innen/außen	Alters-eignung	Anzahl Spieler	Dauer	Material
FZ	☼	ab 6	ab 6	c.12'	Schal, Besenstiel, Reifen

Wie bei jedem gewöhnlichen Stafettenlauf wird auch hier die Strecke in einzelne Etappen eingeteilt. Ihre Länge ist abhängig von der Art des Stafettenlaufes. Die Läufer, jeweils einer von jeder Mannschaft, werden auf die einzelnen Etappen verteilt. Zur Übergabe kann in diesem Wettbewerb irgendein kleiner, leichter Gegenstand dienen, der die Übungen nicht behindert (z.B. ein Schal, der um den Hals gebunden wird). Die Hände müssen auf jeden Fall frei sein, da in einer kombinierten Stafette ein jeder in den einzelnen Etappen eine Reihe mehr oder weniger schwerer Hindernisse zu überwinden hat. Es kann zum Beispiel diese Reihenfolge festgelegt werden:
Erste Etappe:
Lauf mit einem Reifen. Der Reifen muß eine Strecke von etwa 25 bis 30 Schritten getrieben werden.

Zweite Etappe:
Jonglieren eines Besenstieles. Der Spieler muß einen Stab eine Strecke von 5 Schritten auf der oberen Handfläche oder auf einem Finger balancieren.
Dritte Etappe:
Hüpfen auf einem Bein bei einer Streckenlänge von 10 bis 15 Metern.

Briefe in der Nacht					B 2.30
Fach	innen/außen	Alters-eignung	Anzahl Spieler	Dauer	Material
FZ	♠	ab 6	ab 8	c.15'	Augenbinden

Es ist "Nacht". Deshalb werden dem Briefträger auch die Augen verbunden. Die anderen Spieler sitzen auf Stühlen im Kreis und geben sich laut einen Städtenamen. In der Mitte steht der Briefträger und verteilt seine Post. Er ruft zum Beispiel: "Ich habe einen Brief von Köln nach Düsseldorf!" Nun muß der Spieler mit dem Namen "Köln" schnell seinen Platz mit Spieler "Düsseldorf" tauschen. Darauf hat aber der Briefträger nur gewartet, denn er versucht jetzt, einen Platz zu erwischen. Gelingt ihm das, muß ein anderer die Rolle des Briefträgers übernehmen.

Alphabet belegen					B 2.31
Fach	innen/außen	Alters-eignung	Anzahl Spieler	Dauer	Material
FZ	♠ ☼	ab 8	ab 4	c.10'	Zettel mit Alphabet

Jede Gruppe erhält Zettel, auf denen die meisten der Buchstaben des Alphabets stehen. Diejenige Gruppe hat gewonnen, die zuerst zu jedem Buchstaben einen Gegenstand gefunden hat, der mit diesem Buchstaben beginnt. Gegenstände, die man mit mehreren Bezeichnungen benennen kann, dürfen mehrfach verwendet werden. Buchstaben wie Y und X sollten nicht aufgenommen werden.
Beispiel: A: Armbanduhr; B: Baumast; etc.

Schlangestehen					B 2.32
Fach	innen/außen	Alters-eignung	Anzahl Spieler	Dauer	Material
FZ	▲ ☼	ab 8	ab 8	c.10'	Zettel

Möglichst weit voneinander entfernt hängen an Bäumen o.ä. etwa fünf verschiedene Artikellisten von Geschäften (pro Liste ca. acht bis zehn Artikel). Alle Spieler sammeln sich in der Mitte. Der Spielleiter nennt den Gegenstand, der "gekauft" werden soll. Wer als letzter das richtige Geschäft gefunden hat, d.h. ganz hinten in der Schlange vor dem richtigen Zettel ansteht, scheidet aus. Je ähnlicher die Namen der Gegenstände auf den verschiedenen Listen sind, desto reizvoller gestaltet sich das Spiel.

Schlangen					B 2.33
Fach	innen/außen	Alters-eignung	Anzahl Spieler	Dauer	Material
SP	▲ ☼	ab 6	ab 4	c.10'	ohne

Zwei zu "Schlangen" verzauberte Spieler kriechen innerhalb eines nicht zu großen Spielfeldes über den Boden. Eine "Schlange" muß immer eine Hand bzw. einen Arm sowie beide Beine auf dem Boden haben, darf also wirklich nur kriechen. Die anderen Spieler versuchen, nicht von den "Schlangen" berührt zu werden. Ist ein Spieler berührt, so wird er ebenfalls zu einer "Schlange". Wichtig ist die Wahl einer nicht zu großen Spielfläche.

Platzsuchen					B 2.34
Fach	innen/außen	Alters-eignung	Anzahl Spieler	Dauer	Material
FZ	☼	ab 6	ab 4	c.8'	Augenbinden, Ball, Zweig

Nach vorheriger Orientierung über die Ziele kommt es darauf an, mit geschlossenen oder verbundenen Augen eine gute Raumvorstellung zu beweisen und im Spielfeld markierte Stellen zu finden. Die Suchenden sind nach dem Öffnen der Augen oft über ihr mangelhaftes Orientierungsvermögen überrascht. Alle ge-

nannten Formen lassen sich als Einzel- und als Mannschaftswettkampf austragen.
Alle Spieler sitzen hinter einer Linie. Vor dieser werden in 12 bis 15 m Entfernung entweder ein größerer Kreis, mehrere kleine Kreise oder eine Gasse aufgezeichnet (vgl. Abb.). Nachdem die Spieler die Entfernung abgeschätzt haben, sollen sie den Platz bei geschlossenen Augen erreichen. Wer meint, sein Ziel erreicht zu haben, setzt sich nieder und öffnet die Augen.

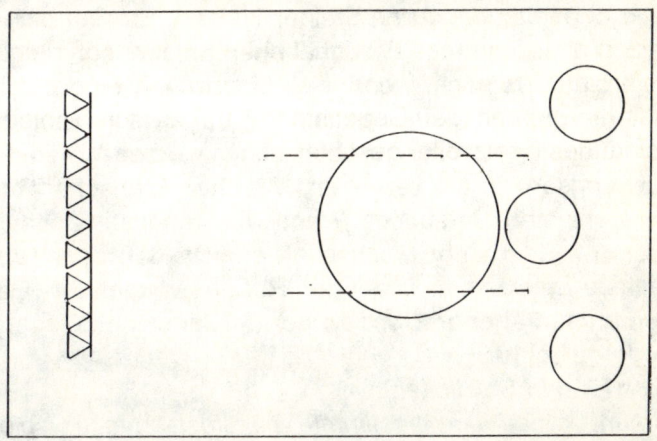

Variationen:
1. Bei drei oder vier Mannschaften startet auf das Signal des Spielleiters hin ein Spieler von jeder Mannschaft. Erst wenn alle drei oder vier Spieler sitzen, wird gewertet; wer im Kreis oder in der Gasse sitzt, erhält einen Punkt. Erst dann gehen die Spieler zur Mannschaft zurück.
2. Die Gruppen sitzen oder liegen sich mit 15 bis 20 m Abstand gegenüber. Innerhalb des Feldes sind zwei Male (Kreise, Vierecke) aufgezeichnet; beide haben von der jeweils entfernteren Grundlinie gleichen Abstand. Aus beiden Gruppen startet nun je ein Spieler und versucht, mit geschlossenen oder verbundenen Augen das gegenüberliegende, entferntere Mal zu erreichen. Wer glaubt, an seinem Ziel angekommen zu sein, setzt sich nieder. Wer direkt im Mal sitzt, bringt seiner Gruppe zwei Punkte ein. Erreicht kein Spieler sein Mal, so erhält der einen Punkt, der ihm am nächsten kommt.

3. Alle Spieler erhalten einen Ball, einen Zweig oder einen anderen kleinen Gegenstand, den sie mit geschlossenen oder verbundenen Augen in ihr Mannschaftsmal legen sollen. Jeder Gegenstand im Mal zählt für die Mannschaft als ein Punkt. Läßt man die Gegenstände dort liegen, wo sie niedergelegt wurden, so kann die Mannschaft anschließend ihr "Trefferbild" betrachten. Dazu ist es erforderlich, daß die auszutragenden Gegenstände verschieden sind (Schlagbälle, Staffelstäbe, kleine Steine, Tücher). Es sind die in den beiden ersten Formen beschriebenen Spielweisen möglich.
4. Reizvoll ist es auch, wenn jede Mannschaft eine bestimmte Anzahl von Gegenständen ins Mal tragen soll. Hierbei sind alle diejenigen, die danebengelegt werden, wieder zum Ausgangsort zurückzubringen. Welche Mannschaft braucht die wenigsten Versuche? Wenn der geringste Zeitaufwand über den Sieg einer Mannschaft entscheidet, dann läuft der nächste Spieler jeweils auf den Ruf des vorigen los. Gerufen werden darf aber erst, sobald der Spieler seinen Gegenstand niedergelegt hat.

Hinweise für den Spielleiter:
Setzt man vorher eine bestimmte Zeit fest, zum Beispiel fünf Minuten, dann gewinnt die Mannschaft, die in dieser Zeit die meisten Gegenstände ins Mal bringt.
Alle Formen lassen sich durch Veränderung der Ausgangsstellungen erschweren oder dadurch, daß vorher bestimmte Übungen ausgeführt werden müssen (Drehungen, Rolle vorwärts, Rolle rückwärts) oder auch die Fortbewegungsart verändert wird.

Ballschlacht					B 2.35
Fach	innen/ außen	Alterseignung	Anzahl Spieler	Dauer	Material
FZ	☼	ab 6	ab 8	ab 5'	Bälle

Das Spielfeld wird in zwei Hälften geteilt. In jeder Hälfte befindet sich eine Mannschaft. Jeder Spieler soll im Besitz eines Balles sein. Auf ein Zeichen des Spielleiters wirft jede Mannschaft ihre Bälle möglichst schnell in das gegnerische Spielfeld. Jeder angekommene Ball wird sofort wieder zurückgeworfen. Auf ein hörbares Zeichen des Spielleiters (Stop-Ruf, Pfiff, o.ä.) darf kein Ball mehr geworfen werden. Die Mannschaft mit der geringeren Anzahl an Bällen in ihrem Spielfeld ist Sieger.

Hinweis für den Spielleiter:
Das Spiel kann der Konditionsförderung dienen, wenn es nach kurzer Unterbrechung - etwa: alle drei Minuten mit einer Minute Pause - wiederholt wird. In diesem Fall muß für jede Runde ein Punkt an eine Mannschaft vergeben werden. Man kann auch die Differenz der in den jeweiligen Spielfeldern befindlichen Bälle zum Gradmesser der Punkteverteilung machen.
Sollte ein Ball außerhalb des Spielfeldes rollen, so erhält die Mannschaft einen Minuspunkt, welche dieses zugelassen hat.

Variationen:
1. Das Spiel kann, etwa bei Spielteilnehmern ab dem 10. Lebensjahr, erschwert werden, indem die Spieler sich nur im Entengang, mit beiden Beinen hüpfend etc. bewegen dürfen.
2. Eine Erschwerung läßt sich auch dadurch herbeiführen, daß der Ball nur mit der linken Hand (bei Linkshändern mit der rechten Hand) geworfen werden darf.
3. Denkbar ist auch, daß der Ball nur rückwärts durch die geöffneten Beinen geworfen werden darf.

Plumpsack					B 2.36
Fach	innen/außen	Alterseignung	Anzahl Spieler	Dauer	Material
FZ	▲ ☼	ab 6	ab 6	c.10'	Sack, Plastiktüte

Die Spieler sitzen im Innenstirnkreis. Ein Spieler läuft mit einem "Plumpsack" (Leinensack oder Plastiktüte) um den Kreis. Er hält den Plumpsack dabei etwas versteckt. Möglichst unauffällig läßt er ihn hinter einen Spieler fallen. Bemerkt dieser es doch, so springt er auf, um den ehemaligen Plumpsackträger einzuholen und mit "tüchtigen Schlägen" voranzustoßen. Wer von den beiden sich zuerst an dem leeren Platz befindet - meist ist es der Plumpsackläufer -, setzt sich nieder, und der Überzählige geht nun mit dem Plumpsack um den Kreis. Wenn ein Kreisspieler den hinter ihm liegenden Plumpsack nicht bemerkt hat, und der Läufer einmal im Kreis herum wieder bei ihm angekommen ist, dann klopft der Läufer dem "Schläfer" auf die Schulter. Er schickt ihn mit den Worten: "Eins, zwei, drei, ins faule Ei!" in die

Kreismitte, wo er so lange bleiben muß, bis er durch den nächsten unaufmerksamen Spieler abgelöst wird.

Komm mit! - Lauf weg!					B 2.37
Fach	innen/außen	Alterseignung	Anzahl Spieler	Dauer	Material
FZ	▲ ☼	ab 6	ab 8	c.12'	ohne

Bei dem schon beschriebenen Plumpsackspiel wurde ein Kreisspieler, ohne daß es ihm richtig zum Bewußtsein kam, zum Wettlauf aufgefordert. Jetzt erhält er dagegen einen Schlag und dazu die Aufforderung: "Komm mit!" oder "Lauf weg!", so daß er in der Regel noch schneller reagiert.
Hinweis für den Spielleiter:
Dank zahlreicher Abwandlungen ist "Komm mit! - Lauf weg!" vom Grundschulalter an in allen Altersstufen durchführbar.
Variationen:
1. Die Spieler bilden mit weiter Handfassung einen Kreis und lassen dann die Hände los. Ein Spieler, der Schläger, läuft außerhalb des Kreises herum und gibt einem im Kreis Stehenden einen leichten Schlag auf die Schulter mit dem Ruf: "Komm mit!" oder "Lauf weg!". Dieser folgt entweder dem davoneilenden Herausforderer oder läuft in entgegengesetzter Richtung, und es beginnt der Wettlauf nach dem freigewordenen Platz. Wer dort zuletzt ankommt, muß die Rolle des Schlägers übernehmen.
2. Fortbewegungsart:
Die Art der Fortbewegung (denkbar sind etwa Vierfüßerlauf, verschiedene Hüpfformen, Entengang) wird vorher durch den Spielleiter bestimmt. Sie kann aber auch in bunter Folge von den Schlägern selbst angesagt werden.
3. Ausgangsstellung:
Hockstand, Schneidersitz, Bankstellung vorlings, Bauchlage, Stehen mit Handfassung.
4. Laufweg:
Slalomlauf (-hüpf) um die Kreisspieler, Hindernislauf über die in Bauchlage befindlichen Kreisspieler.

5. Einschalten von Sonderaufgaben:
   Bei "Guten Morgen, Herr...!" laufen die Platzsuchenden von vornherein nur in entgegengesetzter Richtung. Bei ihrer Begegnung können sie folgende Sonderaufgaben erfüllen: Die Hände reichen zur Begrüßung; die Hände reichen und einen Moment niedersetzen; sich einhängen; eine ganze Drehung umeinander ausführen und weiterlaufen.
6. Aufstellung im Doppelkreis
   - Innenstirnkreis:
   Beide angetippten Spieler laufen dem Schläger hinterher oder in entgegensetzter Richtung, so daß jeweils drei Spieler auf Platzsuche sind.
   - Kreisgasse:
   Die Spieler stehen paarweise zueinander. Der Schläger läuft durch die Kreisgasse, um von hier aus ein Paar zum Wettlaufen herauszufordern.
7. Aufstellung in Sternform:
   Bei einer großen Spielgruppe empfiehlt sich die Aufstellung in Sternform, da hier mehrere Reihen mit je drei, vier oder auch fünf Spielern auf der Kreisbahn stehen können. Der Schläger gibt dem letzten Spieler der Reihe einen Schlag mit dem Ruf: "Komm mit!" oder "Lauf weg!". Dieser hat ihn gleich an seinen Vordermann weiterzuleiten etc.. Alle laufen dann um den Kreis. Wer den freigewordenen Platz zuletzt erreicht, wird neuer Schläger. Neben den Veränderungen der Fortbewegungsart und der einfachen Ausgangsstellung können bei diesem Platzsuchspiel in Gruppen noch folgende Varianten angewandt werden:
   - Der erste Spieler jeder Reihe bestimmt die Laufrichtung, so daß der Schläger nach seinem Ruf: "Lauft" erst einmal warten muß.
   - Sehr spaßig wird die soeben beschriebene Spielweise, wenn der erste Spieler der Reihe vor dem Ablauf zwei oder drei Übungen ausführt, die erst von allen anderen - auch vom Schläger - nachgemacht werden müssen. Da es hierbei zu kleinen Spielverzögerungen kommt, empfiehlt sich nur die Aufstellung in Kreuzform.
   - Alle Läufer haben, bevor sie ihren Platz aufsuchen, drei Schläge auf die Hände von verschiedenen Mitspielern auszuteilen.

- Alle Läufer haben ein vorher bestimmtes Mal aufzusuchen. Es kann auch ein Gerät überklettert werden.

Fischer, wie tief ist das Wasser?					B 2.38
Fach	innen/außen	Alters-eignung	Anzahl Spieler	Dauer	Material
FZ	☼	ab 6	ab 8	c.15'	ohne

Ein Spieler ist Fischer, alle anderen stellen sich ihm in größtmöglicher Entfernung gegenüber auf. Alle rufen: "Fischer, wie tief ist das Wasser?" Der Fischer antwortet mit einer beliebigen Meterzahl. Alle fragen: "Wie kommen wir hinüber?" Der Fischer antwortet mit einer beliebigen Fortbewegungsart, z.B hüpfend auf einem, auf beiden Beinen, im Entengang, rückwärts laufend etc.. Dann versucht der Fischer, der sich in gleicher Weise bewegt, möglichst viele Spieler abzuschlagen, die wiederum ihm dann fangen helfen müssen.

Luftballontanz					B 2.39
Fach	innen/außen	Alters-eignung	Anzahl Spieler	Dauer	Material
FZ	▲ ☼	ab 8	ab 8	c.15'	Tonträger, Luftballon

Alle hier aufgeführten Spiele lassen sich auch mit Musik untermalen. Dabei kann das Unterbrechen der Musik als Startzeichen für eine Bewegungsänderung eingesetzt werden.
Luftballons, auf die jeweils der Vorname des Spielers mit einem Filzstift gemalt wurde, werden mit den Fingerspitzen oder auf der Handfläche, dem Kopf, den Armen oder Knien mit leichten Schlägen durch den Raum bewegt. Der Ballon darf dabei weder den Boden noch einen anderen Mitspieler berühren.
Die Teilnehmer können sich mit dem Ballon auch im Sitzen bewegen, sich hinlegen, laufen oder springen. Auf ein vereinbartes Zeichen hin werden die Luftballons untereinander getauscht oder den anderen weggeschlagen. Danach bemüht sich jeder darum, seinen eigenen Ballon wiederzufinden.

Variationen:
1. Die Luftballons aller Teilnehmer werden von der Gruppe gemeinsam in der Luft gehalten und durcheinander geschlagen, bis ein Zeichen ertönt. Jeder versucht dann, seinen eigenen Ballon, einen gleichfarbigen oder auch den eines bestimmten Partners wiederzufinden und spielt dann damit weiter.
2. Zwei Partner geben sich die Hand und versuchen dabei, einen Luftballon in der Luft zu halten. Der Ballon kann dabei mit den Händen oder auch mit den Knien und Füßen hochgeschlagen werden, ohne daß die Paare dabei die Hände loslassen.

3. Zwei oder drei Spieler klemmen einen Luftballon zwischen sich ein und versuchen ihn während der folgenden Bewegungen nicht zu verlieren. Der Ballon kann zwischen den Knien, den Köpfen, den Rücken oder den Schultern der Spieler eingeklemmt sein; er darf jedoch nicht mit den Händen berührt werden.

4. Zwei gegenüberstehende Partner spielen sich zunächst den Ballon mit den Fingerspitzen zu. Wenn sie mit den Flugeigenschaften vertraut sind, legen sie die Ballons zur Seite und versuchen, die gleichen Bewegungen mit einem "Phantasieball" auszuführen. Der Phantasieluftballon kann dabei von den Paaren nach Belieben gegen neue imaginäre Bälle mit anderem Gewicht und anderen Flugeigenschaften ausgetauscht werden.

Bewegungsspiele, die auf Kraft ausgerichtet sind

Beobachtungshinweise

Organisation

1. Ging die Einteilung der Gruppen zügig voran, oder kam es zu unnötigen Wartezeiten?
2. Wurden die gesetzten Regeln schnell und fair umgesetzt, oder kam es zu Irritationen/ gegenseitiger Kritik und in der Folge zu Unlust/ Resignation etc., so daß der Spielleiter eingreifen mußte?
3. War das Kräfteverhältnis weitgehend ausgeglichen, oder fanden die Spiele wegen ungleicher Kräfteverteilung ein zu schnelles Ende?
4. Wie verständigten sich die Spieler untereinander: verbal, non-verbal, laut anfeuernd, kritisch?
5. Gab es die Gefahr von Verletzungen durch Drängelei, Übereifer, Nicht-Nachlassen, obwohl z.B der Sieger feststand, so daß das Spiel abgebrochen werden mußte?

Fachspezifische Beobachtungen

1. Wurden einzelne Spieler kräftemäßig überfordert?
2. Setzten einzelne Spieler neben ihrer Kraft auch andere Fähigkeiten ein, etwa Geschicklickeit oder Schnelligkeit?
3. Welcher Spieler zeigte besondere Kraft/Schwächen in bestimmten Muskelbereichen?
4. Klagten Spieler über Muskelschmerzen, und wenn ja, in welchen Bereichen?

Pädagogisch- psychologische Beobachtungen

1. Welche Spieler übernahmen spontan/ mit Verzögerung eine Führungsrolle?
2. Welche Spieler zeichneten sich durch besondere Fähigkeiten im Vormachen/ Erklären aus, so daß sie für die Rolle des Spielleiters geeignet erschienen?
3. Welche Spieler äußerten punktuell/ generell Begeisterung/ Ablehnung bei einzelnen Spielen?
4. Welche Spieler zeigten Angst oder/ und Scheu vor allzu intensiven Körperkontakten?
5. Welche Spieler beschimpften/ ermunterten ihre Mitspieler grundsätzlich/ in spezifischen Situationen?

Massenschoßsitzen — B 3.1

Fach	innen/außen	Alters-eignung	Anzahl Spieler	Dauer	Material
SP FZ	♠ ☼	ab 8	ab 6	c. 8'	ohne

Zunächst stellen sich alle im Kreis hintereinander auf. Der Abstand zwischen den Mitspielern sollte möglichst gering sein. Auf ein Kommando hin gehen alle langsam in die Knie, bis jeder schließlich auf den Knien seines Hintermannes sitzt.

Auf Händen getragen — B 3.2

Fach	innen/außen	Alters-eignung	Anzahl Spieler	Dauer	Material
FZ	♠ ☼	ab 10	ab 8	c. 2'	ohne

Die Spieler stehen sich paarweise mit festem Griff an beiden Händen gegenüber. Ein Mitspieler springt auf die Arme der ersten Paare und wird weitergereicht.
Variation:
Die Mitspieler bilden eine Schlange. Eine Person wird hochgehoben und über den Köpfen vom Anfang bis zum Ende der Schlange weitergereicht.
Hinweis für den Spielleiter:
Dieses Spiel sollte nur in Gruppen gespielt werden, in denen schon ein gegenseitiges Verantwortungsgefühl und Vertrauen besteht, da sonst zu starke Angstgefühle entstehen könnten.

Erzwungene Rolle rückwärts — B 3.3

Fach	innen/außen	Alters-eignung	Anzahl Spieler	Dauer	Material
SP FZ	♠ ☼	ab 6	ab 2	c. 2'	weiche Unterlage

Zwei Spieler legen sich entgegengesetzt auf eine weiche Unterlage (auch Wiese) direkt nebeneinander auf den Rücken, etwa Hüfte an Hüfte. Dann heben sie die benachbarten Beine und versuchen, den Fuß des Gegners so zu hakeln, daß dieser eine

Rolle rückwärts machen muß. Bei mehr als zwei Spielern erfolgt die Ausscheidung im K.O.-System.

Gotland-Seil					B 3.4
Fach	innen/ außen	Alters- eignung	Anzahl Spieler	Dauer	Material
FZ SP	☼	ab 10	ab 6	c. 10'	10-15m langes Seil

Ein etwa 10 bis 15 m langes Seil wird an den Enden zusammengeknotet und als langes Rechteck auf der Wiese ausgelegt. Zwei Spieler treten auf die schmalen Rechteckseiten und legen jeweils eine Schlaufe um ihre Fußgelenke. Auf ein Startsignal hin versucht ein Spieler, den anderen durch "Austreten" nach hinten durch das Seil zu Fall zu bringen. Die Ausscheidung erfolgt im K.O.-System.
Hinweis:
Dieses Spiel ist ein bekanntes Sportspiel auf der schwedischen Insel Gotland.

An Händen gezogen					B 3.5
Fach	innen/ außen	Alters- eignung	Anzahl Spieler	Dauer	Material
FZ SP	☼	ab 6	ab 8	c. 10'	ohne

Jeweils zwei Spieler reichen sich die Hand. Sie sind nur durch eine Linie voneinander getrennt. Auf ein Zeichen hin versuchen sie, sich gegenseitig über die Linie hinwegzuziehen. Wer mit beiden Füßen die Mittellinie überschreitet, hat verloren, Im Einzelwettkampf kann nach K.O.-System oder Punktsystem vorgegangen werden. Als Mannschaftskampf durchgeführt, zählt jeder Einzelsieg einen Punkt für die betreffende Mannschaft.
Variationen:
1. Auf beiden Seiten der Linie ist in einem Abstand von etwa zwei Metern eine weitere aufgezeichnet. Die Spieler jeder Mannschaft versuchen nun, ihre Gegner mit Schwung auch noch über die zweite Linie zu ziehen. Die Mannschaft, die in

einer festgesetzten Zeit (z. B. in einer Minute) die meisten Gegner hinter die zweite Linie bringt, gewinnt das Spiel.
2. Man kann diesen Ziehkampf auch im "Reiten" ausführen lassen. Beide "Pferde" oder "Kamele" befinden sich in Bankstellung, sie blicken in die entgegengesetzte Richtung. Die Reiter aber sitzen umgekehrt, also zueinander, auf ihren "Pferden", geben sich die Hand und ziehen. Der Ziehkampf ist gewonnen, wenn der gegnerische Reiter vom "Pferd" oder "Kamel" herunter über die Linie gezogen wurde. Sind Sprungseile vorhanden, so sitzen die Reiter in normaler Haltung auf ihren "Kamelen"; sie haben ein zusammengebundenes Sprungseil zum Ziehen um ihre Brust gelegt.

Rückenschieben					B 3.6
Fach	innen/außen	Alterseignung	Anzahl Spieler	Dauer	Material
SP FZ	♠ ☼	ab 6	ab 4	c.10'	ohne

Zwei Spieler stehen oder sitzen Rücken an Rücken in einer etwa 2 m breiten Gasse, die in der Mitte durch eine Linie geteilt ist. Jeder versucht, seinen Gegner über diese Mittellinie hinwegzuschieben.

Rugbyschieben					B 3.7
Fach	innen/außen	Alters-eignung	Anzahl Spieler	Dauer	Material
SP FZ	▲ ☼	ab 6	ab 4	c.10'	ohne

Im Stand wird mit vorgebeugtem Oberkörper Schulter gegen Schulter ein Schiebekampf nach Rugbyart ausgeführt, wobei die Hände nicht den Boden berühren sollten. Es ist darauf zu achten, daß kein "Buckel" gemacht, sondern der Rücken gestreckt wird. Die Beine sind in Schrittstellung, das hintere gut gestreckt, gegen den Boden gestemmt.

Ketten-Schiebekampf					B 3.8
Fach	innen/außen	Alters-eignung	Anzahl Spieler	Dauer	Material
SP FZ	◆ ☼	ab 6	ab 8	c.10'	ohne

Die Mannschaften bilden untergehakt entlang der Mittellinie zwei Rücken an Rücken stehende Ketten (vgl. Abb.), die versuchen, sich gegenseitig wegzuschieben oder die gegnerische Kette zu zerreißen.

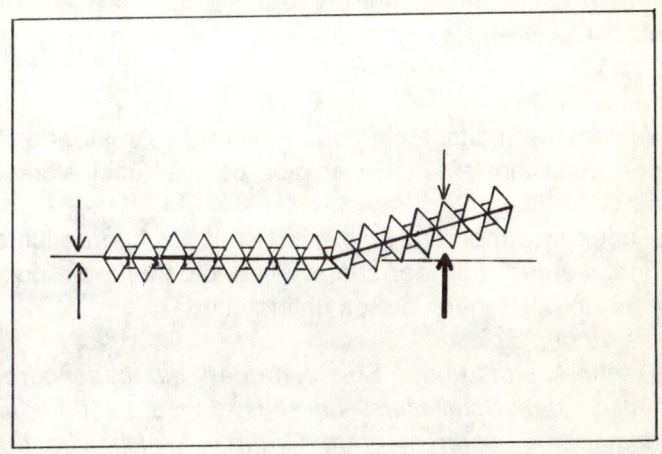

Kreis-Schiebekampf					B 3.9
Fach	innen/außen	Alters-eignung	Anzahl Spieler	Dauer	Material
SP FZ	◆ ☼	ab 6	ab 12	c.10'	ohne

Zwischen zwei etwa 10 m auseinander liegenden Linien bilden zwei Mannschaften von etwa sechs bis acht Spielern durch feste Handfassung je einen Kreis. Die Kreise versuchen, sich gegenseitig über die gegenüberliegende Grenzlinie hinwegzuschieben. Die Kreise dürfen nicht geöffnet werden. Diejenige Mannschaft hat verloren, deren Spieler über die Linie gedrängt sind.

Ausbrechen — B 3.10

Fach	innen/außen	Alters-eignung	Anzahl Spieler	Dauer	Material
SP FZ	☼	ab 6	ab 8	c.10'	ohne

Acht bis zehn Spieler bilden einen Kreis, indem sie sich fest an den Händen fassen oder sich einhaken. Ein oder zwei Spieler befinden sich im Kreis und sollen versuchen auszubrechen. Nach erfolgreichem Kampf wird abgelöst. Bei mehr als zehn Teilnehmern kann die Anzahl der Spieler, die im Kreis stehen, auch erhöht werden. Dann ist derjenige Sieger, der sich zuerst befreit hat.

Variationen:
1. Man kann dem ausbrechenden Spieler die Arbeit erleichtern, indem man ihm einen Helfer gibt, der versucht, von außen die Kette einzureißen.
2. Befinden sich mehrere Spieler im Kreis, so kann auch angeordnet werden, daß der zuerst Ausgebrochene die noch gefangenen Spieler von außen unterstützt.

Hinweise für den Spielleiter:
Dieses sehr kampfbetonte Spiel erfordert die besondere Aufmerksamkeit des Spielleiters, um Auswüchse zu unterbinden, besonders dann, wenn mehrere Gruppen gleichzeitig beteiligt sind.
Sehr intensiv wird das Spiel und eignet sich dann besonders für kräftige Jungen, wenn nur vier oder fünf Spieler in engster Umklammerung einen Spieler umzingeln.
Auch zur Auflockerung des Trainings, ja selbst als ungebundene Form der ganzkörperlichen Kraftschulung kann dieses Spiel verwandt werden. Hier ist es besonders als Gruppenwettkampf angebracht, wobei jede Gruppe versucht, in kürzester Zeit auszubrechen.

Kreis ausräumen					B 3.11
Fach	innen/außen	Alters-eignung	Anzahl Spieler	Dauer	Material
SP FZ	☼	ab 6	ab 8	c.10'	ohne

In einem Kreis von etwa 3 m Durchmesser befinden sich acht bis zehn Spieler. Jeder Spieler versucht, die anderen hinauszudrängen. Hat er einen Gegner hinausgeworfen, so wendet er sich einem neuen zu. Er kann auch ein kämpfendes Paar überraschen und beide hinausstoßen. Es ist also beim Kampf stets Aufmerksamkeit geboten. Wer mit beiden Füßen den Kreis verlassen hat, erhält einen Minuspunkt oder scheidet aus.
Variation:
Auch als Mannschaftskampf ist diese Form reizvoll. Die durch Spielbänder gekennzeichneten Mannschaften drängen sich gegenseitig hinaus. Sieger ist die Mannschaft, welche zuletzt noch Spieler im Kreis hat.
Hinweis für den Spielleiter:
Auf Wanderungen kann dieses Spiel dem Gelände angepaßt werden, indem man statt des Kreises eine kleine Mulde oder einen Berg nutzt. Das Spiel führt zu regelrechten Ringkämpfen. Bei hartem Boden ist unbedingt Vorsicht geboten!

Ringender Kreis					B 3.12
Fach	innen/außen	Alters-eignung	Anzahl Spieler	Dauer	Material
SP FZ	♠ ☼	ab 6	ab 6	c.12'	Keulen, o.ä.

Sechs bis zehn Spieler bilden einen Innenstirnkreis und fassen sich an den Händen. Bei kräftigen Spielern empfiehlt sich der Unterarmgriff. In der Mitte des Kreises stehen fünf Keulen (oder Gegenstände, die umfallen können). Die Spieler versuchen nun, durch Ziehen, Schieben oder Drängen zu erreichen, daß ein Mitspieler die Keulen umwirft.
Als Spielregeln können gelten:
- Wer eine Keule umwirft, scheidet aus.

- Wer mit der rechten Hand die Kette zerreißt, scheidet ebenfalls aus. Dadurch wird von vornherein die Möglichkeit ausgeschaltet, durch Lösen der Handfassung keine Keulen umzuwerfen.
- Anstelle des Ausscheidemodus können auch Minuspunkte vergeben werden, um dann nach einer bestimmten Anzahl von Durchgängen die Sieger zu ermitteln.

Variationen:
1. Statt der Verwendung von Keulen wird ein Kreis von etwa einem Meter Durchmesser aufgezeichnet, der nicht betreten werden darf. Als erleichternde Spielregel kann gelten, daß nur der ausscheidet, welcher mit beiden Beinen in den Kreis tritt.
2. Einfacher wird es, wenn man in die Mitte des Kreises noch einen zweiten von etwa 50 cm Durchmesser zeichnet, der sozusagen als "Freimal" gilt und dessen Betreten nicht bestraft wird (vgl. Abb.).

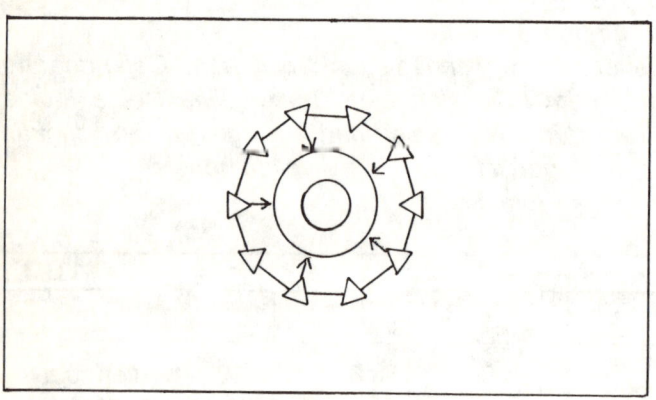

3. Anstelle der Benutzung eines Kreises können auch zwei Medizinbälle übereinandergelegt werden.
4. Es kann auch mit umgekehrter Zielsetzung gespielt werden. Der ringende Kreis befindet sich innerhalb der Markierung; die Spieler versuchen, sich durch Schieben und Drängen gegenseitig über die Kreislinie nach außen zu drücken.

Hinweise für den Spielleiter:
Je kleiner der Kreis durch die sich verringernde Spielerzahl wird, desto enger stellt man die Keulen. Dem Nachteil, daß die

ausgeschiedenen Spieler untätig warten müssen, begegnet man dadurch, daß sie bei entsprechender Anzahl einen neuen Kreis bilden dürfen.

Tanzspiele

Beobachtungshinweise

Organisation

1. Wurde die Musik (Lautstärke, Rhythmus) passend zu den Spielen eingesetzt?
2. Wurde die Musik sinnvoll eingesetzt, um das Spielgeschehen zu lenken (etwa bei Partnerwechsel)?
3. Welche Musikstücke gefielen der Gruppe besonders gut/ schlecht?
4. Gab es Irritationen/ Drängeleien beim Partnerwechsel?
5. Waren die Zeitvorgaben für die einzelnen Spiele/ Spielabschnitte richtig gewählt, so daß weder Langeweile noch Hektik aufkam?
6. Wurden die Erklärungen richtig umgesetzt, oder wäre ein illustrierendes Vormachen angebracht gewesen?

Fachspezifische Beobachtungen

1. Welche Spieler zeigten besondere Begabung/ Begabungsdefizite in bezug auf die Koordination von Rhythmus und Bewegung?
2. Welche Bewegungsformen wurden zur Musik erprobt?
3. Wurden von der Gruppe/ Einzelnen vorwiegend vertraute Bewegungen aus der Gymnastik (Schule) oder vom Tanz übernommen?
4. Nahmen Spieler phantasievolle Ausschmückungen der Rollenvorgaben an?

Pädagogisch-psychologische Beobachtungen

1. Konnten Hemmungen, Berührungsängste oder Kontaktschranken in der Gruppe/ bei Einzelnen beobachtet werden, etwa beim Befragungsspiel, bei der Partnersuche?
2. Machte es den Teilnehmern Spaß, sich zur Musik zu bewegen?

Festkleben					B 4.1
Fach	innen/außen	Alters-eignung	Anzahl Spieler	Dauer	Material
SP FZ	◆	ab 10	ab 6	c.15'	Tonträger

Wenn die Musik unterbrochen wird, wechseln die einzelnen Tanzpartner. Spielt die Musik dann weiter, tanzen die Paare so zusammen durch den Raum, als seien sie an einem Körperteil wie an der Hand, am Finger, an der Handkante, der Hüfte, der Wade oder am Knie untrennbar miteinander verbunden.

Kristallisation					B 4.2
Fach	innen/außen	Alters-eignung	Anzahl Spieler	Dauer	Material
SP FZ	◆	ab 10	ab 6	c.12'	Tonträger

Während kurzer Musikpausen bilden die Tänzer Gruppen von zwei bis zu sechs Personen. Die Zahl der Tänzer, aus denen sich diese "Kristalle" bilden, wird jeweils vom Spielleiter oder von einem Gruppenmitglied bestimmt. Wenn die Musik wieder beginnt, bewegen sich die Gruppen gemeinsam durch den Raum und halten dabei aneinander fest.
Hinweis für den Spielleiter:
Diese Spielform ist auch von freier Bewegung im Raume ausgehend möglich.

Versteinerung					B 4.3
Fach	innen/außen	Alters-eignung	Anzahl Spieler	Dauer	Material
SP FZ	◆	ab 6	ab 6	c.12'	Tonträger

Wer beim Tanzen an einer vorher vereinbarten Stelle des Körpers, zum Beispiel am Kopf oder Arm, berührt wird, muß sofort in der Position verharren, in der er sich gerade befindet. Aus dieser

Versteinerung werden die Tänzer erlöst, wenn jemand sie an derselben Stelle wieder berührt.

Augenkontakte					B 4.4
Fach	innen/ außen	Alters- eignung	Anzahl Spieler	Dauer	Material
LI FZ	←	ab 8	ab 8	c.12'	Tonträger

Beim Tanzen auf einer begrenzten Fläche versuchen die Gruppenmitglieder, sich nicht zu berühren, sondern nur mit den Augen Kontakt zu einem oder mehreren Mitspielern aufzunehmen und während der Bewegungen beizubehalten. Man kann sich dabei auch vorstellen, daß die Augen an den Knien, den Ellbogen, den Fingern oder am Hinterkopf liegen, so daß zahlreiche Verrenkungen notwendig werden, um sich in der Gruppe umsehen zu können.

Spiegelkabinett					B 4.5
Fach	innen/ außen	Alters- eignung	Anzahl Spieler	Dauer	Material
LI FZ	←	ab 10	ab 6	c.10'	Tonträger

Ein Spieler in der Mitte bewegt sich langsam zur Musik. Um ihn herum stehen mehrere andere Personen der Gruppen als "Spiegel" und jede versucht, den Tänzer so nachzuahmen, wie sie ihn aus ihrer Perspektive sieht.

Erwachen					B 4.6
Fach	innen/ außen	Alters- eignung	Anzahl Spieler	Dauer	Material
LI FZ	←	ab 10	ab 6	c.10'	Tonträger

Ein Spieler steht wie versteinert vor dem Mitspieler, der als Spiegel dient, und beginnt beim Einsetzen der Musik sich langsam zu bewegen. Vom kleinen Finger ausgehend bis hin zu den Fußgelenken werden allmählich alle Körperteile nacheinander aktiviert und zum Rhythmus der Musik bewegt. Während des Erwachens können die Spieler ihre Rollen ständig tauschen.

Spiegelwischen					B 4.7
Fach	innen/außen	Alterseignung	Anzahl Spieler	Dauer	Material
LI FZ	←	ab 10	ab 6	c.10'	Tonträger

Jeweils zwei Gruppenmitglieder sitzen sich gegenüber und berühren einander mit den Handflächen. Bei langsamer, harmonischer Musik beginnt ein Spieler, mit den Händen auf der imaginären, senkrecht stehenden Spiegelplatte zwischen beiden im Rhythmus der Musik entlang zu gleiten und dabei die Hände des Partners mitzuführen. Dieses Spiel kann auch mit geschlossenen Augen durchgeführt werden.

Erstarrungstanz   B 4.8

Fach	innen/außen	Alterseignung	Anzahl Spieler	Dauer	Material
LI FZ	←	ab 10	ab 8	c.12'	Tonträger

Die Spieler sind über die gesamte Spielfläche verteilt und bewegen sich wie der Vortänzer durch den Raum. Wenn dieser plötzlich regungslos verharrt, unterbrechen auch die anderen Spieler ihre Bewegungen und bleiben stehen. Das Gruppenmitglied, das sich dann zuerst wieder aus dem Stillstand löst, übernimmt damit auch die Rolle des Vormachenden, dem alle folgen. Bei dieser Spielform, bei welcher der Wechsel der Leitung möglichst fließend und ohne große Pausen vor sich gehen soll, können auch großräumige Bewegungen eingebaut werden.

Schlangentanz   B 4.9

Fach	innen/außen	Alterseignung	Anzahl Spieler	Dauer	Material
LI FZ	←	ab 8	ab 10	c.12'	Tonträger

Mehrere Schlangen, gebildet aus jeweils fünf oder sechs Mitgliedern, bewegen sich zur Musik durch den Raum. Der mit einem Hut gekennzeichnete Schlangenkopf macht die Bewegungen vor, die von den Mitgliedern des Schlangenkörpers übernommen werden. Verliert er die Lust am Vortanzen oder fallen ihm keine Bewegungen mehr ein, dann übergibt er den Hut an seinen Hintermann und legt sich so auf den Boden, daß alle anderen über ihn hinwegsteigen müssen, oder er stellt sich selbst an das Ende der eigenen oder einer anderen Schlange. Bei dieser Spielvariation können auch Bewegungen im Sitzen, Hocken oder Liegen einbezogen werden.

Schattentanz					B 4.10
Fach	innen/außen	Alters-eignung	Anzahl Spieler	Dauer	Material
LI FZ	◆	ab 8	ab 8	c.12'	Tonträger

Die eine Hälfte der Gruppe beginnt damit, sich im Raum verteilt zur Musik zu bewegen. Die anderen Spieler stellen sich jeweils hinter einen der Tänzer und spielen seine Bewegungen für kurze Zeit wie ein Schatten nach. Die "Schatten" können ihre Positionen während eines Musikstücks beliebig oft wechseln und sich auch mit mehreren Spielern hinter einen Vortänzer stellen.

Kristalltanz					B 4.11
Fach	innen/außen	Alters-eignung	Anzahl Spieler	Dauer	Material
SP FZ	◆	ab 10	ab 6	c.12'	Tonträger

Alle Spieler laufen durcheinander oder bewegen sich zur Musik durch den Raum. Einzelne Teilnehmer bleiben stehen und beginnen damit, eine bestimmte Bewegung zur Musik auszuführen. Die anderen Mitglieder der Gruppe stellen sich dazu, übernehmen die Bewegung und bilden so einen Kristall. Sie können aber auch selbst den Keim einer neuen Gruppe bilden oder sich weiter durch den Raum bewegen. Wenn der Kern des Kristalls die Bewegung abbricht, muß sich die Kleingruppe auflösen und wieder durch den Raum laufen.

Platzwechseltanz					B 4.12
Fach	innen/außen	Alters-eignung	Anzahl Spieler	Dauer	Material
SP FZ	◆	ab 6	ab 6	c.10'	Tonträger

Ein Spieler bewegt sich von der Kreismitte zu einem Gruppenmitglied und übernimmt dessen Platz. Der auf diese Weise ausgewählte Vortänzer (vgl. Abb.) bewegt sich so wie sein Vorgänger bis zur Mitte und erfindet dort einen neuen Tanzschritt oder eine Armbewegung, mit der er sich auf ein anderes Gruppenmitglied zubewegt.

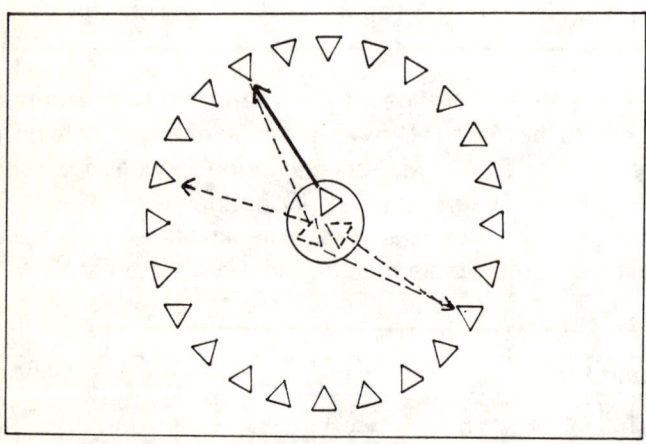

Auf Partnersuche					B 4.13
Fach	innen/außen	Alterseignung	Anzahl Spieler	Dauer	Material
FZ	−	ab 8	ab 6	c.15'	Tonträger, versch. Symbolpaare

Ein Tänzer erhält ein halbes, aus Papier geschnittenes Herz. Die andere Hälfte bekommt eine Tänzerin. Ebenso erhalten alle anderen halbierte Symbole oder Zitate; die eine Hälfte jeweils die Herren, die andere die Damen. Das Suchen kann beginnen. Wer sich gefunden hat, tanzt zur Musik.
Mögliche Symbole: Blumen, Sterne, Bäume, Tiere etc..
Oder: Herr: "Alte Liebe . . ." Dame: ". . . rostet nicht" etc..

Hocktanz					B 4.14
Fach	innen/außen	Alters-eignung	Anzahl Spieler	Dauer	Material
SP FZ	▲	ab 6	ab 6	c.10'	Tonträger

Wenn die Musik abbricht, müssen alle in die Hocke gehen. Wer zuletzt in die Knie geht, scheidet aus.

Zahltanz					B 4.15
Fach	innen/außen	Alters-eignung	Anzahl Spieler	Dauer	Material
FZ	▲	ab 6	ab 6	c.10'	Tonträger

Die Musik bricht ab, und der Tanzleiter nennt eine Zahl. Die Paare müssen sich mit anderen zusammenschließen, so daß die gegebene Zahl zustandekommt: 6 = drei Paare, 3 = ein Paar und eine Person eines anderen Paares. Wer übrig bleibt, scheidet aus.

Zwillingstanz					B 4.16
Fach	innen/außen	Alters-eignung	Anzahl Spieler	Dauer	Material
FZ	▲	ab 10	ab 8	c.12'	Tonträger, Zettel, Körbchen

Alle Herren und ebenso alle Damen erhalten jeweils eine Nummer von 1 bis x. Paare mit gleichen Zahlen tanzen zusammen. Vor dem nächsten Musikstück legen alle Damen (oder Herren) die Zettel in ein Körbchen und ziehen neue Nummern.
Variation:
Statt Nummern lassen sich auch gleiche Ansichtskarten/ Blumen/ Sternzeichen verwenden.

Körbchentanz					B 4.17
Fach	innen/außen	Alters-eignung	Anzahl Spieler	Dauer	Material
FZ	◆	ab 10	ab 8	c.12'	Tonträger, Stühle, Bonbon-Körbchen

Drei Stühle werden nebeneinander aufgestellt. Eine Dame sitzt auf dem mittleren, neben ihr jeweils ein Herr. Die Dame erhält ein Körbchen mit Bonbons. Die Musik beginnt. Die Dame gibt einem der Herren den Korb (der sich zur Entschädigung ein Bonbon nehmen darf) und tanzt mit dem anderen. Der Korbempfänger setzt sich in die Mitte, und rasch setzen sich links und rechts neben ihn zwei Damen. So geht es weiter, bis alle tanzen. Wichtig ist, daß die Plätze links und rechts jeweils rasch besetzt werden.

Gegenstandstanz					B 4.18
Fach	innen/außen	Alters-eignung	Anzahl Spieler	Dauer	Material
FZ	◆	ab 8	ab 8	c.15'	Tonträger, Korb

Alle Damen legen einen Gegenstand aus ihrer Handtasche in einen Korb oder eine Schachtel. Nun dürfen die Herren sich daraus etwas holen, jeder nur ein Stück. Das Suchen kann beginnen und auch der Tanz. Die Wiederholung durch Zurücklegen und neue Wahl der Gegenstände ist möglich.
Variation:
Alle Herren legen ihren linken Schuh in die Mitte der Tanzfläche, während die Damen natürlich dezent wegsehen!

Schneeballwalzer					B 4.19
Fach	innen/außen	Alters-eignung	Anzahl Spieler	Dauer	Material
FZ	◆	ab 8	ab 6	c.12'	Tonträger

Ein Paar beginnt zu tanzen. Nach kurzer Zeit wird die Musik unterbrochen. Die Dame holt sich einen neuen Herrn, der Herr eine andere Dame. Es tanzen nun zur Musik zwei Paare. Die beiden Damen und die beiden Herren holen sich dann wieder neue Partner etc. bis alle auf der Tanzfläche sind.

Stirntanz					B 4.20
Fach	innen/außen	Alterseignung	Anzahl Spieler	Dauer	Material
FZ	◆	ab 6	ab 6	c.12'	Tonträger, Orangen oder Luftballons

Während des Tanzens sollen die Partner eine Orange oder einen aufgeblasenen Luftballon mit ihrer Stirn festhalten. Ein Zurechtrücken durch die Hände während des Tanzes ist nicht gestattet. Das Tanzpaar, dem der Gegenstand verrutscht oder herunterfällt, muß ausscheiden. Es müssen genügend "Aufpasser" vorhanden sein, die darauf achten, daß nach dem Rhythmus der Musik getanzt wird.

Flaschentanz					B 4.21
Fach	innen/außen	Alterseignung	Anzahl Spieler	Dauer	Material
FZ	◆	ab 8	ab 6	c.10'	Tonträger, Flaschen

Verschiedene Paare tanzen durch eine Flaschengasse. Wer eine Flasche umstößt, muß ausscheiden!

Knalltanz					B 4.22
Fach	innen/außen	Alterseignung	Anzahl Spieler	Dauer	Material
FZ	◆	ab 10	ab 8	c.10'	Tonträger, Stecknadel, Luftballon

Die Herren halten einen aufgeblasenen Luftballon in der linken Hand, die Damen eine Stecknadel. Die Herren verteidigen ihren Luftballon, die Damen versuchen, die Luftballons anderer Paare zu zerstechen. Wer keinen Luftballon mehr hat, scheidet aus. Die

ausgeschiedenen Paare bilden einen Ring um die noch Tanzenden.
Variation:
1. Die Luftballons werden an die Fußgelenke der Männer gebunden; die Damen versuchen während des Tanzens, diese zu zertreten.
2. Die Damen halten kleine brennende Kerzen, die Herren versuchen sie auszublasen. Vorsicht, tropfendes Wachs!

Hinweis für den Spielleiter:
Oft steht hier das Spiel mehr im Vordergrund als der Tanz. Überlegen Sie daher, wie Sie dennoch das Tanzen während des Spiels fördern können!

Reise nach Jerusalem					B 4.23
Fach	innen/außen	Alterseignung	Anzahl Spieler	Dauer	Material
FZ	▲	ab 8	ab 8	c.12'	Tonträger, Stühle

Es werden so viele Stühle paarweise mit dem Rücken zueinander der Reihe nach aufgestellt, wie Paare anwesend sind. Während die Musik beginnt, wird ein Stuhl weggenommen. Die Paare tanzen um die Stühle herum (vgl. Abb.). Wenn die Musik abbricht, muß jedes Paar einen Stuhl ergattern und sich darauf setzen. Wer keinen erhalten hat, scheidet aus. Wiederholung! Wieder wird ein Stuhl weggenommen etc..

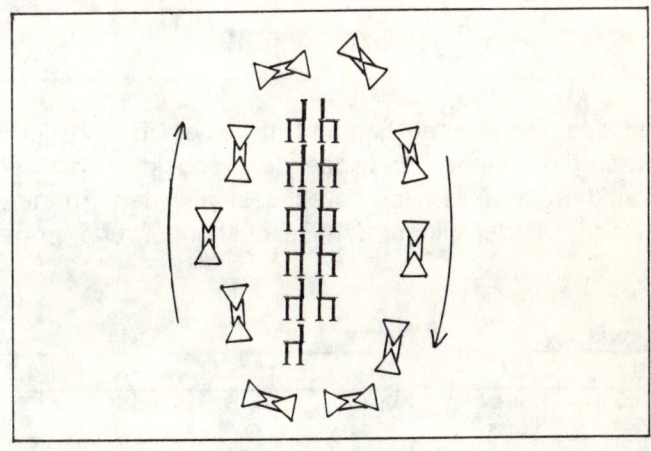

Zeitungstanz					B 4.24
Fach	innen/außen	Alterseignung	Anzahl Spieler	Dauer	Material
FZ	▲	ab 8	ab 6	c.12'	Tonträger, Zeitungsblätter

Jedes Tanzpaar erhält ein großes Zeitungsblatt, das ganz klein zusammengefaltet ist. Wenn die Musik abbricht, müssen diese Blätter auseinandergefaltet und auf den Boden gelegt werden. Das Paar, das zuletzt auf die Zeitung steigt, scheidet aus. Mehrere Beobachter sind notwendig. Die Zeitungen müssen immer wieder auf die vereinbarte Größe zusammengefaltet werden.

Zeichentanz					B 4.25
Fach	innen/außen	Alterseignung	Anzahl Spieler	Dauer	Material
FZ	◆	ab 8	ab 8	c.12'	Tonträger

Auf ein Zeichen hin (Händeklatschen, Pfeifen etc.) oder wenn die Musik kurz unterbricht, suchen sich alle einen neuen Tanzpartner.

Besenstieltanz					B 4.26
Fach	innen/außen	Alterseignung	Anzahl Spieler	Dauer	Material
FZ	◆	ab 8	ab 6	c.12'	Tonträger, Besenstiel

Während des Tanzes geht jemand mit einem Besenstiel in der Hand durch die Gruppe der Tanzenden. Sobald er den Stiel (für jeden laut hörbar) fallen läßt, wechseln alle den Partner. Wer keinen Partner findet, nimmt den Besenstiel auf, und so geht es weiter.

Huttanz					B 4.27
Fach	innen/außen	Alterseignung	Anzahl Spieler	Dauer	Material
FZ	◆	ab 8	ab 8	c.12'	Tonträger

Ein Hut wird von Tanzpaar zu Tanzpaar weitergegeben oder jeweils einem der Tanzenden aufgesetzt. Der Tänzer oder das Paar, welches den Hut beim Abbruch der Musik besitzt, muß ausscheiden.

Lampiontanz					B 4.28
Fach	innen/außen	Alters-eignung	Anzahl Spieler	Dauer	Material
FZ	←	ab 8	ab 8	c.15'	Tonträger, Kerzen o. Taschenlampen

Dieses Tanzspiel eignet sich besonders, wenn mehrere Jungen (oder Mädchen) keinen Tanzpartner haben. Es ist ebenfalls gut einsetzbar zum Abschluß einer Tanzparty. So erhalten beispielsweise die fünf damenlosen Herren brennende Kerzen oder Taschenlampen. Das elektrische Licht kann gelöscht werden. Sie haben die Erlaubnis, einem tanzenden Herrn die Kerze in die Hand zu drücken und mit dessen Dame weiterzutanzen. Der jeweilige Kerzenempfänger kann sich nun ebenfalls eine Dame suchen, indem er ihrem Tanzpartner das Licht überreicht.

Dingo					B 4.29
Fach	innen/außen	Alters-eignung	Anzahl Spieler	Dauer	Material
FZ	←	ab 8	ab 8	c.15'	Tonträger

Die Damen stehen im Innen-, die Herren im Außenkreis. Mit Handfassung eines Partners bewegen sich die tanzenden Paare gegen den Uhrzeigersinn.
Alle singen: "Ich habe einen schwarzen Hund, und der heißt Dingo, Dingo heißt der Hund, Dingo heißt der Hund. Ich habe einen schwarzen Hund, und der heißt Dingo."
Beim letzten "Dingo" lösen die Paarungen die Handfassung und drehen sich mit dem Gesicht zueinander. Die Damen bilden dann einen Außenstirnkreis, die Herren einen Innenstirnkreis.
Alle buchstabieren laut: "D" - "I" - "N" - "G" - "O", wobei bei jedem Buchstaben ein Schritt zur Seite zu einem neuen Gegenüber gemacht wird (der Innenkreis bewegt sich seitlich gegen die Tanzrichtung, der Außenkreis bewegt sich seitlich in Tanzrichtung weiter - vgl. Abb.). Bei jedem genannten Buchstaben wird mit dem gegenüberstehenden Partner in die Hände geklatscht.
Der kommunikative und spannende Höhepunkt des Tanzspiels liegt im "O". Dieses wird breit ausgewalzt ("Ohhhhhhhh"),

während man sein Gegenüber kräftig umarmt und schüttelt. Mit dem neuen Partner beginnt der Reigen erneut.

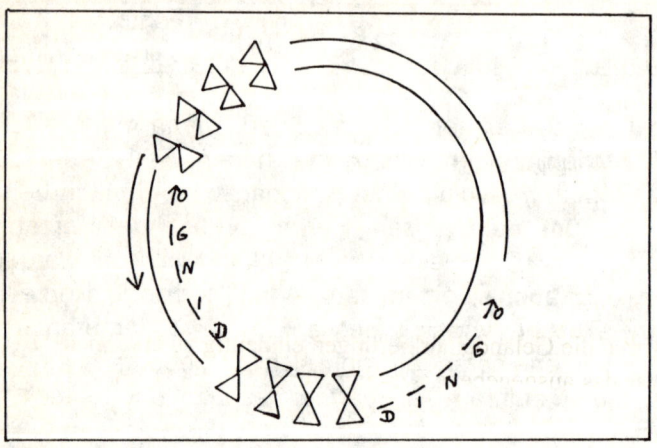

Geländespiele

Beobachtungshinweise

Organisation

1. War das Gelände für Spiele und Teilnehmer geeignet (Topographie, Streckenlänge), oder gab es Gefährdungen, etwa durch Straßen oder Bäche?
2. Waren die Geländemarkierungen eindeutig zu erkennen?
3. War das ausgegebene Kartenmaterial für die Orientierung hilfreich, oder waren der Maßstab unangemessen klein, die Legende nicht eindeutig, die Höhenverhältnisse unklar etc.?
4. War die geforderte Ausrüstung (Sportdreß, Laufschuhe) angemessen?
5. Waren die optischen/ akustischen Signale gut wahrnehmbar?
6. Waren die zu erfüllenden Aufgaben eindeutig gestellt, oder gab es Irritationen?
7. Hielten sich alle Spieler an die vorgegebenen Regeln, oder gab es Täuschungsversuche bei vermeintlichem Unbeobachtetsein?

Fachspezifische Beobachtungen

1. Welche Teilnehmer entwickelten die größte Schnelligkeit in bezug auf Laufen/ Entschlüsselung von topographischen Karten etc.?
2. Gab es fachspezifisch (Biologie, Erdkunde, Kunstgeschichte) Erkenntnisse über Fauna/ Flora/ Topographie/ Dorfstrukturen/ besondere Gebäude etc.?
3. Gab es Diskussionen über den Wert von Naturschutz?

Pädagogisch-psychologische Beobachtungen

1. Übernahmen einzelne Spieler spontan/ mit Verzögerung Führungsrollen?
2. Wie gingen die Teilnehmer mit Mißerfolgen/ Erfolgen um?
3. Wie verhielten sich einzelne bei der kritischen Besprechung im Anschluß an die jeweiligen Geländespiele?
4. Zeigten sich einzelne/ Gruppen flexibel bei unerwarteten Anforderungen?
5. Bevorzugten Spieler, selber zu suchen oder gesucht zu werden?

Orientierungslauf					B 5.1
Fach	innen/außen	Alterseignung	Anzahl Spieler	Dauer	Material
SP FZ	☼	ab 10	ab 10	c. 2 h	Bänder, Zahlen, Buchstaben

Didaktisch-methodische Vorbemerkungen:
Orientierungsläufe (OL) können sowohl in der Umgebung der Schule als auch auf Wanderfahrten durchgeführt werden. Bedingung ist nur, daß man über entsprechendes Kartenmaterial verfügt. Orientierungsläufe werden von Kindern und Jugendlichen erfahrungsgemäß mit großer Begeisterung aufgenommen. Ihre Grundidee ist dem Kinderspiel "Schnitzeljagd" ähnlich. Bei einem solchen Lauf geht es darum, im Gelände markierte Punkte (Posten) mit Hilfe einer topographischen Karte aufzusuchen. Die Posten sind vor dem Lauf von einem "Vorläufer" im Gelände mit auffälligen Zeichen (Äste, Bänder, Linien auf Wegen etc.) markiert und in die Laufkarte eingetragen worden. Die Orientierungslauf-Posten tragen Kontrollmarkierungen (Zahlen, Buchstaben), die der Läufer als Beweis dafür, daß er den Posten gefunden und angelaufen hat, auf einen Kontrollzettel eintragen und zum Schluß abliefern muß.

Die Laufkarte enthält alle Informationen, die zur Orientierung im Gelände notwendig sind (Wege, Straßen, Flora, Gebäude, Zäune, Flüsse etc.). Sie ermöglicht ein gezieltes Anlaufen der Posten, die ihrerseits so auffällig angebracht sein sollten, daß das Finden bei richtiger Orientierung garantiert ist.

Der Erfolg eines Orientierungslaufs ist abhängig von der Ausdauer beim Laufen und von der Orientierungsfähigkeit auf der Karte. Der Orientierungslauf operationalisiert motorische und kognitive, möglicherweise sogar affektive Lernziele. In erster Linie steht aber das ausdauernde Laufen im Vordergrund, nicht das Orientieren.

Der mit dem Orientierungslauf verbundene Spaß ist in besonderem Maße geeignet, die Aufmerksamkeit von der Anstrengung des Laufens wegzulenken. Es sollte deshalb erwogen werden, die verschiedenen Aufgaben nicht direkt nacheinander, sondern im Wechsel mit anderen Laufformen anzubieten, bei denen das Vergessen der körperlichen Anstrengung nicht so gut gelingt.

Der Orientierungslauf bietet vor allem die hervorragende Möglichkeit, eine positive Einstellung gegenüber dem Ausdauerlaufen zu entwickeln.

Dennoch verlangt der Orientierungslauf eine sorgsame **Vorbereitung** in den folgenden Bereichen:
- Eindeutige Markierungen, die jeder finden kann; (ansonsten Gefahr des Verlaufens)
- Regeln, die in Kraft treten, falls man sich verletzt oder sich verläuft
- Gutes Kartenmaterial (siehe unten)
- Organisation der Läufer nur in der Gruppe (Sicherheitsaspekt - Schüler/ Jugendliche)

Kartenmaterial:
Topographische Karte
Einzeichnen von Start und Ziel mit Sonderfarbe
Eintragen der Posten

Sinnvoll ist es, die Karte in eine Folie zu stecken, um gegen feuchte Witterung gewappnet zu sein.
Zusatzblatt, um ggf. Sonderaufgaben zu lösen.

Ausrüstung:
Gute Jogging-Schuhe (keine (!) Sprinter-Schuhe mit Spikes o.ä.) und wetterfeste, doch lauffreundliche Kleidung, wobei dann das Tragen langer Hosen zu empfehlen ist, wenn der Lauf durch Gebiete führt, die mit Brennesseln, dornenreichem Gebüsch oder Nadelhölzern bestanden sind.

Organisation:
Jede Gruppe erhält eine Laufkarte, auf der die anzulaufenden Posten verzeichnet sind. Hat jede Gruppe identische Laufkarten, dann muß in einem zeitlichen Abstand gestartet werden. Mit individuellen Laufkarten kann auch gleichzeitig gestartet werden, weil jede Gruppe dann andere Posten anlaufen muß.
Die Lösungen der Aufgaben werden auf dem Zusatzblatt festgehalten.
Haben die Gruppen alle Posten gefunden, dann geht es zum Ziel. Gewonnen hat die Gruppe, welche die geringste Gesamtzeit benötigt hat. Für nicht gefundene Posten wird eine Strafzeit addiert.
Es müssen alle Gruppenteilnehmer gemeinsam das Ziel erreichen.

Variationen:
"Stern-Orientierungsläufe"
Von allen Teilnehmern muß ein Startplatz im Wald gefunden werden. Dies kann z.B eine Wegkreuzung sein. Hier befinden sich schon Posten, welche die zu bewältigenden Aufgaben verteilen und die Durchführung derselben überwachen.
Diese Aufgaben können z.B. sein:
1. Treffen eines Baumes mit Tannenzapfen (Entfernung ca.10 m).
2. Erklettern eines Baumes in einer bestimmten Zeit.
3. Zurücklegen einer bestimmten Strecke (z.B. im Hüpfen, Entengang, Rückwärtslauf).

An der Wegkreuzung wird eine erste Zeit ermittelt. Es ist auch denkbar, daß eine Höchstzeit gesetzt wird, deren Überschreitung mit Strafpunkten geahndet wird.

Strecken und Aufgaben sind durch das Orientierungslauf-Team vorzugeben.

Der zweite Teil des Orientierungslaufs wird von den Teilnehmern selbst organisiert. Vorgegeben sind hier nur die Wege ab der Kreuzung und eine bestimmte Zeit.

Jedes Team muß einen Weg an der Kreuzung entlanglaufen, innerhalb von 10 Minuten einen Posten setzen, mit einer Aufgabe versehen und zum Startplatz zurücklaufen.

Dem Organisationsteam wird die Aufgabe und die richtige Lösung übergeben. Bei Überschreiten der Zeit gibt es wieder Strafpunkte. Nach Bewältigung einer Laufstrecke müssen die Mannschaften den nächsten Weg nehmen (Abfolge im Uhrzeigersinn) und haben nun die Aufgabe, den Posten der Vorgänger zu suchen und die jeweilige Aufgabe zu lösen. Denkbar ist:

1. Eine Baumart bestimmen.
2. Einen Hochstand erklettern, an dem ein Zettel mit einer Zahl befestigt ist.
3. Ein Gebäude oder einen Betrieb aus der Ferne identifizieren.
4. Eine bestimmte Anzahl von Beeren, Tannenzapfen, Eicheln, Nüssen etc. zu sammeln.

Auch hier wird die Zeit genommen und ggf. Strafpunkte vergeben. Diese Zeiten ergänzen additiv die erste ermittelte Zeit.

Insgesamt müssen drei Wege gelaufen werden, bis die Gesamtzeit feststeht.

Alternativ zu der Strafpunkte-Regelung kann man auch zu den realen Zeiten für nicht-gelöste Aufgaben Strafzeiten hinzuaddieren.

Weitere Geländespiele

Das Kundschafterspiel					B 5.2
Fach	innen/außen	Alterseignung	Anzahl Spieler	Dauer	Material
SP FZ	☼	ab 10	ab 10	c. 1 h	Markierungsgegenstände

Zur Durchquerung eines "unbekannten" Wald-, Heide- oder Parkgeländes schicken die Spieler eine Kundschaftergruppe aus. Diese Kundschafter sollen einen Pfad suchen und ihn kennzeichnen mit Hilfe von Steinen, Zweigen, Ästen, Strichen, Sägespänen oder Sand. Die Abstände der Markierungen voneinander werden vorher in der Gruppe vereinbart. Die Kundschafter verstecken sich dann. Nach einer festgelegten Zeit folgt die übrige Spielergruppe den Markierungen und versucht, die Kundschafter zu finden.

Klangsuche					B 5.3
Fach	innen/außen	Alterseignung	Anzahl Spieler	Dauer	Material
SP FZ	☼	ab 10	ab 8	c. 1 h	Triangel, Trommel oder Trillerpfeife

Mehrere Spieler verstecken sich einzeln oder in Zweiergruppen innerhalb eines abgegrenzten, natürlichen und unübersichtlichen Geländes mit jeweils einem Klanginstrument wie Trillerpfeife, Trommel, Triangel etc.. Die anderen Spieler teilen sich in kleine Gruppen auf und versuchen, alle Klanggeber aufzuspüren.

Blinkgeber					B 5.4
Fach	innen/außen	Alterseignung	Anzahl Spieler	Dauer	Material
SP FZ	☼	ab 12	ab 10	c. 1 h	Taschenlampe

Im Dunkeln ist eine Gruppe von Blinkgebern als "Glühwürmchen" unterwegs. Sie soll alle ein bis zwei Minuten oder in anderen

Abständen ein vereinbartes Lichtzeichen in alle vier Himmelsrichtungen senden. Die anderen Spieler versuchen, innerhalb einer bestimmten Zeit die "Glühwürmchen" aufzuspüren; danach erfolgt ein Rollenwechsel.

Anschleichen					B 5.5
Fach	innen/außen	Alterseignung	Anzahl Spieler	Dauer	Material
FZ	☼	ab 10	ab 8	c. 40'	ohne

Innerhalb eines dicht bewachsenen, unübersichtlichen Geländes nehmen mehrere Spieler - das sind die Beobachter - an einer markanten Stelle Platz. Die anderen Spieler (Anschleicher) verteilen sich in angemessenen Abständen um sie. Auf ein vereinbartes Zeichen hin versuchen die Anschleicher, ohne erkannt zu werden, an die Beobachter heranzugelangen. Wurde jemand erkannt und mit Namen angerufen, nimmt er bei den Beobachtern Platz. Nach einer vorher vereinbarten Zahl von erfolgreichen Beobachtungen werden die Rollen gewechselt.

Reporterspiel					B 5.6
Fach	innen/außen	Alters-eignung	Anzahl Spieler	Dauer	Material
FZ	☼	ab 10	ab 8	c. 90'	Fragekatalog

Jede Spielergruppe erhält einen Zettel mit mehreren Fragen, die sie anhand eines Erkundungslaufs beantworten müssen. Die Fragen können für die einzelnen Gruppen unterschiedlich sein, falls ein Wettbewerbscharakter verhindert werden soll.
Beispiele:
Was steht auf dem Hinweisschild am südlichen Waldrand?
Wie viele Fenster hat das Haus Heimannstraße 6?
Welche Telefonnummer hat die Tankstelle in der Paulstraße?
Wie heißt der Angestellte am Postschalter?
Was stellt der Betrieb in der Peterstraße her? etc..

Foto-Rallye					B 5.7
Fach	innen/außen	Alters-eignung	Anzahl Spieler	Dauer	Material
FZ	☼	ab 10	ab 6	c. 90'	Fotos

Jede Spielergruppe erhält Fotos von mehreren markanten Häusern etc. der Umgebung. Die Gruppen sollen diese Punkte aufsuchen und dort bestimmte Aufgaben erfüllen, z.B. Inschriften abschreiben oder versteckte Gegenstände aufsuchen etc..

Robinsonspiel — B 5.8

Fach	innen/außen	Alters-eignung	Anzahl Spieler	Dauer	Material
FZ	☼	ab 8	ab 6	c. 1 h	ohne

Die Spieler lassen alle Dinge zurück, die eng mit der Zivilisation verbunden sind, zum Beispiel Feuerzeug, Geld, Messer etc.. In Gruppen versuchen sie (ohne Mundraub oder Diebstahl zu begehen), Nahrung aus der Natur zu beschaffen, ein Transportmittel für diese herzustellen (zum Beispiel einen Korb oder eine Tasche), Hilfsmittel zum Feueranzünden zu finden, Schuhwerk zu basteln, eine Unterkunft für einen Menschen aus verschiedenen Materialien herzustellen etc..

Erste Versorgung von Sportverletzungen

Unfälle zu verhüten ist besser, als bei Unfällen helfen zu müssen. Hier gilt es zu beachten:
1. Gutes Aufwärmen vor der Leistung.
2. Zustand der Wettkampfanlagen überprüfen.
3. Ermüdung, Konzentrationsschwäche und Nachlassen der Bewegungskoordination bei den Teilnehmern beobachten und entsprechend reagieren - im Extremfall durch Abbruch.
4. Schwierigkeiten der Übung dem Leistungsstand anpassen.
5. Unfaire Spielweise verhindern.
6. Geordneten Auf- und Abbau der Geräte überwachen.
7. Organisationsformen der Übung anpassen.

Was hat der Verantwortliche bei einem Unfall zu tun?
Zunächst einmal muß er seinen eigenen Schrecken (Helferschock) überwinden, damit er dann richtig, sachlich und mit klaren Angaben eingreifen kann. Die übrigen Teilnehmer sollten ferngehalten und beruhigt werden.
Erste Hilfe heißt: Sportverletzungen versorgen bis zum Eintreffen des Arztes - und nicht mehr!
1. **Verstauchung:**
   Gelenkkapsel und die Haltebänder wurden überdehnt. Ruhigstellen des Gelenkes am besten in leicht gebeugter Stellung. Kühle Umschläge gegen Schwellung und Schmerzen. Wegen möglicher Knochensplitterung ist ärztliche Behandlung notwendig.
2. **Verrenkung:**
   Hierbei ist der Gelenkkopf aus der Gelenkpfanne herausgesprungen und geht von selbst nicht wieder in die Normalstellung zurück. Sehr schmerzhaft! Erste Hilfe: Niemals versuchen, das Gelenk wieder einzurenken! Das ist Sache des Arztes. In den meisten Fällen ist das Schultergelenk ausgerenkt: Arm in der augenblicklichen Lage ruhigstellen, um die Schmerzen nicht noch zu vergrößern. **Anlegen eines Dreiecktuches.**

3. **Platz- oder Schürfwunde:**
Nicht mit Wasser auswaschen, sondern mit möglichst sterilem Verbandzeug oder Pflaster abdecken. Ist in eine Wunde Erde hineingeraten, muß der Verletzte sofort den Arzt aufsuchen, um eine Spritze gegen Wundstarrkrampf zu erhalten.

4. **Unkomplizierter Knochenbruch.**
Üblicher Knochenbruch. Die Bruchenden liegen innerhalb der sie umgebenden Weichteile. Erste Hilfe: Verhindern, daß sich die Bruchenden noch weiter voneinander entfernen. Gebrochenes Glied an einer gepolsterten Schiene (Brett, Stock) festbinden. Bei gebrochenem Arm: In Beugestellung den Arm mit Binden oder Tüchern am Rumpf fixieren.

5. **Komplizierter Knochenbruch:**
Hierbei sind die umgebenden Weichteile von den Bruchenden durchstoßen und es liegt eine offene Wunde vor.
Erste Hilfe: Wie bei 4. Die Wunde muß dabei mit Verbandmull oder einem sauberen Tuch abgedeckt werden. Binden, welche die Schiene halten, dürfen nicht über die Wunde hinwegziehen. Niemals versuchen, die Knochen in die "richtige Lage" zu bringen!

6. **Knieverrenkung:**
Das Kniegelenk ist sehr kompliziert und eine Aussage über die Art der Verrenkung auf Anhieb meist nicht möglich.
Erste Hilfe: Polster unter das Knie legen, so daß im Gelenk ein Beugewinkel von etwa 170 Grad entsteht. Das so gebeugte Bein an einer gepolsterten Schiene befestigen.

7. **Verletzung im Fußgelenk:**
Erste Hilfe: Zusammengerollte Decke U-förmig um den Fuß so herumlegen, als ob der Fuß in einem großen Steigbügel stünde. Die dem Unterschenkel anliegenden Enden des "Deckensteigbügels" fest am Unterschenkel anwickeln.

8. **Verletzungen an der Wirbelsäule:**
Sehr gefährlich! Verletzten so wenig wie möglich bewegen; flach auf den Rücken legen. Zum Transport ihn auf eine flache, harte Unterlage (Tür oder Brett) legen, wenn kein Krankenwagen zur Verfügung steht.

9. **Gefäßverletzung:**
Bei einer Venenverletzung fließt dunkelrotes Blut aus der Wunde. Man stillt die Blutung mit Mull und einem festen

Verband. Arterienverletzungen sind gefährlicher: hellrotes Blut schießt dabei stoßweise aus der Wunde. Wenn ein fester Verband die Blutung nicht stillen kann, bindet man das Glied in Herzrichtung mit einem zusammengelegten Tuch ab. (Niemals mit einem Bindfaden oder Gürtel!) Am Verband einen Zettel mit dem genauen Zeitpunkt des Abbindens anheften! Bei länger dauerndem Transport muß die Abbindung alle 20 Minuten kontrolliert werden.

10. **Bewußtlosigkeit:**
Kann sehr viele Ursachen haben, deshalb muß man sofort einen Arzt herbeirufen.
Erste Hilfe: Flach auf den Boden legen, am besten so, daß der Kopf etwas tiefer liegt. Kopf zur Seite drehen, damit Erbrochenes aus dem Munde abfließen kann (Seitlage).
Der Weg zum Krankenhaus ist in den Städten meist nicht viel weiter als der Weg zum Arzt. Es empfiehlt sich daher, gerade bei Knochenbrüchen, den Verletzten sofort ins Krankenhaus zu bringen, weil zur Kontrolle und zum Einrichten des Bruches ein Röntgengerät erforderlich ist; dies steht jedoch vielen Ärzten nicht zur Verfügung. Unfallhelfer sollten dem Verletzten keine Medikamente, Nahrung oder Flüssigkeit geben, auch wenn er darum bittet, da man sein Leben dadurch in Gefahr bringen kann.

Notwendiger Inhalt eines Verbandskastens
1. 1 Päckchen Hansaplast, Breite 8 cm, 6 cm, 4 cm
2. 2 elastische Binden 8 cm, 2 elastische Binden 6 cm
3. 6 Mullbinden, 4, 6 und 8 cm Breite
4. 3 Päckchen sterile Verbandsgaze
5. 2 Rollen sterile Verbandswatte
6. 1 Streubüchse mit Martanil-Prontalbin- oder Penizillin-Puder
7. 2 Rollen graue Polsterwatte
8. 2 Schienen verschiedener Länge
9. 2 Dreieckstücher
10. 1 kleine Schere, gerade
11. 10 Tabletten (schmerzstillend)
12. 1 Paar Gummihandschuhe
13. 1 Pinzette
14. 5 Sicherheitsnadeln
15. 1 Anleitung für Erste Hilfe
16. Telefonnummer des nächsten erreichbaren Krankenwagens, Telefonnummer /Adresse des nächsten erreichbaren Arztes.

Schulwanderungen und Fahrten

Die folgenden Ausführungen beziehen sich auf die vom Kultusministerium in Nordrhein-Westfalen herausgegebenen Richtlinien. Grundlage ist die jährlich neu erscheinende sog. "BASS" (Bereinigte Amtliche Sammlung der Schulvorschriften des Landes NRW) - Ausgabe 1994/95. Die Bestimmungen dürften aber weitgehend mit denen anderer Bundesländer übereinstimmen.

Richtlinien für Schulwanderungen und Schulfahrten (WRL)

RdErl. d. Kultusministeriums v. 24. 7. 1992 (GABl. NW. I S.206)

Inhaltsübersicht

A. Allgemeiner Teil
    1. **Allgemeines**
    2. Grundsätze für die Planung und Durchführung
    3. Leitung
    4. Aufsicht
    5. Unfallverhütung
    6. Unfallversicherung und Haftung
    7. Ausbildung und Fortbildung der Lehrerinnen und Lehrer
    8. Beantragung und Genehmigung
    9. Finanzierung
B. Besonderer Teil
    10. Eintägige und mehrtägige Schulwanderungen
    11. Schullandheimaufenthalte
    12. Studienfahrten
    13. Internationale Begegnungen

A. Allgemeiner Teil

1. **Allgemeines**

1.1 Schulwanderungen und Schulfahrten ergänzen und bereichern vielfältig den Unterricht, sie sind für das Schulleben von großer Bedeutung. Schüler und Schülerinnen können bei solchen Schulveranstaltungen neue Erfahrungen gewinnen; das gegenseitige Verstehen in der Gruppe und mit den begleitenden Lehrerinnen und Lehrern wird gefördert, der Sinn für Gemeinschaft gestärkt und die Bereitschaft geweckt, sich für andere einzusetzen und Verantwortung zu übernehmen.

Schulwanderungen und Schulfahrten sollen Bezug zum Unterricht haben.
1.2 Diese Richtlinien geben den äußeren Rahmen vor und enthalten Hinweise für die praktische Vorbereitung und Durchführung solcher Schulveranstaltungen. Schulwanderungen und Schulfahrten können durchgeführt werden als
- Schulwanderungen,
- Schullandheimaufenthalte,
- Studienfahrten,
- internationale Begegnungen.

Schulwanderungen, Schullandheimaufenthalte und Studienfahrten sollen insbesondere auch Ziele in den ostdeutschen Bundesländern berücksichtigen und persönliche Verbindungen und Schulpartnerschaften anbahnen und vertiefen.

1.3 Auf Unterrichtsgänge und Unterrichtsfahrten, die Bestandteil des Unterrichts sind und in der Regel die Dauer eines Tages nicht überschreiten, sind die Richtlinien sinngemäß anzuwenden.

2. Grundsätze für die Planung und Durchführung

2.1 Die Schulkonferenz legt den Rahmen fest, innerhalb dessen Schulwanderungen und Schulfahrten durchgeführt werden können. Sie soll dabei berücksichtigen, in welcher Höhe Reisekostenmittel zur Verfügung stehen. Der Schulpflegschaft, dem Schülerrat und der Lehrerkonferenz ist Gelegenheit zur vorbereitenden Beratung zu geben.

Die Kosten von Schulwanderungen und Schulfahrten sind möglichst gering zu halten, die Erziehungsberechtigten dürfen nicht unzumutbar belastet werden. Der finanzielle Aufwand ist so zu begrenzen, daß alle Schülerinnen und Schüler teilnehmen können und nicht wegen der Höhe der Kosten verzichten müssen.

Veranstaltungen, die mit einer erhöhten finanziellen Belastung verbunden sind, dürfen je Schulstufe (Primarstufe: Klassen 1-4, Sekundarstufe I: Klassen 5-10, Sekundarstufe II: Jahrgangsstufen 11-13) nur einmal durchgeführt werden. Einschließlich aller Nebenkosten, zu denen z. B. auch Prämien für zusätzlichen Versicherungsschutz (Reiserücktrittsversicherung, Haftpflicht- und ggf. zusätzliche Unfallversicherung) gehören, darf in der Regel ein Betrag von 500,- DM nicht überschritten werden. Nur wenn gewichtige Günde vorliegen und der pädagogische Ertrag es im Einzelfall rechtfertigt, z. B. bei internationalen Begegnungen, darf die Schulaufsichtsbehörde eine Ausnahme zulassen.

2.2 Planung und Kosten der jeweiligen Schulwanderung oder Schulfahrt sind rechtzeitig in der Klassen- bzw. Jahrgangsstufenpflegschaft zu erörtern. Dabei soll auch beraten werden, ob der Zweck der Veranstaltung nicht durch ein Ziel in der Nähe des Schulortes erreicht werden kann. Den Erziehungsberechtigten ist, insbesondere bei mehrtägigen Veranstaltungen, Gelegenheit zu einer geheimen Abstimmung zu geben. Über Schulfahrten, die mit einer erhöhten finanziellen Belastung verbunden sind, soll möglichst ein Jahr vor dem Reisetermin beschlossen werden, damit Gelegenheit gegeben ist, rechtzeitig die voraussichtlich entstehenden Kosten anzusparen. Es empfiehlt sich, die Höhe des Taschengeldes und allgemeine Verhaltensregeln zu besprechen. Die Schülerinnen und Schüler sind an der Planung, der Vorbereitung und der Nachbereitung der Veranstaltung zu beteiligen.

2.3 Schulwanderungen und Schulfahrten werden grundsätzlich im Klassenverband bzw. im Kursverband durchgeführt. Grundsätzlich nehmen alle Schülerinnen und Schüler einer Klasse bzw. eines Kurses teil. Auf behinderte Schülerinnen und Schüler ist besonders Rücksicht zu nehmen, damit ihnen die Teilnahme möglich und zumutbar ist. Die Teilnahme an einer mehrtägigen Veranstaltung bedarf der Zustimmung der Erziehungsberechtigten. Können einzelne Schülerinnen oder Schüler z. B. aus gesundheitlichen Gründen nicht teilnehmen, so besuchen sie in der Regel den Unterricht einer anderen Klasse. Ist dies nicht möglich, können ihnen unterrichtsbezogene Aufgaben gestellt werden.
Für Schülerinnen und Schüler der Berufsschule (Teilzeitform und Blockunterricht) können während des Schuljahres bis zu zwei Unterrichtstage für Schulwanderungen und Schulfahrten in Anspruch genommen werden.

2.4 Wird eine Schulwanderung oder Schulfahrt über einen Sonntag oder kirchlichen Feiertag ausgedehnt, so ist den Schülerinnen und Schülern Gelegenheit zum Besuch des Gottesdienstes zu geben. Nehmen an der Schulwanderung oder Schulfahrt Schülerinnen und Schüler teil, die aus religiösen oder weltanschaulichen Gründen besondere Gebote, z. B. Speisevorschriften beachten müssen, so ist darauf Rücksicht zu nehmen.

2.5 Umwelterziehung gehört als fächerübergreifender Unterrichtsinhalt mit zu den vorrangigen Bildungs- und Erziehungszielen. Bei Schulwanderungen und Schulfahrten sind deshalb die sich bietenden Gelegenheiten zu nutzen, Fragen des Umweltschutzes, des Naturschutzes und der Landschaftspflege zu behandeln. Schülerinnen und Schüler sollen lernen, sich verantwortungsvoll zu verhalten, Gefahren für die Umwelt zu erkennen und soweit möglich zum Umweltschutz beizutragen. Auf die Gebote und Verbote zum Schutz der Natur **(Anlage 1)** und die weiteren Anlagen "Wandern mit Einsicht" **(Anlage 2)** und "Zehn goldene Regeln für das Verhalten beim Wassersport in der Natur" **(Anlage 3)** wird hingewiesen.

2.6 Haben Schulwanderungen und Schulfahrten, insbesondere Schullandheimaufenthalte, einen Wintersportort zum Ziel und werden im Rahmen des Sportunterrichts Skilehrgänge durchgeführt, sind die Belange des Umweltschutzes in besonderer Weise zu beachten. Es sollen nur solche Wintersportorte gewählt werden, deren touristische Angebote auf den Erhalt der Umwelt Rücksicht nehmen. Auf die "Verhaltensregeln für den Skisport in der Natur" **(Anlage 4)** wird hingewiesen. Gletscherskifahrten außerhalb der Wintersaison dürfen nicht durchgeführt werden.
Schulen, die beabsichtigen, bei Schulwanderungen und Schulfahrten - vor allem im Ausland - Skilehrgänge durchzuführen, sind verpflichtet, vor Vertragsabschluß zu prüfen, ob hierfür besondere Bestimmungen gelten (z.B. die Pflicht zur Heranziehung von Skilehrerinnen und -lehrern der örtlichen Skischulen und ob diese erfüllbar und pädagogisch vertretbar sind).

2.7 Verträge, insbesondere mit Beförderungs- und Beherbergungsunternehmen, werden im Namen der Schule geschlossen. Im einzelnen wird auf den Runderlaß vom 12. 2. 1985 (BASS 14-12 Nr. 3) verwiesen. Bei mehrtägigen Veranstaltungen ist vor Vertragsabschluß von allen Erziehungsberechtigten, auch von den Eltern der volljährigen Schülerinnen und Schüler bzw. den sonst zu deren Unterhalt Verpflichteten, eine schriftliche, rechtsverbindliche

Erklärung einzuholen, in der sie der Teilnahme an der Veranstaltung zustimmen und sich verpflichten, die entstehenden Kosten zu tragen.

2.8 Informationen und Auskünfte zur Vorbereitung von Schulwanderungen und Schulfahrten erteilen die Schulaufsichtsbehörden sowie die in **Anlage 5** aufgeführten Stellen.

3. Leitung

3.1 Die Teilnahme an Schulwanderungen und Schuffahrten gehört zu den dienstlichen Aufgaben der Lehrerinnen und Lehrer. Die Leitung übernimmt, insbesondere bei mehrtägigen Veranstaltungen, grundsätzlich die Klassenlehrerin oder der Klassenlehrer (entsprechend die Kurslehrerin oder der Kurslehrer), soweit nicht wegen des besonderen Charakters der Veranstaltung die Leitung einer anderen Lehrkraft (Fachlehrerin oder Fachlehrer) übertragen wird.
Ist einer Lehrerin oder einem Lehrer die Leitung oder Teilnahme aus gesundheitlichen oder anderen zwingenden Gründen nicht zuzumuten, so kann die Schulleiterin bzw. der Schulleiter eine andere Lehrkraft, die dazu bereit ist, beauftragen.

3.2 Bei eintägigen Veranstaltungen genügt es im allgemeinen, daß jede Klasse von einer Lehrkraft begleitet wird. Bei schwierigen Aufsichtsverhältnissen sowie bei mehrtägigen Veranstaltungen ist in der Regel eine weitere Begleitperson erforderlich. Bei mehrtägigen Veranstaltungen, an denen Schülerinnen teilnehmen, ist eine weibliche Begleitung erforderlich. Außer Lehrern können auch andere geeignete Personen - z.B. Erziehungsberechtigte, volljährige Schülerinnen und Schüler - als weitere Begleitung beauftragt werden; ein Gesundheitszeugnis nach § 47 Bundes-Seuchengesetz ist nicht erforderlich.

3.3 Leiterinnen, Leiter und weitere Begleiterinnen und Begleiter sollen über eine dem Charakter der Veranstaltung entsprechende fachliche Eignung verfügen. Bei Veranstaltungen im Ausland muß eine ausreichende sprachliche Verständigung, möglichst in der Sprache des Gastlandes, gesichert sein.

4. Aufsicht

4.1 Art und Umfang der Aufsicht haben sich nach den jeweiligen Gegebenheiten zu richten; insbesondere sind mögliche Gefährdungen sowie Alter, Entwicklungsstand und Ausprägung des Verantwortungsbewußtseins der Schülerinnen und Schüler, bei behinderten Schülerinnen und Schülern auch die Art der Behinderung, zu berücksichtigen (§ 12 ASchO). Bei Teilnahme weiterer Begleitpersonen kann die Leiterin oder der Leiter diesen einzelne Aufsichtsbefugnisse übertragen. Hierbei muß die Leiterin oder der Leiter sich davon überzeugen, daß dadurch eine angemessene Aufsicht gewährleistet bleibt.

4.2 Die Leiterin oder der Leiter einer Schulwanderung oder Schulfahrt kann unter Beachtung dieser Grundsätze und nach vorheriger Absprache mit den Erziehungsberechtigten Schülerinnen und Schülern die Möglichkeit einräumen, im Rahmen der Schulveranstaltung angemessene Unternehmungen (in der Regel in Gruppen) durchzuführen, ohne daß dabei die Leiterin oder der

Leiter oder eine andere Aufsichtsperson anwesend ist. Bei jüngeren Schülerinnen und Schülern ist ein zeitlich und örtlich begrenzter Rahmen festzulegen.

4.3 Eine Schülerin oder ein Schüler darf nur dann ausnahmsweise zeitweilig von der Schulveranstaltung beurlaubt werden, wenn die Erziehungsberechtigten sich vorher schriftlich damit einverstanden erklärt haben. Die Erziehungsberechtigten sind darauf hinzuweisen, daß für die Zeit der Beurlaubung keine Aufsicht besteht und der gesetzliche Unfallversicherungsschutz entfällt (Vgl. Nr. 6.3).

4.4 Leiterinnen, Leiter und weitere Begleitpersonen müssen in derselben Unterkunft wie die Schülerinnen und Schüler übernachten. Bei Begegnungsveranstaltungen ist darauf zu achten, daß die erforderliche Aufsicht durch die Gastfamilie wahrgenommen wird.

5. Unfallverhütung

5.1 Die Lehrerin oder der Lehrer bespricht mit den Schülerinnen und Schülern die erforderlichen Verhaltensmaßregeln, um Unfälle zu verhüten. Es ist dafür zu sorgen, daß bei Unfällen Erste Hilfe geleistet werden kann.

5.2 Schulfahrten mit dem Fahrrad sind aus Gründen des Umweltschutzes und der Umwelterfahrung zwar besonders empfehlenswert, dürfen aber wegen der Verkehrsgefahren nur durchgeführt werden, wenn die örtliche Verkehrssituation (z.B. Radwege) sowie Alter und Fahrtüchtigkeit der Schülerinnen und Schüler dies zulassen. Das schriftliche Einverständnis der Erziehungsberechtigten ist einzuholen.

5.3 Die Durchführung von Schulfahrten mit privaten Kraftfahrzeugen ist wegen der damit verbundenen Risiken grundsätzlich nicht zulässig. Abweichungen hiervon können nur in begründeten Ausnahmefällen durch die Schulaufsichtsbehörde zugelassen werden; das schriftliche Einverständnis der Erziehungsberechtigten ist einzuholen. Für die Anfahrt zum Ort einer Schulveranstaltung im schulnahen Bereich dürfen private Fahrzeuge benutzt werden, wenn dafür ein triftiger Grund gegeben ist. Das Trampen (Auto-Stopp) ist verboten.

5.4 Schwimmen und Baden ist mit Schülerinnen und Schülern auf Schulwanderungen und Schulfahrten in der Regel nur in einem öffentlichen, beaufsichtigten Badebetrieb zulässig. Die Regelungen des Runderlasses "Sicherheitsmaßnahmen beim Schwimmen im Rahmen des Schulsports" (BASS 18 - 23 Nr. 2) sind zu beachten.

5.5 Unternehmungen mit einem erhöhten Sicherheitsrisiko (Wanderungen im Hochgebirge oder im Watt, Baden in offenen Gewässern, Ski- und Wassersport u.a.) bedürfen besonders sorgfältiger Vorbereitung. Dazu gehört auch das Einholen von Informationen über typische Gefahren (Gelände, Wetter, Strömungen, Gezeiten u.a.). Solche Unternehmungen sind nur zulässig, wenn die Leiterin oder der Leiter und ggf. weitere Begleitpersonen über spezifische fachliche Eignung und Erfahrung verfügen. Erforderlichenfalls sind ortskundige Fachkräfte hinzuzuziehen. Verhaltensregeln und Sicherheitsmaßnahmen sind mit den Teilnehmern eingehend zu erörtern und verbindlich festzulegen.

6. Unfallversicherung und Haftung

6.1 Gegen Unfälle bei Schulveranstaftungen sind alle Schülerinnen und Schüler in der gesetzlichen Unfallversicherung gemäß § 539 Abs.1 Nr.14 b und c der Reichsversicherungsordnung (RVO) versichert. Beamtete Lehrerinnen und Lehrer, die auf Anordnung an einer genehmigten Schulveranstaltung im Sinne dieses Erlasses teilnehmen, genießen beamtenrechtliche Unfallfürsorge. Lehrkräfte im Angestelltenverhältnis sowie weitere Begleitpersonen sind gemäß § 539 Abs.1 Nr.1 bzw. Abs.2 i. V. m. Abs.1 Nr.1 RVO in der gesetzlichen Unfallversicherung versichert.

6.2 Kommt es trotz der gebotenen Vorsichtsmaßregeln zu einem Unfall, darf jeder Aufsichtführende des Schutzes seiner vorgesetzten Dienstbehörde sicher sein. Soweit gesetzlicher Unfallversicherungsschutz besteht, können Lehrerinnen und Lehrer, weitere Begleitpersonen und die zur Gruppe gehörenden Schülerinnen und Schüler nur dann in Anspruch genommen werden, wenn ihnen Vorsatz oder grobe Fahrlässigkeit zur Last zu legen ist.
Wird eine Lehrkraft oder eine weitere Aufsichtskraft für die Folgen eines Unfalls im Ausland wegen Schadenersatzes in Anspruch genommen, so stellt das Land den Betroffenen im Ergebnis nicht anders, als wenn sich der Unfall im Inland ereignet hätte.

6.3 Der gesetzliche Unfallversicherungsschutz umfaßt die Teilnahme an der gesamten Schulveranstaltung. Er bezieht sich auf alle in diesem Zusammenhang durchgeführten Unternehmungen, die im Organisations- und Verantwortungsbereich der Schule liegen. Deshalb entfällt z.B. für Schülerinnen und Schüler, die gemäß Nr.4.3 von der Schulveranstaltung zeitweilig beurlaubt sind oder die sich eigenmächtig entfernen, während dieser Zeit der gesetzliche Unfallversicherungsschutz. Bei der Planung von Schulwanderungen und Schulfahrten ist auf diesen Umstand hinzuweisen. Gegebenenfalls empfiehlt sich der Abschluß von zusätzlichem privaten Versicherungsschutz.

6.4 Entsteht schulfremden Personen ein Schaden, der auf mangelhafte Aufsichtsführung zurückzuführen ist, so haftet grundsätzlich das Land (Art. 34 GG i. V. m. § 839 BGB). Ein Rückgriff gegen die Aufsichtführenden kommt nur in Betracht, wenn die Aufsichtspflicht nachweisbar vorsätzlich oder grob fahrlässig verletzt wurde.

6.5 Soweit kein privater Haftpflichtversicherungsschutz besteht, kann sich der Abschluß einer befristeten Haftpflichtversicherung (ggf. zu einem Gruppentarif) empfehlen. Für Schülerinnen und Schüler, die an Betriebsbesichtigungen oder Betriebserkundungen teilnehmen, schließt der Schulträger die nach §1 Abs.3 SchFG notwendige Haftpflichtversicherung ab.

7. Ausbildung und Fortbildung der Lehrerinnen und Lehrer

Die erfolgreiche Durchführung von Schulwanderungen und Schulfahrten stellt besondere fachliche und pädagogische Anforderungen an die Lehrkräfte. Es ist deshalb notwendig, daß sich Lehrerinnen und Lehrer im Rahmen ihrer Ausbildung und darüber hinaus mit den speziellen Aufgaben und Problemen dieses Bildungs- und Erziehungsbereichs vertraut machen und dazu entsprechende Fortbildungsangebote (z.B. Wanderführerlehrgänge, Seminarwochen) nutzen.

Soweit entsprechende Fortbildungsveranstaltungen sonstiger Träger angeboten werden, liegt die Teilnahme in der Regel im dienstlichen Interesse und wird empfohlen.

Lehramtsanwärterinnen und Lehramtsanwärtern soll an ihren Ausbildungsschulen Gelegenheit gegeben werden, bei der Begleitung von Schulwanderungen und Schulfahrten Erfahrungen zu gewinnen.

8. Beantragung und Genehmigung

8.1 Jede Schulwanderung und Schulfahrt bedarf vor Beginn der Genehmigung. Diese umfaßt die Genehmigung als Schulveranstaltung und, da die Schulveranstaltung für die teilnehmenden Lehrerinnen und Lehrer eine Dienstreise oder ein Dienstgang im Sinne des Landesreisekostengesetzes ist, die Dienstreisegenehmigung. Die Teilnahme der weiteren Begleitpersonen muß gleichfalls genehmigt sein.

8.2 Für die Genehmigung als Schulveranstaltung ist bei Schulwanderungen und Schulfahrten im Inland bis zu einer Woche und bei eintägigen Ausflügen ins grenznahe Ausland die Schulleiterin oder der Schulleiter, in allen übrigen Fällen, sowie bei Überschreiten der Kostenobergrenze (Nr. 2.1), die Schulaufsichtsbehörde zuständig. Nimmt die Schulleiterin oder der Schulleiter selbst an einer Schulwanderung oder Schulfahrt teil, so ist für die Genehmigung die Schulaufsichtsbehörde zuständig.

Schulwanderungen oder Schulfahrten, die ganz oder teilweise in die Ferien fallen, können mit Genehmigung der Schulaufsichtsbehörde durchgeführt werden, wenn der Charakter einer schulischen Veranstaltung gewahrt ist.

Für Ersatzschulen erteilt grundsätzlich die Schulleiterin oder der Schulleiter im Einvernehmen mit dem Schulträger die Genehmigung. Die Schulleitung erteilt die Genehmigung im Einvernehmen mit der Schulaufsichtsbehörde, soweit diese bei öffentlichen Schulen für die Genehmigung zuständig ist.

8.3 Die Dienstreisegenehmigung erteilt dieselbe Stelle, die auch für die Genehmigung als Schulveranstaltung zuständig ist. Ist dies die Schulleiterin oder der Schulleiter, so erteilen diese die Dienstreisegenehmigung im Auftrag der oberen Schulaufsichtsbehörde.

8.4 Die Genehmigung der Schulveranstaltung und der Dienstreise ist rechtzeitig vorher von der Leiterin oder vom Leiter der Veranstaltung zu beantragen. Der Antrag ist schriftlich zu stellen; die Genehmigung ist schriftlich zu erteilen.

Eintägige Schulwanderungen und Schulfahrten am Schulort (Dienstgänge im Sinne des Landesreisekostengesetzes) können mündlich beantragt und genehmigt werden; hierüber ist ein Aktenvermerk aufzunehmen.

8.5 Soweit Schulleiterin oder Schulleiter nicht selbst genehmigen können, ist der Antrag mit einer Stellungnahme der Schulaufsichtsbehörde vorzulegen. Sofern sie selbst genehmigen, haben sie auch Planung, Vorbereitung und Programm zu prüfen und sich vorher zu vergewissern, inwieweit für die entstehenden Reisekosten Haushaltsmittel zur Verfügung stehen.

8.6 Soweit Reisekostenmittel nicht oder nicht in ausreichender Höhe zur Verfügung stehen, kann die Dienstreisegenehmigung nur erteilt werden, wenn die Leiterin oder der Leiter und die weiteren Begleitpersonen vorher schriftlich auf die Zahlung der Reisekostenvergütung ganz oder teilweise verzichtet haben.

9. Finanzierung

9.1 Die an der Schulwanderung oder Schulfahrt teilnehmenden Lehrerinnen, Lehrer und weiteren Begleitpersonen erhalten eine Reisekostenvergütung nach den Bestimmungen des Landesreisekostengesetzes. Anstelle des Tage- und Übernachtungsgeldes wird eine Aufwandsvergütung nach Maßgabe der Verordnung vom 4. Oktober 1978 (SGV. NW. 20320/BASS 21-24 Nr.3) gezahlt. Die Zahlung der Reisekostenvergütung ist unverzüglich nach Abschluß der Schulveranstaltung zu beantragen.

9.2 Zuwendungen an Schülerinnen und Schüler können nach Maßgabe vorhandener Haushaltsmittel gegeben werden, so z. B. nach dem Landesjugendplan sowie bei Fahrten zu den Parlamenten. Diese Zuwendungen sind nach den dafür geltenden Bestimmungen gesondert zu beantragen. Auskünfte erteilen die oberen Schulaufsichtsbehörden. Vielfach gewähren auch die Schulträger im Rahmen ihrer Haushaltsmittel Fahrtkostenzuschüsse.

B. Besonderer Teil

10. Eintägige und mehrtägige Schulwanderungen

10.1 Schulwanderungen dienen dem Erleben der freien Natur und Landschaft, vorzugsweise auch der Erkundung der näheren heimatlichen Umgebung. Sie sind nach dem Alter und der körperlichen Leistungsfähigkeit der Schülerinnen und Schüler zu bemessen. Die Benutzung von Verkehrsmitteln ist auf das notwendige Maß zu beschränken; insbesondere sind unverhältnismäßig lange Anfahrten zum Ausgangspunkt einer Wanderung unzulässig.

10.2 Eintägige Wanderungen (Wandertage) sollen an allen Schulen stattfinden. Für eintägige Wanderungen können im Schuljahr
- in der Grundschule (und den entsprechenden Klassen der Sonderschule) bis zu 5 Tage,
- in den übrigen Vollzeitschulen bis zu 3 Tage,
- in Teilzeitschulen 1 bis 2 Tage (auch bei Blockunterricht) in Anspruch genommen werden.

10.3 Mehrtägige Wanderungen sollen die Dauer einer Woche nicht überschreiten. Sie sind grundsätzlich auf das Inland bzw. auf nahe gelegene Gebiete des an Nordrhein-Westfalen angrenzenden Auslands zu beschränken.

11. Schullandheimaufenthalte

11.1 Schullandheimaufenthalte führen Erziehung und Unterricht in besonderer Form fort. Der Stundenplan ist dabei aufgelockert; der Unterricht richtet sich weitgehend nach der Umwelt des Landheims. Auf die Empfehlung der Kultusministerkonferenz "Zur pädagogischen Bedeutung und Durchführung von Schullandheimaufenthalten" **(Anlage 7)** wird hingewiesen.

11.2 Schullandheimaufenthalte sollen mindestens 5 Tage dauern. Sie können bis zu 3 Wochen dauern, wenn ein entsprechend breites Unterrichtsangebot sichergestellt ist.

11.3 Als Unterkunft können außer Schullandheimen auch Jugendherbergen und ähnliche Einrichtungen benutzt werden, in denen für die Unterrichtsarbeit geeignete Räume zur Verfügung stehen.

11.4 Veranstaltungen zu einzelnen Unterrichtsbereichen - z. B. religiöse Freizeiten, Seminare zur Sucht- und Drogenvorbeugung, Schulorchesterfreizeiten, Veranstaltungen zur Berufsorientierung, Schullandheimaufenthalte mit sportlichem Schwerpunkt - können als besondere Form eines Schullandheimaufenthaltes bis zu einer Woche durchgeführt werden.

12. Studienfahrten

12.1 Ziel und Inhalt mehrtägiger Studienfahrten ergeben sich aus der Bildungsarbeit der Schule. Die Fahrten werden im Unterricht vorbereitet und ausgewertet. Studienfahrten können im Rahmen der jeweiligen Unterrichtsziele von Klasse 9 an durchgeführt werden. Sie sollen auch der Vertiefung von Unterrichtsinhalten dienen, die, wie z. B. die politische Bildung, fächerübergreifenden Bezug haben.

12.2 Studienfahrten im Inland sollen die Dauer einer Woche nicht überschreiten. Ausflüge in das benachbarte Ausland können dabei unternommen werden.

12.3 Studienfahrten ins Ausland dürfen bis zu einer Gesamtdauer von 10 Tagen durchgeführt werden. Bei besonders langen Anfahrten kann die Schulaufsichtsbehörde eine angemessene Verlängerung gestatten.

13. Internationale Begegnungen

13.1 Internationale Begegnungen haben den Zweck, persönliche Verbindungen zwischen deutschen und ausländischen Schulen oder Schülergruppen zu schaffen und zu pflegen. Sie sollen das Verständnis für die Eigenart des Partners in der Jugend wecken und dadurch zur Verständigung der Völker beitragen. Sie sollen insbesondere der interkulturellen Erziehung, der Vermittlung landeskundlicher Kenntnisse und dem Erwerb von Sprachkenntnissen dienen. Internationale Begegnungen müssen in Zusammenarbeit mit den ausländischen Schulen oder Schülergruppen sorgfältig vorbereitet und nach Rückkehr ausgewertet werden. Mindestens die Hälfte der für die internationale Begegnung angesetzten Zeit soll gemeinsam mit den ausländischen Schülerinnen und Schülern verbracht werden, z. B. in Form gemeinsamer schulischer Veranstaltungen oder Projektarbeit.

13.2 Internationale Begegnungen können von Klasse 8 an durchgeführt werden. Ausnahmen sind nur mit Rücksicht auf die besonders gearteten Schulverhältnisse in anderen Ländern, bei Schulpartnerschaften und Städtepartnerschaften, bei bilingualen Schulen und im Rahmen besonderer Förderprogramme, bei Grundschulen auch im Rahmen des Konzepts "Begegnungen mit Sprachen" zulässig. Abweichungen von Nr.12.3 sind nur zulässig, wenn besondere Umstände vorliegen und Schülerinnen und Schüler nicht aus finanziellen Gründen ausgeschlossen sind.

13.3 Internationale Begegnungen können auch in Form des Schüleraustausches stattfinden. Er umfaßt in der Regel Besuch und Gegenbesuch der Partnergruppen. Der Besuch kann am Ort oder in der Region des Partners oder als gemeinsame Begegnung an einem anderen Ort des Partnerlandes durchgeführt werden. Der Austausch soll auf beiden Seiten Schülerinnen und Schüler gleichen Alters und vergleichbarer Vorbildung zusammenführen. Die Teilnehmenden sollen möglichst in Partnerfamilien untergebracht werden. Begegnungen von Lehrerinnen und Lehrern der Partnerschulen können den Austausch vorbereiten. Der Schüleraustausch kann im Bereich der angrenzenden Nachbarländer auch als ein- bis dreitägige Begegnung durchgeführt werden; die Genehmigung hierfür kann kurzfristig eingeholt werden.

13.4 Internationale Begegnungen dürfen einschließlich der Hin- und Rückreise bis zu vier Wochen dauern. Bei einer Dauer von mehr als zwei Wochen muß der darüber hinausgehende Teil der Veranstaltung in die Ferien gelegt werden. Bei Veranstaltungen mit klassen- oder kursübergreifenden Schülergruppen ist unabhängig von der Dauer der Veranstaltung mindestens die Hälfte der Zeit in die Ferien zu legen. In besonders gelagerten Fällen können Ausnahmen zugelassen werden (z.B. mit Rücksicht auf ausländische Ferienzeiten).

Anlage 1
Gebote und Verbote zum Schutz der Natur

Vorschriften über den Naturschutz enthalten
- das Bundesnaturschutzgesetz in der Form vom 12. März 1987 (BGBl. I S. 890), zuletzt geändert durch Gesetz vom 22. April 1993 BGBl. I S.466)
- das Landschaftsgesetz (LG) vom 26. Juni 1980 (GV. NW. S.734) zuletzt geändert durch Gesetz vom 20. Juni 1989 (GV. NW. S.366)
- die Verordnung zum Schutz wildlebender Tier- und Pflanzenarten (Bundesartenschutzverordnung - BArtSchV) in der Fassung der Bekanntmachung vom 18. September 1989 (BGBl. I S.1677).

Insbesondere ist folgendes zu beachten:
1. Eine große Auswahl wildwachsender Pflanzen (Blumen, Farne, Kräuter und Sträucher) gehört zu den besonders geschützten Pflanzenarten. Es ist verboten, diese Pflanzen zu pflücken oder zu beschädigen.
Da den Teilnehmerinnen und Teilnehmern einer Schulwanderung oder Schulfahrt nicht alle geschützten Pflanzenarten bekannt sein können, sollen die Schülerinnen und Schüler möglichst keine Pflanzen pflücken, es sei denn, die Pflanzen (z.B. Margeriten) sind als nicht geschützt ausdrücklich bekannt.
Weidenkätzchen dürfen nicht gepflückt werden, da ihr Blütenstaub und Nektar die erste Frühjahrsnahrung für Honigbienen darstellen.
2. Es ist verboten, Pflanzen der besonders geschützten Arten oder einzelne Teile von ihnen abzuschneiden, abzupflücken, aus- oder abzureißen, auszugraben, zu entfernen oder sonst zu beschädigen. Dies gilt auch für den Fall, daß ein meßbarer wirtschaftlicher Schaden nicht entsteht.
3. Es ist verboten, von Bäumen, Sträuchern oder Hecken Schmuckreisig unbefugt zu entnehmen, gleichgültig, ob ein wirtschaftlicher Schaden entsteht oder nicht. Als Schmuckreisig gelten Bäume, Sträucher, Bündel von Zweigen, z.B. Nadelbäumen, Laubbäumen und Sträuchern, besonders auch kätzchentragende Weiden-, Haselnuß-, Birkenzweige und dergleichen.
4. Wildlebende Tiere dürfen nicht mutwillig beunruhigt, ohne vernünftigen Grund gefangen, verletzt oder getötet werden.
5. Es ist verboten,
    a) frische oder getrocknete Pflanzen der besonders geschützten Arten oder Teile dieser Pflanzen sowie hieraus gewonnene Erzeugnisse,
    b) lebende oder tote Tiere der besonders geschützten Arten oder Teile dieser Tiere, ihre Eier, Larven, Puppen, sonstigen Entwicklungsformen oder Nester sowie hieraus gewonnene Erzeugnisse in Besitz zu nehmen, zu erwerben, die tatsächliche Gewalt darüber auszuüben, zu be- oder verarbeiten, abzugeben, teilzuhalten, zu veräußern oder sonst in den Verkehr zu bringen.
    Die besonders geschützten Arten sind in der Bundesartenschutzverordnung aufgeführt.
6. Es ist verboten,
    1. die Bodendecke auf Feldrainen, Böschungen, nicht bewirtschafteten Flächen und an Wegrändern abzubrennen oder mit chemischen Mitteln niedrig zu halten oder zu vernichten und

2. in der Zeit vom 1. März bis zum 30. September Hecken, Wallhecken, Gebüsche sowie Röhricht- und Schilfbestände zu roden, abzuschneiden oder zu zerstören.

Auskünfte und Informationen erteilen:
- Naturschutzbund Deutschland
  Am Lippeglacis 10, 46483 Wesel, Tel. (0281) 29897
- Bund für Umwelt- und Naturschutz Deutschland e. V.
  Graf-Adolf-Str. 7-9, 40878 Ratingen, Tel. (02102) 91060
- Landesgemeinschaft Naturschutz und Umwelt NW
  Zum Heimerich 14, 59757 Arnsberg (Bachum), Tel. (02932) 27021
- Schutzgemeinschaft Deutscher Wald e. V. - Landesverband NRW - "Haus des Waldes", Ägidiusstraße 94, 45133 Essen, Tel. (0201) 473086

Anlage 2
Wandern mit Einsicht

(Herausgegeben von: Initiative Sport mit Einsicht e.V.)
Wandern ist eine der beliebtesten Freizeitaktivitäten. Die einfachen und fast allen Menschen möglichen Bewegungen, die einfache Ausrüstung, der Verzicht auf umfangreiche Lernprozesse und auf eingegrenzte Sportanlagen machen es zu einem idealen Lifetime-Sport für alt und jung, Mann und Frau. Wandern ist mehr als bloße Fortbewegung. Gerade in unserer hektischen und technisierten Zeit bietet diese ruhige und einfache Betätigung besondere und vielfältige Erlebnismöglichkeiten. Obwohl eigentlich eine eher sanfte Sportart, ist heute auch das Wandern vor allem in den stark frequentierten Alpen mit nicht unerheblichen Belastungen von Natur und Umwelt verbunden. Trittschäden und Bodenabtrag durch Wegverbreiterung und "Abschneider", Müllberge auf Berggipfeln und das Aufscheuchen von Wild in seinen Rückzugsräumen mögen hier als Beispiel genügen.
Stärker noch als bei anderen Sportarten ergeben sich diese Belastungen aus dem nicht umweltgerechten Handeln der einzelnen Menschen. Um so notwendiger ist es, Anregungen für ein WANDERN MIT EINSICHT zu geben.

Hierzu dienen die folgenden **Hinweise**.
1. **Bewußt auswählen** - Bereits bei der Wahl von Urlaubsort, Unterkunft und Wanderregion "Umweltgesichtspunkte" berücksichtigen (z.B. Erreichbarkeit mit öffentlichen Verkehrsmitteln, Struktur des Ortes, Anlage des Wegenetzes), nicht von verführerischen Leistungsversprechen blenden lassen.
2. **Öffentliche Verkehrsmittel nutzen** - An- und Abreise möglichst mit Bus oder Bahn, bei unvermeidlichem PKW-Gebrauch Bildung von Fahrgemeinschaften, Nutzung öffentlicher Verkehrsmittel vor Ort.
3. **Informationen einholen** - Vor Wanderungen über vorhandene Schutzzonen, gefährdete Bereiche, den Zustand des Wegenetzes etc. informieren.
4. **Markierungen beachten** - Nur markierte Wege benutzen, auf Querfeldein-Ausflüge verzichten, Hinweisschilder beachten.
5. **Wege schonen** - Unnötige Verbreiterung von Wegen vermeiden und auf "Abschneider" verzichten.
6. **Abfall vermeiden** - Möglichst wenig Verpackungsmaterial mitnehmen, umweltfreundliche Produkte und Verpackungen nutzen und vor allem keine Abfälle in der Landschaft zurücklassen.
7. **Pflanzen schützen** - Wildbestandsgebiete und ausgewiesene Schutzzonen umgehen, unnötigen Lärm vermeiden, Tierspuren nicht verfolgen und Tiere nur aus größerer Entfernung beobachten.
8. **Streß vermeiden** - Naturerlebnis über sportliche Höchstleistungen stellen, Ruhetage einlegen und auch Alternativen zum Wandern nutzen.
9. **Interesse an Natur, Umwelt und Kultur zeigen** - Landschaften wahrnehmen, verstehen und genießen lernen, den Urlaubsort einschließlich seiner Geschichte und Probleme kennenlernen, sich ohne Aufdringlichkeit und Besserwisserei für das Leben der Einheimischen interessieren, wenn möglich, auch einmal an Müllsammelaktionen, Pflege von Wanderwegen etc. beteiligen, Kritik an vorhandenen Umweltbelastungen und Fehlentwicklungen äußern.

Anlage 3
Zehn Goldene Regeln für das Verhalten beim Wassersport in der Natur

(Herausgegeben von: Nordrhein-Westfälischer Ruderverband, Kanuverband NW und Deutsche Lebensrettungsgesellschaft)

Helfen Sie mit, die Lebensmöglichkeiten von Pflanzen und Tieren in Gewässern und Feuchtgebieten zu bewahren und zu fördern. Viel zu viele Pflanzen- und Tierarten sind bereits in ihrem Bestand gefährdet.
Beachten Sie insbesondere die folgenden Regeln:

1. Meiden Sie das Einfahren in Röhrichtbestände, Schilfgürtel, Ufergehölze und alle sonstigen dicht und unübersichtlich bewachsenen Uferpartien. Meiden Sie darüber hinaus Kies-, Sand- und Schlammbänke (Rast- und Aufenthaltsplatz von Vögeln).
Meiden Sie auch seichte Gewässer (Laichgebiete), insbesondere solche mit Wasserpflanzen.
2. Halten Sie einen ausreichenden Mindestabstand zu Röhrichtbeständen, Schilfgürteln, Ufergehölzen und anderen unübersichtlich bewachsenen Uferpartien - auf breiten Flüssen beispielsweise 30 bis 50 Meter. Halten Sie einen ausreichenden Mindestabstand zu Vogelansammlungen auf dem Wasser - wenn möglich 100 Meter.
3. Befolgen Sie in Naturschutzgebieten unbedingt die geltenden Vorschriften. Häufig ist Wassersport in Naturschutzgebieten ganzjährig - zumindest aber zeitweise - völlig untersagt oder nur unter ganz bestimmten Bedingungen möglich.
4. Nehmen Sie in "Feuchtgebieten von internationaler Bedeutung" bei der Ausübung von Wassersport besondere Rücksicht. Diese Gebiete dienen als Lebensraum seltener Tier- und Pflanzenarten und sind daher besonders schutzwürdig.
5. Benutzen Sie beim Landen die dafür vorgesehenen Plätze oder solche Stellen, an denen sichtbar kein Schaden angerichtet werden kann.
6. Nähern Sie sich von Land her nicht Schilfgürteln und der sonstigen dichten Ufervegetation, um nicht in den Lebensraum von Vögeln, Fischen, Kleintieren und Pflanzen einzudringen und diese zu gefährden
7. Laufen Sie im Bereich der Watten keine Seehundbänke an, um die Tiere nicht zu stören oder zu vertreiben. Halten Sie mindestens 300 bis 500 Meter Abstand zu Seehundliegeplätzen und Vogelansammlungen. Bleiben Sie hier auf jeden Fall in der Nähe des markierten Fahrwassers. Fahren Sie mit langsamer Fahrstufe.
8. Beobachten und fotografieren Sie Tiere nur aus der Ferne.
9. Helfen Sie das Wasser sauberzuhalten. Abfälle gehören nicht ins Wasser, insbesondere nicht der Inhalt von Chemietoiletten. Diese Abfälle müssen genauso wie Altöle in bestehenden Sammelstellen der Häfen abgegeben werden. Benutzen Sie in Häfen ausschließlich die sanitären Anlagen an Land.
Lassen Sie beim Stilliegen den Motor Ihres Bootes nicht unnötig laufen, um die Umwelt durch Abgase und Lärm nicht zusätzlich zu belasten.
10. Machen Sie sich diese Regeln zu eigen, informieren Sie sich vor Ihren Fahrten über die für Ihr Fahrtgebiet bestehenden Bestimmungen. Sorgen Sie

dafür, daß diese Kenntnisse und Ihr eigenes vorbildliches Verhalten gegenüber der Umweit auch an die Jugend und an nichtorganisierte Wassersportler weitergegeben werden.

Anlage 4
Verhaltensregeln für den Skisport in der Natur
(Herausgegeben von: Umweltbeirat des Deutschen Skiverbandes)

1. Halten Sie sich an markierte Loipen, Pisten oder bezeichnete Routen.
2. Weichen Sie im Wald nicht von präparierten Spuren ab und unterlassen Sie das Tiefschneefahren im Wald. Sie stören Tiere und schädigen mit den Skikanten den Aufwuchs von jungen Bäumen.
3. Meiden Sie schneearme Südlagen, auf denen Wildtiere ihr spärliches Winterfutter finden.
4. Bleiben Sie Wildfütterungen fern, wenn Sie nicht eigens für die Beobachtung eingerichtet sind.
5. Beachten Sie Hinweistafeln und meiden Sie geschützte Gebiete.
6. Lassen Sie beim Skisport Ihren Hund zu Hause.
7. Vermeiden Sie Lärm.
8. Unterlassen Sie Skilaufen bei Dämmerung und Nacht.
9. Nehmen Sie allen Abfall mit nach Hause.
10. Fahren Sie nach Möglichkeit zum Skiort mit öffentlichen Verkehrsmitteln.

Anlage 5
Anschriftenverzeichnis
Informationen und Auskünfte können insbesondere
bei folgenden Stellen eingeholt werden:

Wanderverbände, Skiverbände, Bergwacht

1. Deutscher Skiverband e. V., Sylveristeinstraße 2, 81369 München
2. Westdeutscher Skiverband, Postfach 1550, 58540 Meinerzhagen
3. Bayerischer Landessportverband, Fachgruppe Skilauf, Brienner Straße 50, 80333 München
4. Deutscher Alpenverein e.V., von-Khar-Straße 2-4, 80997 München
5. Eifelverein e.V., Hauptgeschäftsstelle, Stürzstraße 2-6, 52429 Düren
6. Deutsche Wanderjugend Arbeitsgemeinschaft NRW e. V., Zum Lohbusch 256, 42119 Wuppertal
7. Baum-Berge-Verein e.V., Philippistraße 9, 48149 Münster
8. Eggegebirgs-Verein, Auf dem Krähenhügel 7, 33014 Bad Driburg
9. Sauerländischer Gebirgsverein, Emster Straße 104, 58093 Hagen
10. Verein Niederrhein e. V., Karlsplatz 14, 47798 Krefeld
11. Wiehengebirgs-Verband, Bierstraße 25, 49074 Osnabrück
12. Landesverband Niedersachsen, Deutscher Gebirgs- und Wanderverein e. V., Bierstraße 25, 49074 Osnabrück

Deutsches Jugendherbergswerk/Schullandheimverbände

1. Deutsches Jugendherbergswerk (DJH), Hauptverband für Jugendwandern und Jugendherbergen e. V., Bismarckstraße 8, 32756 Detmold, Tel.: (05231) 74010
2. Deutsches Jugendherbergswerk, Landesverband Rheinland e.V., Düsseldorfer Straße 1, 40545 Düsseldorf, Tel.: (0211) 577030
3. Deutsches Jugendherbergswerk, Landesverband Westfalen-Lippe e.V., Eppenhauserstraße 65, 58093 Hagen, Tel. (02331) 35070
4. Verband Deutscher Schullandheime e.V., Mendelssohnstraße 86, 2272 Hamburg, Tel.: (040) 8901541
5. Verband Deutscher Schullandheime e. V., Landesverband Nordrhein-Westfalen, Manfred Vogel, Heidestraße 176, 32120 Hiddenhausen
6. Verband Deutscher Schullandheime e. V., Landesverband Rheinland-Pfalz, Stadtverwaltung, 67225 Frankenthal

Internationale Begegnungen/Schulpartnerschaften

Bezirksregierung Düsseldorf - Internationaler Schüleraustausch für das Land Nordrhein-Westfalen, Postfach 30 08 65, 40408 Düsseldorf, Tel. (0211) 475-4637

Besuchsmöglichkeiten Deutscher Bundestag, Bundesrat, Landtag NW

1. Deutscher Bundestag - Presse- und Informationszentrum - Besucherdienst - Bundeshaus, 53106 Bonn, Tel.: (0228) 162152
2. Sekretariat des Bundesrates - Besucherdienst - Bundeshaus, 53106 Bonn, Tel.: (0228) 91000
3. Landtag Nordrhein-Westfalen - Besucherdienst - Platz des Landtags, 40221 Düsseldorf, Tel. (0211) 884-2315, 884-2302

Anlage 6
Vom Kultusministerium unterstützte Angebote für schulische Sportfreizeiten in Nordrhein-Westfalen

Bezirks-regierung	Schwerpunkt	Standort	Ansprechpartner
Arnsberg	Segelsurfen	Möhriesee	Werner Dierkes Tel.: 02922/86165
	Segelsurfen	Sorpesee	Rolf Maxeiner Tel.: 02933/2091
	Kanu	Möhnesee	Friedhelm Tusch Tel.: 02921/13073
	Wintersport	Niedersfeld (Hochsauerland)	Bruno Geilen Tel.:02985/1885
	Wanderringe	Sauerland	Deutsches Jugend- herbergswerk, Landesverband Westf.-Lippe e.V. Tel.: 02331/3507-16
Detmold	Segelsurfen	Emmerstausee	Volker Menneking Tel.: 05282/797
	Wanderringe	Teutoburger Wald	Deutsches Jugend- herbergswerk, Landesverband Westf.-Lippe e.V. Tel.: 02331/3507-16
	Judo	Jugendherberge Wewelsburg	Jugendherberge Wewelsburg Tel. 02955/6155
Düsseldorf	Segelsurfen	Elfrather See	Joachim Adrian Tel.: 02135/539915, 53990
Köln	Segelsurfen	Rursee	Rolf Dollinger Tel.: 02234/59500
Münster	Segelsurfen	Buldemer See	Hans Pohl Tel.: 02594/3946
	Wandern/ Wanderringe	Münsterland	Deutsches Jugend- herbergswerk, Landesverband Westf.-Lippe e.V Tel.: 02331/3507-16

Anlage 7
Zur pädagogischen Bedeutung und Durchführung von Schullandheimaufenthalten
(Beschluß der Kultusministerkonferenz vom 30.09.1983)

1. Zur pädagogischen Bedeutung des Schullandheimaufenthalts
1.1 Durch den Aufenthalt von Schulklassen und anderen schulischen Gruppen im Schullandheim können Unterricht und Erziehung in besonders günstiger Weise miteinander verbunden werden.
1.2 Das ganztägige Zusammensein von Lehrern und Schülern

- ermöglicht situationsbezogenen und fächerübergreifenden Unterricht frei von organisatorischen Zwängen,
- ermöglicht die Auseinandersetzung mit solchen Unterrichtsgegenständen, für die am Schulort die Voraussetzungen nicht in gleich günstiger Weise gegeben sind,
- ermöglicht in Muße die Verwirklichung künstlerischer und musischer Vorhaben,
- bietet sinnvolle Motivation für Spiel, Sport und Wanderung,
- verlangt und fördert gegenseitiges Verstehen und Rücksichtnahme bei unterschiedlichen Interessen,
- ermöglicht, innerhalb der Gruppe soziale Erfahrungen zu sammeln,

- bietet Gelegenheit, in der Gruppe auftretende Konflikte bewältigen zu helfen,
- ermöglicht dem Lehrer besondere Zuwendung gegenüber einzelnen Schülern,
- ermöglicht unter Anleitung, Freizeit aktiv auszufüllen und sinnvoll mitzugestalten.

2. Zur Vorbereitung und Durchführung von Schullandheimaufenthalten

2.1 Bei der Auswahl des Schullandheims, der Planung und Gestaltung des Aufenthaltes sollten Lehrer, Eltern und Schüler zusammenwirken. Die Dauer des Schullandheimaufenthaltes sollte sich nach dem Alter der Schüler, dem jeweiligen Unterrichtsvorhaben, der pädagogischen Zielsetzung, der Finanzierbarkeit und der Entfernung vom Wohnort richten, aber eine Woche nicht unterschreiten.

2.2 Bei der methodischen Gestaltung des Unterrichts und anderer Vorhaben im Schullandheim können Verfahren gewählt werden, die mehr Zeit erfordern und mehr selbständiges Arbeiten in besonderem Maße fördern. Die Schüler sollen Gelegenheit erhalten, Eigenverantwortung zu entwickeln und Bereitschaft zu mitverantwortlichem Handeln zu üben und auszuprägen.
Die Lehrer sollen Probleme der Klasse und einzelner Schüler, die während des Unterrichts in der Schule nur schwer lösbar sind, im Schullandheim aufgreifen und zu lösen suchen.

2.3 Jeder Schüler sollte mindestens einmal während seiner Schulzeit an einem Schullandheimaufenthalt teilnehmen.

2.4 Im Rahmen der Lehreraus- und -fortbildung für Lehrer aller Schulen sollen Kurse über Schulwandern und über die Gestaltung des Aufenthaltes im Schullandheim durchgeführt werden, um eine pädagogische und sachgemäße Vorbereitung, Durchführung und Auswertung der Schulwanderungen und der Schullandheimaufenthalte zu gewährleisten. Es ist anzustreben, daß Studenten und Referendare schon während ihrer Ausbildung an einem Schullandheimaufenthalt als Begleiter teilnehmen.

2.5 Auf Anregungen zur Planung und Gestaltung von Schullandheimaufenthalten in der Fachliteratur und in Veröffentlichungen einschlägig tätiger Verbände, insbesondere des Verbandes Deutscher Schullandheime, wird hingewiesen.

Anlage 8
Abschluß von Beförderungs- und Beherbergungsverträgen bei Schulwanderungen und Schulfahrten
RdErl. d. Kultusministeriums v. 12.2.1985 (GABl. NW. S.122)

Fragen des Vertragsschlusses und der Rechtsbeziehungen zwischen den Vertragspartnern können bei der Vorbereitung und Durchführung von Schulwanderungen und Schulfahrten bedeutsam werden, weil damit Rechtsfolgen für die Beteiligten ausgelöst werden. Aufgrund von unterschiedlichen gerichtlichen Entscheidungen sind Fragen bei Schulen, Schulträgern und Schulaufsichtsbehörden entstanden, die unter Beachtung der nachfolgenden Grundsätze gelöst werden können. Diese Grundsätze knüpfen an die bereits seit Jahren im allgemeinen bewährte Praxis an und beruhen auf einer erneuten Abstimmung mit den kommunalen Spitzenverbänden. Zur Vermeidung von rechtlichen Auseinandersetzungen bitte ich deshalb, diese Grundsätze bei der Vorbereitung und Durchführung von Schulwanderungen und Schulfahrten durch alle Beteiligten zu beachten.

1. Schulwanderungen und Schulfahrten werden vom Lehrer im Rahmen seiner dienstlichen Aufgaben vorbereitet und durchgeführt. Der Lehrer handelt dabei nicht im eigenen Namen oder im Namen der Eltern seiner einzelnen Schüler. Er soll deshalb auch nach außen erkennbar "für die Schule" auftreten, die eine unselbständige Anstalt des Schulträgers ist (§ 6 Schulverwaltungsgesetz/SchVG - BASS 1-2).
2. Der Lehrer darf im Namen der Schule nur mit der ausdrücklichen Zustimmung seines Schulleiters handeln. Dies gilt besonders für die Abgabe von Erklärungen mit Rechtsfolgen (z.B. verbindliche Anmeldung). Die evtl. Absage einer bereits angemeldeten Fahrt bei einem Beförderungs- oder Beherbergungsunternehmen muß rechtzeitig und formgerecht (Einschreiben oder schriftliche Bestätigung) durch die Schule erfolgen.
3. Der Schulleiter kann seine Zustimmung im Rahmen des grundsätzlichen Einverständnisses des Schulträgers erteilen. Soweit ein Schulträger eine ausdrückliche Bevollmächtigung des Schulleiters nicht erteilt hat, kommt der Vertragsschluß zwischen dem Beförderungs- bzw. Beherbergungsunternehmen und der Schule (Schulträger) nach den Grundsätzen der Anscheins- oder Duldungsvollmacht zustande. Soweit sich der Schulträger (z.B. bei außergewöhnlichen Fahrten) die Genehmigung vorbehält, ist er zuvor zu beteiligen.
4. Die Eltern bzw. die volljährigen Schüler selbst sind aus dem Schulverhältnis verpflichtet, die auf sie entfallenden Kosten der Schulwanderung oder Schulfahrt an die Schule zu entrichten, wenn sie sich mit der Teilnahme des Schülers an der Veranstaltung einverstanden erklärt haben, und eine andere Vereinbarung nicht getroffen worden ist.
5. Bei Leistungsstörungen in den Rechtsbeziehungen zu Beförderungs- und Beherbergungsunternehmen sind alle rechtlichen Schritte im Einvernehmen mit dem Schulträger abzuwickeln.
6. Soweit sich unter dem Gesichtspunkt der Vertragsverletzung Ersatzansprüche eines Beförderungs- oder Beherbergungsunternehmens gegen die Schule (Schulträger) richten und in einem Verschulden von Lehrern begründet sind, erfüllt das Land im Innenverhältnis den Ausgleichsanspruch

des Schulträgers. Bei etwaigen Schadensersatzansprüchen Dritter, die auf eine Aufsichtspflichtverletzung durch Leiter und Begleiter von Schulwanderungen und Schulfahrten zurückzuführen sind, wird die Haftung des Landes nicht unter Hinweis auf die vertragliche Haftung des Schulträgers bestritten.
7. Ergeben sich bei der Anwendung dieser Grundsätze besondere Probleme, so sind die Schulaufsichtsbehörden und die Schulträger gehalten, sich miteinander ins Benehmen zu setzen; erforderlichenfalls ist dem Kultusministerium zu berichten.

Hinweis auf weitere Regelungen mit Aussagen zu diesem Sachgebiet

BASS 11 - 04 Nr. 3.1/ Nr. 3.2: Einschränkung der Erstattungskosten für Schulwanderungen und Schulfahrten (s. dort § 7 und VV dazu)

BASS 15 - 02 Nr. 11: Umwelterziehung
BASS 14 - 25 Nr. 1: Jugendarbeit an berufsbildenden Schulen
BASS 2 - 2: Jugendschutzgesetz

BASS 18 - 01 Nr. 2. Durchführungsbestimmungen zum Jugendschutzgesetz

BASS 21 - 02 Nr. 4: Begleitung durch die Klassenlehrerin oder den Klassenlehrer (s. dort § 16 Abs. 5)

Übersicht zu Fächerbezug und Alterseignung

Biologie

Alter \ Kapitel	ab 6	ab 8	ab 10	ab 12	ab 14
K 4.			21		

Deutsch

Alter \ Kapitel	ab 6	ab 8	ab 10	ab 12	ab 14
K 1.				1; 6; 8-10	7
K 2.			3; 22-24	1; 2; 4-19	20-21
K 3.				12	
K 4.	30		15; 26; 27	9 10	
K 5.			1	2; 3; 5-7; 9; 15	10; 11-14; 16
D 1.		1-19			
D 4.		2	3; 7-10; 12-15; 19-23	16; 26	

Erdkunde

Alter \ Kapitel	ab 6	ab 8	ab 10	ab 12	ab 14
K 2.				11	
K 4.			26; 27; 29		
K 5.					16
D 4.			25		

Fremdsprachen

Alter	ab 1. Jahr	ab 2. Jahr	ab 3. Jahr	ab 4. Jahr	ab 5. Jahr
Kapitel					
K 1.		1; 4	5; 6; 8; 9; 12	10	
K 2.			1;2;5;8;10; 11;15;17; 19; 22-24	3; 7; 9; 12; 14	16
K 3.		13; 14	8; 11; 15	1; 2	
K 4.		7;8;15;18; 19-21; 29; 30	5; 6; 10; 26	9	
K 5.			2; 4-7	3; 9-13	
D 4.	10; 22	9; 16; 19	3; 7; 8; 12; 14; 15; 21; 23		

Kunst

Alter	ab 6	ab 8	ab 10	ab 12	ab 14
Kapitel					
B 2.	17				

Literatur

Alter	ab 6	ab 8	ab 10	ab 12	ab 14
Kapitel					
K 1.				1	
K 2.				16	
K 3.		21	1;6;10;14; 15;17-20	2-5; 7-9; 11; 13	
K 4.			16	10	
K 5.				5; 9; 15	10-14
B 4.		4; 9; 10	5-8		

Mathematik

Alter	ab 6	ab 8	ab 10	ab 12	ab 14
Kapitel					
K 4.		19			
D 2.		16	1-15	17	
D 3.		21	24		
D 4.				27	
D 5.		4; 5	6; 7	8-11	

Musik

Alter	ab 6	ab 8	ab 10	ab 12	ab 14
Kapitel					
D 4.			5		

Sport

Alter	ab 6	ab 8	ab 10	ab 12	ab 14
Kapitel					
B 1.	1;2;4;5; 7-13;19;20	14			
B 2.	1;14;16;26; 28;33	2;3;12; 20-25	19		
B 3.	3;5-12	1	4		
B 4.	3;12;14		1;2;11		
B 5.			1-3	4	

Sozialwissenschaften

Alter	ab 6	ab 8	ab 10	ab 12	ab 14
Kapitel					
K 5.				6-9; 15	10-14; 16

Freizeit

Alter Kapitel	ab 6	ab 8	ab 10	ab 12	ab 14
K 1.		3	2;4;5;11;12		
K 2.	25	26	23;24	17	
K 3.		16;21	1;6;10;14; 15; 17-20	2-5; 7;9;11	
K 4.	14;30;35	17; 19;20; 22; 32-34	1-3; 11-13 16;18 23-29 31;36	4-8	
K 5.			1	2;4;8	
D 1.		1-19			
D 2.		16	1-15	17	
D 3.	13;14;26	1-11; 15-22 25; 27-31	12;23;24		
D 4.		2;6	1; 3-5; 7-15 17;18 20-22; 25	24;26;27	
D 5.	1	2-5; 12-14 16;17	6;7	8-11; 15	
B 1.	1;2; 4-6 8-13; 15; 16; 18-24	3;14;17			
B 2.	1;9;10; 13-18; 26-30; 34-38	2-4 ;11;12 20-25 ;31 32;39	5-8; 19		
B 3.	3; 5-12	1	2;4		
B 4.	3;12;14 15;20	4;9;10;13 18;19;21 23-29	1;2 5-8; 11 16-17; 22		
B 5.		8	1-3; 5-7	4	

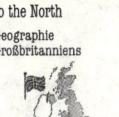

Mit Freude spielend lernen
AULIS-KARTENSPIELE

37 Spiele für Englisch · Deutsch · Geschichte · Geographie

Aulis-Kartenspiele verheißen Spaß und Motivation im Unterricht und zu Hause. Ein Frage- und Antwortspiel in Kartenform mit einem ebenso einfachen wie raffinierten Spielkonzept. Die Antwort steht nicht etwa auf der Rückseite …!

Hier eine kleine Auswahl. Bitte fordern Sie das gesamte Kartenspiel-Programm beim Verlag an.

Jedes Spiel mit 80 Frage-/Antwortkarten, Spielanleitung, Lösungskarte. Zu beziehen über den Verlag (mind. 3 Spiele), einzeln auch in jeder guten Buchhandlung. Bitte fordern Sie Informationen an.

AULIS ᴀᵥ VERLAG

AULIS VERLAG DEUBNER & CO KG
Antwerpener Str. 6-12, 50672 Köln
Tel. 02 21 / 95 14 54 - 20

Mit Freude spielend lernen
AULIS-KARTENSPIELE

33 Spiele für Biologie · Chemie · Physik · Umwelt · Mathe

Aulis-Kartenspiele verheißen Spaß und Motivation im Unterricht und zu Hause. Ein Frage- und Antwortspiel in Kartenform mit einem ebenso einfachen wie raffinierten Spielkonzept. Die Antwort steht nicht etwa auf der Rückseite …!

Hier eine kleine Auswahl. Bitte fordern Sie das gesamte Kartenspiel-Programm beim Verlag an.

Der Mensch Best.-Nr. 335-21301	Lebensraum Wald Best.-Nr. 335-21307
Biologie von A–Z Best.-Nr. 335-21315	Chemie von A–Z Best.-Nr. 335-21605
Sauer bis salzig Best.-Nr. 335-21602	Struktur und Wandel Best.-Nr. 335-21604
Physik von A–Z Best.-Nr. 335-21801	Leben in Licht und Wärme Best.-Nr. 335-21803
Ohne Strom nichts los Best.-Nr. 335-21804	Blickpunkt Umwelt Best.-Nr. 335-21701
Geschützte Natur Best.-Nr. 335-21702	Rund um die Energie Best.-Nr. 335-21704
Bruchrechnen für Anfänger Best.-Nr. 335-22004	Rechnen mit Größen Best.-Nr. 335-22010
Zahlensysteme Best.-Nr. 335-22012	Grundwissen Geometrie Best.-Nr. 335-22001

Jedes Spiel mit 80 Frage-/Antwortkarten, Spielanleitung, Lösungskarte. Zu beziehen über den Verlag (mind. 3 Spiele), einzeln auch in jeder guten Buchhandlung. Bitte fordern Sie Informationen an.

AULIS VERLAG
AULIS VERLAG DEUBNER & CO KG
Antwerpener Str. 6-12, 50672 Köln
Tel. 02 21 / 95 14 54 - 20